U0337061

华章经典 · 金融投资

约翰·聂夫
的成功投资

JOHN NEFF ON INVESTING

|典藏版|

[美] 约翰·聂夫 史蒂文·明茨 著　吴炯 谢小梅 译

机械工业出版社
China Machine Press

图书在版编目（CIP）数据

约翰·聂夫的成功投资（典藏版）/（美）约翰·聂夫（John Neff），（美）史蒂文·明茨（Steven L. Mintz）著；吴炯，谢小梅译. —北京：机械工业出版社，2018.6
（2021.4 重印）
（华章经典·金融投资）
书名原文：John Neff on Investing

ISBN 978-7-111-60024-4

I. 约… II. ①约… ②史… ③吴… ④谢… III. 证券投资－经验－美国 IV. F837.125

中国版本图书馆 CIP 数据核字（2018）第 109863 号

本书版权登记号：图字 01-2012-1661

John Neff, Steven L. Mintz. John Neff on Investing.
ISBN 0-471-19717-3
Copyright © 1999 by John Neff, Steven L.Mintz.

约翰·聂夫的成功投资（典藏版）

出版发行：机械工业出版社（北京市西城区百万庄大街 22 号　邮政编码：100037）
责任编辑：朱　妍　　　　　　　　　　　责任校对：李秋荣
印　　刷：北京诚信伟业印刷有限公司　　版　　次：2021 年 4 月第 1 版第 5 次印刷
开　　本：170mm×230mm　1/16　　　　印　　张：21
书　　号：ISBN 978-7-111-60024-4　　　定　　价：69.00 元

凡购本书，如有缺页、倒页、脱页，由本社发行部调换
客服热线：（010）68995261　88361066　　　投稿热线：（010）88379007
购书热线：（010）68326294　88379649　68995259　　读者信箱：hzjg@hzbook.com

版权所有·侵权必究
封底无防伪标均为盗版
本书法律顾问：北京大成律师事务所　韩光 / 邹晓东

献给莉莉（Lilli）
陪伴我 45 年的妻子
兼我最好的朋友、知己
和孩子们挚爱的母亲
且是我最忠实的支持者

|目 录|

推荐序一（权成光）

推荐序二（查尔斯 D. 埃利斯）

导读（张志雄）

前言

致谢

序幕　花旗的投资传奇 /1

|第一部分|
走 进 温 莎

第 1 章　踏上向着东方的旅途 /6

第 2 章　追根究底的爱好 /13

第 3 章　基本训练 /24

第 4 章　银行家的房子 /38

第 5 章　火的洗礼 /51

第 6 章　执掌温莎兵符 /61

| 第二部分 |

永恒的原则

第 7 章　构成风格的要素 /74

第 8 章　地下廉价商场 /100

第 9 章　低市盈率投资组合的维护 /117

| 第三部分 |

市场流水账

第 10 章　无聊的季节（1970 ～ 1976 年）/149

第 11 章　快四码扬尘回（1977 ～ 1981 年）/182

第 12 章　正确的选择（1982 ～ 1988 年）/212

第 13 章　"好小伙"百折不挠（1989 ～ 1993 年）/246

第 14 章　似曾相识的经历 /276

尾　声　河流与市场（1994 年 10 月）/285

附　录 /293

证券投资是一个很容易产生各种成功者和英雄的行业，每一次牛市都会产生大量的"股神"、赢家和暴富的神话。但是，通常这些来得快去得也快。想想看有多少人还能记得几年前的股市风云人物？所以说，时间很重要，时间是甄别投资行业中成功人士最有效的武器，因为只有那些最顶尖的人才能在漫长的时间中屹立不倒。

经历了漫长岁月检验的成功投资者并不多，而约翰·聂夫就是其中之一。约翰·聂夫执掌温莎基金长达30余年，在此期间创造了让人瞠目的纪录。我们都知道，大型共同基金很难长期战胜市场平均，但是温莎基金却在超过30年的时间里平均每年领先市场超过3%。这样的成绩看起来似乎没有多少说服力，但是要知道这是在承担远小于市场平均的风险下取得的，而且考虑到时间因素，能够长期做到这样成绩的除了巴菲特等少数几个人外，还无人能做到。

有一个值得我们关注的地方是，取得这样的成绩，约翰·聂夫并没有使用什么高深的投资技巧及数学模型，而是使用了最广为人知的投资方法——低市盈率投资法。这就引出了一个问题，投资成绩的好坏往往并不取决于某人是否掌握了某种投资圣经，而是取决于投资者是否能够坚持简单却符合逻辑的投资策略。还好，约翰·聂夫并没有隐藏自己成功的秘密，而是无私地将其30多年的经验和总结公布了出来，在这本《约翰·聂夫的成功投资》中，我们可以重温大师创造辉煌的过程和投资思路的总结记录。

《约翰·聂夫的成功投资》由三部分构成，第一部分"走进温莎"描写的是约翰·聂夫的童年以及求学过程直至进入温莎基金的历程。第二部分"永恒的原则"，是对投资者最有参考意义的约翰·聂夫的投资思路和低市盈率投资法的详细讲解。第三部分"市场流水账"则是约翰·聂夫30年投资过程的记录，其中有很多成功以及失败的案例是非常好的教学案例。

约翰·聂夫的投资风格概括起来有7条：

1. 低市盈率；

2. 基本增长率超过7%；

3. 收益有保障；

4. 总回报率相对于支付的市盈率两者关系绝佳；

5. 除非从低市盈率得到补偿，否则不买周期性股票；

6. 成长行业中的稳健公司；

7. 基本面好。

从这7条上看，聂夫的投资策略保守得很，用他自己的话说就是，**这是一个没有保证的行业，温莎基金追求的是，尽量让回报和风险的天平倾向回报一侧**。这种风格实际上和格雷厄姆的安全边际概念有异曲同工之妙，也都符合《孙子兵法》里的"不可胜在己，可胜在敌"的原理。

从第2、6、7条里我们可以看出，聂夫并不单纯地追求低市盈率，也追求增长率，只是和现在流行的追求高增长率不同，聂夫追求的是稳健的、可以控制的增长率。一方面这是从保守的角度出发，另一方面，历史统计数据表明，高增长率是无法长期持续的。聂夫还很重视分红率，认为分红率是投资总收益中很重要的一部分，而高分红率和低市盈率往往是相辅相成的。

聂夫本质上是一个逆向投资者，这和他小时候与路标都能理论的执拗个性有关。聂夫擅长寻找那些目前处于"水深火热"中，但是有潜力的逆向股票，通过这些投资，温莎基金获取了高额回报。不过这些收益来得也不容易，因为坚持低市盈率的逆向投资策略，温莎往往在牛市里落后市场，而在市场降温时才会遥遥领先。应该说是聂夫的坚韧个性成就了其逆向投资的威名，也成就了温莎基金的赫赫盛名。不过，我们在学习成功者的时候也不能照搬一切，逆向投资虽然有效却也未必适合所有的投资者，在投资策略上保持和自己的个性相符是非常重要的，只有这样才容易坚持下去。

对比同样都是共同基金界大师级别的彼得·林奇，可以发现一个比较有意思的现象，那就是两人都热衷于通过逛商场的方式来选股。聂夫通过逛商场发现的一号码头公司，在 6 个月内给温莎带来了 100% 的利润。这都是最简单的实地考察方法，我想这对于普通投资者尤其具有指导意义。作为普通投资者，大部分人没有机会拜访上市公司老总，获取上市公司经营状况的第一手资料，但是通过这样"踢轮胎"方式的考察，投资者一样可以得到有关公司经营状况的有效信息。

另外一个共同点就是两个人都将目标股票进行了分类，可以按照不同的分类特点来采取不同的投资策略。和林奇将股票分成 6 类（请参考《彼得·林奇的成功投资》[⊖]一书）不同，聂夫将股票分成了 4 类：①**高知名度成长股**；②**低知名度成长股**；③**慢速成长股**；④**周期成长股**。聂夫认为高知名度成长股是需要回避的，因为高知名度成长股通常市盈率也很高，一旦公司不能实现投资群体的期望，那么就会出现迅猛的下跌。我想阐释这个观点最好的例

　　⊖　该书已由机械工业出版社出版。

子就是在 2008 年的那次行情中蓝筹股的表现了，曾经一度成为价值投资象征的蓝筹股出现了大幅的下跌，成为最严重的受灾区。聂夫推崇低知名度成长股，因为低知名度成长股完全符合其低市盈率稳健成长率的投资标准。一旦这些低知名度的成长股被市场发现，那么带来的会是成几倍的上涨。聂夫的投资案例中有很多这样的成功案例。

第二部分"永恒的原则"中提到"卖出的理由"这部分，我认为是本书中最有价值的内容之一，尤其是在目前这种将价值投资和长期持有不卖出等同化的环境中，看一看大师的做法会有很好的参考意义。温莎卖出股票的最终原因有两条：①**基本面变坏**；②**价格到达预定值**。聂夫认为只要基本面安然无恙，不介意持有股票 3 年、4 年甚至 5 年的时间，但是这并不能阻止温莎在适当的时机迅速获利出局。温莎曾经有过持有股票不足一个月的情况。

爱上一只股票是很容易的事情，却也非常危险，温莎买入并拥有的股票都是为了卖出。这种观点可能和国内投资者耳熟能详的长期持有观点相冲突，但是个人认为这种理念和做法更实际一些。因为考虑到概率问题，一个人在上千只股票中选中一个百年老店、长期成长的好公司的概率有多大？可口可乐这样的常青树公司中国终有一天也会出现，但是更多的企业会遵循"生老病死"的自然规律。所以，作为普通投资者最好不要过高地估计自己的能力和运气。投资也是一种事业，在买和卖之间做到收放自如才能经营好自己的事业。

仔细分析聂夫的成功投资策略就能发现，包括巴菲特、林奇在内的大部分成功者的投资策略其实都很相似。说起投资，其实并无秘密可言，成功的方法就这么简单地放在了投资者面前。那么决定一个投资者成功与否的关键因素到底是什么呢？我认为就是"坚持"二字，只有能够坚持这种简单的投资策略的人，才能有机会最终胜出。读一读书中占了大量篇幅的温莎投资流水账部分，你就能对此有更深刻的理解，而这段实际投资过程的记录结合聂夫的投资策略，也会是最好的投资教材。

孔子说，"温故而知新"，用心学习成功者和先行者的经验，必定能够大大缩短投资者摸索和实践的过程，而《约翰·聂夫的成功投资》正是提供这样经验的一本好书。

权成光

约翰·聂夫作为投资领域的杰出专家，恐怕再没有人能在这么长的时间内把这么大的一个共同基金管理得如此出色了，而且以后也很难想象有人会和他做得同样出色。

约翰·聂夫执掌温莎30年有余，这期间温莎的投资记录在让人瞠目的同时不免令人感叹。当大多数专业投资经理的投资收益越来越落后于大盘平均收益之时，约翰·聂夫管理的基金却以超过市场平均收益率3%的年平均收益率遥遥领先。（该成绩实际领先大盘3.5%。除去业务开支，在长达1/3个世纪的时间跨度内，净收益率平均高出市场整体收益率达3.15%——年复一年，年年如此。）

请想象一下这个记录的真实含义，同时不可忘记复利增长的神奇效果（爱因斯坦都把复利看作人类的一个伟大创造）。假设24年按复利累乘，如果每年只增长3%，最初投入的资金也将加倍，而约翰·聂夫每年的投资收益超过3%，时间跨度却在24年之外！

约翰·聂夫管理下的基金成果卓著，成千上万的投资者因为这个基金而获得了资金的大丰收。但是，他们购买的温莎基金还有另外一大优势恐怕很少有人知晓。追求更大的回报乃人之常情，不过这同样意味着投资者需要为此承担更大的风险。可是，约翰·聂夫承担的投资风险却要低于大市平均值。约翰提醒我们："做逆向投资者的理由很多，这不过是其中之一。"

确实如此，不过，他还没有说出背后的全部原因。约翰·聂夫太过谦虚，总是不愿对业绩做太多渲染。其实，作为一个逆向投资者或者说能够独立思考的投资者，他之所以如此成功，一个关键因素就是良好的"纪律"。约翰·聂夫敢于和市场的流行观点唱反调，因为他对所要投资的那家公司比别人知道得更多。他对公司的评估总有着新颖、独到却又合乎逻辑的见解。他知道得更多，因为他愿意花更多的时间，付出更多的精力。

约翰·聂夫获得世界投资领域的最高奖项之时，他的一个"小诀窍"也被公诸天下。每当待在家里（或者说他去的任何其他地方）的时候，每到周六下午1点，他就不见了踪影，因为他又躲进了自己的私人空间，进行他不为人知的阅读。他会把《华尔街日报》上的每一则消息一字不落地咽下去，并为下周的工作做好充分准备。不过，这充其量只是他严于律己的一个侧面。借此不同寻常的自律品格，他在专业投资管理中虽然面对着激烈残酷的竞争，却总可以沉着应对，化险为夷。

约翰最强悍、最精力充沛的时候是和证券分析师一同开会讨论的时候，这些分析师包括自己公司的分析师以及主要证券经纪公司的分析师。在对别人的假设、分析和对应决策兴致勃勃地提出反对意见之后，他总要给出自己对价格的合理判断。对于那些"未做充分准备的"人，和聂夫见面很可能演变成不小的"灾难"。但许多优秀的分析师都很欣赏他能给出自己的鲜明观点，毫无保留，并把所有搜罗到的宝贵信息以及个人的真知灼见和盘托出。聂夫"做功课"一丝不苟，因此，他的投资组合换手和交易成本通常维持在较低水平。对投资者而言，纠正错误是必须付出昂贵代价的，不纠正错误则损失更大，因此最好的办法就是少犯错误。而且，过多的短线交易所支付的

税款也不可小视。凭借其精湛的投资技巧，约翰·聂夫可以把两者同时最小化。⊖

约翰不仅是专业投资大师，更是一个尽心尽职"为投资者谋利"的模范榜样。他把全部心思放在了作为投资管理人的责任心上，放在了每一个信任他，把储蓄交由他打理的普通家庭和个人的利益之上。

我曾经做过一次让我最得意的投资决策。25 年前，我以全额保证金买进了 Gemini duo-fund⊜基金的"资本股"。Duo-fund 属于一种特殊形式的共同基金，这种信托基金公司发行两类股票，一半是所得股，可以享受全部资金所投资的上市公司的全额分红，另一半是资本股，可以享受上市公司的全额股票增值收益和资本收益，但这种形式的基金现在已经没有了。那时熊市正大行其道，股票价格远低于过去的估值，投资者的情绪也因长期的折磨变得郁郁寡欢。这对于逆向投资者来说却是大好的机遇，如果这位投资者正好又擅长发现被市场严重误杀的价值股（value stock），那么机遇就更加难能可贵。Gemini 的资本股当然也同样遭到了熊市的冲击，其市价折价严重。一旦市场恢复，这些资本股的股价将以和大盘不成比例的速度飞涨，理论上差不多为两倍，这由 duo-fund 基金的资本结构决定。因为市场会对每一只股票产生一种返回其波动的中值价格的预期，如果价值股回到正常的相对估值状态，那么此时，约翰·聂夫这位投资组合的管理圣手至少也要搭顺风车。因为这种高级市场行为会很快消除当时的不合理折价现象。

约翰那时已是公认的优秀投资经理，成绩超越市场平均值自然不在话下，

⊖ 约翰·聂夫是宾州大学的基金托管人（他从没在那里上过学，不过倒是在这所大学的沃顿商学院教过书）。学校邀请他代为管理学校基金，出于公益心他接受了这项任务，在管理基金的 16 年中成果显赫：学校基金从最初的 1.7 亿美元成长到 18 亿美元。约翰还是威灵顿管理公司的三个任职股东之一，他敏锐的投资才能使他的业务水平趋于完美。

⊜ Gemini 是"双子星"的意思，duo 也是"二重"的意思，表示这种基金分为两个类型，即"资本股"（capital share）和"所得股"（income share）。Gemini 基金也由约翰·聂夫管理。——译者注

一次又一次的战绩也充分说明了这一点。所以，我投资的这只股票共有五种互补的力量和理由在里头，它们分别是约翰·聂夫、价值股、均值回归[⊖]、存在折价现象、存在一个 2∶1 的向上杠杆作用，这些因素使我胜券在握。尽管优势如此明显，但这项投资决策的关键因素还不是这全部的五条，而是值得我信赖的约翰·聂夫。因为我可以肯定，他必然会对投资对象精挑细选，对投资组合倍加呵护，同时很好地进行风险防范。

基于美国证券市场有人正在"卖空"的认识，我变得无所畏惧。如果对市场进一步下跌的风险做最坏的打算，我感觉最大的下跌空间也不会超过20%。如果这个数字还算准确，那么此时我最应该做的就是向我的股票经纪人借最大限度也就是 30% 的保证金，并义无反顾地全力买进 Gemini 的资本股[⊖]。市场起来了；资本股从折价一跃而变成溢价；价值股变成了市场的宠儿；Duo-fund 的杠杆再创神奇；约翰·聂夫则继续鹤立鸡群。所有这五种力量合而为一，再加上第六种力量，即保证金的杠杆效应，顿时使我儿子的教育开支获得了保障。

庆幸的是，从很多方面看，我和约翰·聂夫都算得上早有交情。我第一次在费城遇见他是在 35 年以前，从第一面起我就至少肯定了两件事情：第一，他头脑灵活、消息灵通、求知欲旺盛；第二，我看好他以及他身上所体现出的那种水手特质。几个月之后，帝杰证券公司（Donaldson, Lufkin & Jenrette，DLJ）的投资战略家约翰·科科伦（John Corcoran）进行了一次博学的演讲，内容是股市各个不同领域存在的投资机遇。许多职业基金经理都被深深吸引，一副全神贯注的样子，遐想着那些能够上涨的股票而喜不自胜。但是，约翰·聂夫猝不及防地冒出了一个问题，使会场一下子陷入了尴

<hr>

⊖ 股价围绕市场的平均估价上下波动的现象，类似价值规律。——译者注
⊖ 特别并继续感谢杰·谢雷德（Jay Sherrerd），25 年前是他第一次向我指出，"选择聂夫物超所值"。

尬的僵局，他问科科伦："你如何面对风险呢？"

这让我深有感触：这里有一位真正进行独立思考的投资者。

自此以后，只要有可能，不管在任何场合，我都会仔细地听约翰·聂夫讲的话，比如他作为自己管理的共同基金的股权所有人发表讲话的时候，在投资管理研究协会（AIMR）发起的专业会议上进行演讲的时候，在 DLJ 组织的投资组合经理研讨会上发言的时候，以及近几年作为格林尼治金融服务咨询公司（Greenwich Associates）的董事发表评论的时候。

我很高兴地向你们承认：从一开始我就强烈鼓动约翰写这么一本书，一是因为我可以读到现在的《约翰·聂夫的成功投资》，二是因为我的孩子、我的朋友以及相应专业的任何有见地的学生都可以从这个伟大的投资者的深刻思考中汲取养分。

查尔斯 D. 埃利斯（Charles D. Ellis）

美国康涅狄格州格林尼治镇

"该看的是有无价值，笨蛋"

作为标题的这句话出自著名的美国基金经理人约翰·聂夫。1992年美国总统大选，克林顿攻击刚在海湾战争中大胜的老布什的软肋，高喊"该看的是经济问题"的口号，并让选民们把注意力集中在不景气的国内经济上，结果赢得了大选。在1999年著名的巴隆圆桌论坛上，聂夫借用这句话提醒被市场泡沫迷惑的投资者应该注意的真相。此时，亚马逊公司的市值超过了世界上所有书店的零售额。更让聂夫不以为然的是，1999年1月，纳斯达克100种股价指数中，微软等7大股票占了指数全部市值（超过1万亿美元）的一半左右。到了1999年6月，《约翰·聂夫的成功投资》快要出版之际，聂夫再次提醒读者："目前的市场中，市盈率高达28倍，收益率只有1.1%，是我见到过的价值最为高估的市场。以前有两次，市场的市盈率超过20倍，最后以戏剧性的方式收场——1986～1987年一次，1971～1973年一次，而目前的情形和这两次很相似。"

尽管聂夫已于1995年从温莎基金退休，但他仍用自己的低市盈率投资哲学对当时的市场做出了判断。大半年后，纳斯达克市场崩盘，聂夫再次对了。

早在20世纪90年代，我就读过几篇关于聂夫的访谈录和介绍，印象却不深。2003年，我在香港的朋友范祖德的办公室书架上借阅了两本台湾翻译出版的投资书籍——《利润通行证》和《约翰·聂夫的成功投资》。两本书的翻译都不是很流畅，《利润通行证》后来在大陆也有译本，但它谈的新兴市场投资发生在20世纪90年代，时过境迁，我早已提不起兴趣。虽然《约翰·聂夫的成功投资》中所说的故事也主要从1970年开始，可是我却不厌其烦，读得津津有味。

《约翰·聂夫的成功投资》中有一种原则和精神使其历久弥新，这才叫经典。

无论从何种角度看，聂夫都是一位严格的价值投资者。

根据美国学者劳伦斯·柯明汉姆的分类，当今世界上有五类投资者模式占据了统治地位：

第一是价值投资者。他们依靠对公司财务表现的基础分析，找出那些市场价格低于其内在价值的股票。这种战略最早可以追溯到20世纪30年代，由哥伦比亚大学的本杰明·格雷厄姆和戴维·多德提出，最佳实践者当然是巴菲特。

第二是成长投资者。他们致力于寻找那些经营收益能够保证公司内在价值迅速增长的公司。著名投资者兼作家菲利普·费雪在20世纪50年代最早采用这种价值投资战略的变种，麦哲伦基金经理彼得·林奇在20世纪80年代对其进行了大胆的扩展。

第三是指数投资者。他们通过购买股票来复制一个大的市场细分，如标准普尔500指数基金。先锋基金的创始人约翰·博格在20世纪80年代推广了这种战略。

第四是技术投资者。他们采用各种图表收集市场的行为，以此来显示投资者预期是上升还是下降、市场趋势如何以及其他"动力"指标。这种战略被《投资者商业日报》的创始人威廉·欧奈尔所大力推崇，并在20世纪90年代末被人们广泛采用。

第五是组合投资者。他们确知自己能够承受的投资风险水平，并通过建立一个多元化的投资组合来承担这个风险水平。这个理论在20世纪50年代提出，并在70年代被一群获得诺贝尔奖的经济学家所完善。20世纪70年代初，这种战略因普林斯顿大学的经济学家伯顿 G. 马尔基尔的名著《漫步华尔街》[○]而开始流行。

事实上，所有投资哲学的核心问题都是价格与价值之间的关系。价值投资者和成长投资者认为价值和价格是不同的；指数投资者不确定自己是否能找出这两者之间的关系；技术投资者只关心价格而不关心价值；组合投资者则认为价格就是价值。

很明显，价值投资者对技术投资者与组合投资者不以为然（反之也如此），对指数投资者可以接受。格雷厄姆就认为这种战略对防守型投资者很有效，而与成长投资者的关系则非常微妙。

价值投资者和成长投资者虽对价格与价值的关系持有相同的看法，但他们各自侧重于强调未来的不同方面。价值投资者强调确定股票价值并将之与价格相比较，成长投资者则强调由增长带来的价值并将这个价值与价格相比较，它们是"堂兄弟"。

柯明汉姆还认为，成长投资的代表人物费雪为价值投资增添了一个定性分析的传统，即要求投资者们通过仔细分析，找出那些具有长期发展前景的公司（如具有一些商业特权）。价值投资的另外两个传统是格雷厄姆的安全边际原则与约翰·伯尔·威廉姆斯的定量分析（利用公司未来现金流估算现在

○ 该书中文版已由机械工业出版社出版。

的内在价值），而巴菲特将这三种传统熔于一炉。

三种传统中的核心是格雷厄姆。我认为，哪怕不精通另外两种传统，通过领会格雷厄姆的理念，我们照样可以成为一个成功的价值投资者，但反过来却不行。

而约翰·聂夫是格雷厄姆原则的忠实执行者。

聂夫从 1964 年成为温莎基金经理的 30 年中，始终采用了一种投资风格，其要素是：

- 低市盈率；

- 基本增长率超过 7%；

- 收益有保障；

- 总回报率相对于支付的市盈率两者关系绝佳；

- 除非从低市盈率得到补偿，否则不买周期性股票；

- 成长行业中的稳健公司；

- 基本面好。

这七大风格要素，定量与定性皆有。定性容易理解，定量则需要做点儿说明。比如第五大要素，不管是业绩还是投资者情绪，周期性股票都显得那么反复无常，不少人因此不愿碰它。这对"人弃我取"的聂夫而言却是个好机会，周期性股票通常占温莎基金仓位的 1/3 以上。众所周知，周期性股票与成长性股票不同，后者至少从理论上而言只要盈利继续增长，市盈率就会提高，而周期性股票的盈利高峰逼近时，市场知道低谷就在眼前，所以不会为之支付越来越高的市盈率。所以，聂夫的低市盈率策略通常是在周期性公司报告盈利转佳之前 6～9 个月时买入，然后等其反转时再出手。这是没有什么秘密可言的，谁都知道这一点，但聂夫笑谈，人们虽然都知道，但极少有人愿意承担风险，"当华尔街的证券经纪公司建议它们的客户观望时，我们便抢先开始建立仓位了"。聂夫一而再再而三地买进有相同的周期性特征的公司股票，低买高卖，就如他曾六次持有石油业巨型公司大西洋富田的股票。

第一大风格要素"低市盈率"贯穿了聂夫的投资哲学，什么是低市盈率？在聂夫的眼里，是指它比当时市场上的一般水准低 40% ～ 60%。垂死或经营极糟的公司，市盈率自然也会极低，但如果它符合第二大风格要素，聂夫认为，它就会向我们透露生命迹象遭到低估的信息，尤其是如果伴随着引人注目的股利。

聂夫需要公司具有一定的成长性，但又未必是高成长股（业绩增长高于 20%）。格雷厄姆早在《聪明的投资者》中就指出，高成长股容易"差之毫厘，失之千里"，只要有一个季度的盈利有所滑落，股价通常就会大跌，所谓希望越大，失望也越大。而高成长股如果业绩仅仅符合预期，股价也不会大涨。低市盈率股票就不同了，它们几乎不带任何心理预期，业绩不好，人们也很少给予它们惩罚，但前景一有改善的迹象，就可能激发投资者新的勇气。

所以，聂夫不会说出选择成长 10 倍的股票（这是彼得·林奇的招牌语）的话，因为"知名成长股的市盈率通常最高。价格上涨引来注意，反之亦然——但有其极限。最后，它们的业绩将回归正常，增长率也会消失。我不希望自己在那时必须夺门而逃，更不想最后才逃出来。大型成长股有时会跌落泥潭中，这时我才想捡——即使在此刻我也会有所节制"。

第三大风格要素"收益率"是指股利除以股价的百分比，如果一只股票价格为 10 美元，股利是 50 美分，它的收益率就是 5%。价值投资者一定是强调股利的，格雷厄姆早在《证券分析》一书中就指出，收益率是公司成长中较为可靠的部分。聂夫的温莎基金的涨幅平均每年超过标准普尔 500 指数 3.15%，其中股利回报率达 2%，若没有它，温莎只跑赢大势 1.15%。要论收益率，低市盈率又有甜头可尝了，同是两只每股利润 2 元、发放股利都是 0.5 元的股票，但股价分别是 20 元和 50 元，市盈率 10 倍的收益率是 2.5%，市盈率 25 倍的收益率只有 1%。

第四大风格要素"总回报率"是每股利润增长率加上收益率之和。所谓的"总回报率和市盈率之间关系绝佳"是温莎的经验数据，即聂夫喜欢买市盈率等于总回报率一半的股票。聂夫自己也承认，到了 20 世纪 90 年代中期，这个目标越来越难以实现了。成长股爱好者有一种说法，市盈率大致应向每股盈利增长率看齐，也就是说如果每年增长 15%，市盈率就是 15 倍，相比每股盈利增长率，收益率（股利）总是较低的，聂夫的折半价的要求确实难了。

上述是聂夫的低市盈率投资哲学，他还有一个比较别致的"衡量式参与"（measured participation）策略。传统的投资组合策略是行业配置，先看好哪些行业，然后从中选择股票，另外就是选择自上而下或自下而上的投资策略，前者是指先看宏观经济，然后判断哪些股票可能受到有利的影响；后者则直接判断个股的优劣。"衡量式参与"却不局限于上述策略，**它把投资品种分成四个大类——高知名度成长股、低知名度成长股、慢速成长股与周期成长股。**温莎基金参与每种类别的股票，而不管行业的集中程度如何，只要投资价值最高就行。

当然，"衡量式参与"的灵魂还是低市盈率哲学。高知名度成长股除非最终崩盘而被打入深渊，否则市盈率肯定是不低的，温莎的参与程度极低，它们在基金的资产中很少超过 8% 或 9%。低知名度成长股的盈利增长率和大型成长股相当，甚至有过之而无不及，但由于规模小、知名度低，只好坐在冷板凳上。温莎基金通常持有低知名成长股的比例在 25% 以下，它们的特点是：预估增长率在 12% ~ 20%，市盈率为个位数（6 ~ 9 倍），处于容易了解的行业；在明显的成长领域中，居于主宰或举足轻重的地位；历史盈利增长率纪录完美（达两位数）；大部分情况中，收益率为 2% ~ 3.5%，等等。不过，聂夫提醒大家注意，低知名度的成长股风险很高，其中每五只股票就有一只因基本面不良而下跌——不见得总是到了破产的地步，而是失去增长率，市盈率也随之滑落，结果沦落为普通公司。

第三类是慢速成长股，"**它们涵盖面广，同时是华尔街的智囊们频繁轻蔑的对象**"。聂夫对它们的兴趣很大，因为它们的市盈率低，而且盈利很少一年增长超过8%。由于增长率不高，从低水准翻扬的市盈率可以带来可观的获利。即使撇开成长展望不谈，慢速成长股通常能在艰困的市况中守住原来的价格水准，另外还在于它们发放股利时的收益率高于一般水准，有时会达到7%。

第四类周期股已在上面谈过，只是聂夫又把石油和炼铝等基本商品周期股与汽车、航空和住宅营建等消费性周期股区分开来，原因是后者的一些股票的周期性越来越淡，使得这个类别的投资更为棘手。例如由于管理趋严和更具成本意识以及经济的周期性减弱，汽车业的波动起伏就不如以前那么明显。利率长期偏低或不合理，一般情况下也会延长住宅营建的周期。

如果说聂夫与格雷厄姆有什么大不同的话，就是他并不相信过多的组合投资会分散风险。聂夫回忆自己在温莎的第一天起就下定决心，一见到可望获得高回报率的投资标的，就要建立特大号的仓位，好创一番大事业。"**强调行业配比平衡让许多共同基金索然无味，而我们这种投资结构放任不羁，对庸俗的限制嗤之以鼻。**"温莎管理110亿美元资产时，他们持有60只股票，而且持股最多的10只股票约占整个基金的40%。温莎1/4的资产投资于石油类股时，有3只石油股票占了其中绝大多数。

低市盈率投资哲学及衍生而来的"衡量式参与"策略让聂夫可以自由选择股票配置，他会加倍投资于某些行业或砍掉几个行业的仓位。

一起追逐主流股票的羊群效应已成为共同基金业的常识，即使有独立思维的基金经理也会考虑市场的权重，在权重大的行业里多投资一些股票，这样与指数不会有太大的差别，毕竟共同基金的考核标的是能否跑赢指数。聂夫却对此不以为然，例如，石油和石油服务类股票约占标准普尔指数的12%，但在不同的时期，石油类股所占比例可以高达温莎基金的25%或低到1%。遭冷落时，我们买它们；受到恩宠时，我们卖它们。

曾有一两次，聂夫根本没持有标准普尔指数前50大成分股中的任何一种。有一次，温莎持有最多的标准普尔指数成分股是美国银行，当时它的市值在标准普尔指数成分股中排名第67位。20世纪80年代初，食品类股占温莎资产的8%以上，是它们在标准普尔指数中权重的4倍。1990年和1991年，温莎的投资重点放在金融服务类股上，占整个资产比例的35%，而它们在标准普尔指数中的权重仅有10%左右。

只要价值低估，聂夫什么行业的股票都介入，如高科技股、航空股和汽车股等。聂夫曾最讨厌20世纪70年代初的"漂亮50"股票，也因它们的流行而使温莎基金所持的股票大为冷落，一度业绩很差。但当"漂亮50"泡沫崩溃后，聂夫毫不犹豫地投资其中不再漂亮却仍有价值的股票。

我们已经说过，聂夫不喜欢寻找"翻10倍的成长股"，而且，他在一只股票一次可以获得几倍的收益时，一般不会等到涨10倍才抛出。

在谈到温莎卖出股票的标准时，聂夫说了这样一段耐人寻味的话："如果对于一只股票我们能说的最好事情是，'它可能还不至于下跌吧'，那么这只股票已经进入出售倒计时了。"

聂夫强调的是，买得成功的股票不会告诉你何时应该卖出。"温莎的出色业绩不仅依靠选择低市盈率的优质股票，此外，还必须依靠一个坚定的出售策略，两者具有同等的重要性。只要基本面安然无恙，我们不介意持有3年、4年甚至5年时间。但这不能阻止我们在适当时机马上获利出局。我们曾经也有持有股票不足1个月的情况。"

"爱上投资组合中的股票很容易，但我想补充一句，这是非常危险的。温莎的每一只股票都是为了卖出而拥有。在投资这行中，如果你买进的热情不能适时化作卖出的热情，那么你要么特别幸运，要么末日来临。在你想要吹嘘某只股票买得多漂亮时，也许正该卖出了。"

像几乎所有的价值投资者那样，聂夫对集体狂热唯恐避之不及：

"趋势转变为狂热之后，众人便会相互应和，无法自拔。如果你不这么认为，不妨试试做这个练习：下一次看表演的时候，做第一个鼓掌的观众，或者听振奋人心的音乐会时第一个起立喝彩。大多数人能这么做都很难，但对我来说，买价格低迷的股票更难。"

价值投资者有时被称为"逆向投资者"，聂夫也不例外，但他提醒我们要当心过犹不及：

"警告：不要因为自己的选择和别人不同就沾沾自喜。逆向投资和顽固不化之间不过只有一线之隔。我见到买股的机会会心花怒放，但我也得承认，有些时候大部分人是对的。归根结底，要想获利，基本面必须判断正确。"

"温莎能有那么好的成绩，并不是靠每次都与人唱反调得来的。死不悔改、为反对而反对的反向操作者，终将招致悲惨的下场。聪明的逆向投资者思想开放，能够带着对历史的领悟挥洒投资的幽默。"

投资领域中几乎每一件事情都有可能走过头，包括逆向操作在内。它的可取之处因人而异，看如何解释而定。有些时候，重价值、收益率的投资方法有人追随，却令人有不安全感，因为危及始终如一的实践者。但这些投资者十分广泛，各色人等都有。虽然需要一些自制精神，但成功的方法靠的是判断，一成不变地照逆向操作的公式去做，注定会自取其败。

能免于群体狂热，除了个人判断力之外，还需要坚强的意志力执行原则。一旦碰到股市大泡沫，就是价值投资者的噩梦。聂夫最惨的是在1971～1973年的"漂亮50"时代，累积绩效低于标准普尔500指数26%。1970年5月美国股市从低点反弹，短短6个月激升了40%，投资者的胃口从强调品质转为对较具投机性的股票产生兴趣。温莎踏进 1971 年的多头市场后，便在一年内落后标的 5%。1972 年，温莎活得更为"危险"，市场愈加热衷于所谓"漂亮 50"的少数成长股，而聂夫只顾买入低知名度成长股、慢速成长股和周期成长股，一点都不"漂亮"。聂夫所持有的唯一受人膜拜的股票是 IBM，因为只有它是"漂亮 50"中价格合理的。1972 年 11 月 14 日，道指首次冲上 1000 点大关。1973 年年初仍极度狂热，不过在 1 月底就滑落到 1000 点以下。市场无力上升，11 月初，道指仍在 948 点以上，11 月底却跌到 823 点以下，跌幅高达 13%。

聂夫感叹道："像这种毁灭性的迅猛下跌在我观察市场的 20 年中都是绝无仅有的。""市场开始盲目杀跌，任何的业绩支撑都完全失效，我从没有参与过这样的市场，若在以前，优良的业绩总可以让好公司在跌市中免遭狂轰滥炸。"

从不管什么价格都买到不管什么价格都卖，1973 年不仅使温莎落后于标准普尔 500 指数约 10 个百分点，而且净值下降了 1/4。1972 年温莎如此浴血时，基金经理被撤换了，聂夫虽仍然自信，但压力肯定也很大。他在年报中引用了本杰明·富兰克林的名言安抚人心："我们诚实，不懈地劳作；我们有耐心，勇气可嘉，依靠自己；我们充满雄心壮志，勤勤恳恳；我们有毅力、能力和判断力；我们展望未来，想象无限。"

1974 年道指继续下跌，并在 12 月跌到 577 点的低点。但"蓝色恐怖"过后，温莎大赢，从 1976 年之后的 3 年中，温莎的涨幅超过标准普尔 500 指数 63%。

1974 年年底，聂夫终于松了一口气，他写道："在这五年时间的艰苦过程中，温莎自始至终都在和单个高估值市场板块的无聊反弹做不懈的抗争。1974 年结束时，温莎伤痕累累，但是毫不屈服。我们对低市盈率投资哲学的忠诚没有丝毫改变，马上就要证明我们是多么正确了。"

多年以后，聂夫回忆道："在某些观察家看来，温莎已经完全和市场脱节。但是我认为，温莎并没有和市场脱节，而是市场和现实脱节了。现在这么说，对当时那段经历并不公平。回顾往昔，现在每个人都承认'漂亮50'现象是注定要爆发的。只是那时，原本冷静的理智投资者也都相信，即无限的收益增长和有限的股票供给意味着股价将永无止境地上涨。"

《约翰·聂夫的成功投资》的开场白"花旗的投资传奇"我读过许多遍，尤其是在投资不顺的时候更为受用。它最典型地反映出聂夫不屈不挠的精神。20世纪80年代，美国的许多银行都遇到了大麻烦，直至90年代初，人们都认为它们无药可救。聂夫并不这么看，他大量买入这类股票，如在1987年买入美国银行，后来枯木逢春，美国银行的股价涨了8倍以上。但聂夫投资花旗银行就不那么幸运了，花旗银行在20世纪70年代初还是"漂亮50"的成员，是股市中家喻户晓的成长股。后来成长性减弱，失宠于投资者，到了1987年，由于受到它在拉丁美洲放款失败等负面因素影响，花旗的市盈率才7～8倍，温莎大力买进。但到1990年年初，美国的房地产市场一团糟，花旗也因有关贷款受到影响。聂夫认为，花旗的信用卡消费业务经营得有声有色，便买了更多的花旗股票。不过，花旗股价仍不见好转，而且越来越糟。

到了1991年，在温莎投资的银行股票中，只有花旗的业绩不如预期。温莎平均持有花旗的成本是每股33美元，而当时的价格是每股14美元，聂夫又买进更多的花旗股票。但这不能阻止花旗股价继续下跌。这时，媒体对花旗已出奇地愤怒，很多人都认为花旗要破产。而此时温莎持有花旗股票2300万股，市值5亿美元。

1991年年底，美国众议院银行委员会主席约翰·丁格尔暗示花旗可能技术性破产，而且花旗一家亚洲分行正在遭到挤兑。花旗股价下滑到每股8美元左右。聂夫却不为所动，不卖出一股花旗，仍坚持公司的盈利将止跌回升。

1992 年年初，花旗的盈利终于明显回升，股价一年中大涨了 43%。1993 年，股市十分疲弱，花旗又上涨了 24.7%。聂夫总结道："推理判断帮助我们选出潜力股，坚忍的毅力则让你不像其他人一样迷失方向。花旗是投资挑战的一个很好例子。对我们来说，丑陋的股票往往是漂亮的。"

在中国内地，最知名的海外基金经理是彼得·林奇，在美国也是如此。但我们同样应该关注价值型投资基金经理，他们与林奇的风格大不相同，但成绩也相当不错，聂夫就是其中的佼佼者。

其实，我们把林奇和聂夫的风格比较一下，就会觉得很有趣。林奇是兔子，聂夫是乌龟，与传统的龟兔赛跑故事不同的是，林奇是只勤奋的兔子，聂夫是只激情的乌龟，谁都不比谁差。读林奇的书，总会让人豪情万丈，以为自己明天可以找到一大把成长 10 倍的股票；读聂夫的书，会觉得投资很难，也许你终于找到了一只成长 10 倍的股票，可由于你没有坚忍的耐力，结果是亏损出局。他们的书，我都喜欢，但我肯定，林奇的书要比聂夫的书好卖得多，也就是说，大多数人还是喜欢林奇的。

《约翰·聂夫的成功投资》的最后一段话确实精彩，不妨就此打住："我认为成功并非来自个人的天分或什么愚蠢的直觉，而是来自节俭的天性和懂得从各种教训中学习。我历久弥新的投资原则根植于此，而这个原则拥有无法磨灭的市盈率投资策略的优点。"

张志雄
Value 杂志主编

1998 年春天，我在费城的沃顿商学院给毕业生进行投资方面的培训，采用的是研讨会的形式。学生们思维活跃，对我讲课的内容反馈积极。他们用许多关于投资过程性质的问题向我狂轰滥炸，并询问我为什么会走上现在的这条道路，我竭尽所能应答，但似乎仍然应接不暇。本书就是我和这些学生们探讨的延续。

诚然，书是一种单方向的对话，但是它也可以采用较为轻松的语调来表达一个观点。很多关于这个题材的投资书都因为过多的图表而阻碍内容的流畅表达，不过我觉得我可以抛弃生硬的图表，把意思传达透彻。想象我们去长途旅行，碰巧被安排在同一节火车车厢，我希望你从本书读到的内容就如同是在车厢里就投资这一主题我和你所能调侃的内容。书中对一些观点进行了相应的处理，因为我在基金从业的 30 年中，它们经受住了市场的考验。我不想把各个观点简单地罗列，如果你喜欢看内容条条框框的书，市面上应该可以找到不少。

敢于说教之前，我必须说明一下自己的学习经历。确切地说，我真不知道该从哪里开始。我先是加入了美国海军，并学习了航空电子学，那个时候我还没有梦想投资股票，更不用说去管理美国最大的共同基金了（温莎基金在 1985 年停止接纳新客户之前一直是美国共同基金的行业领袖）。不过，我的事业可能早在我学会数数之前就开始了。我一直是个倔强的小家伙，我母亲对此表述得更为直白，她对我说："约翰，你甚至和路标都能理论。"她说得不仅十分正确，而且很有先见之明，我的整个事业就是在和股票市场争论。让我高兴的是，温莎基金的历史记录表明，争论最终的优胜者多半会是我。

这是个需要机智的工作，要学习的东西一旦开始就似乎变得没完没了。可这正是证券市场的魅力所在，也正是造成痛苦和绝望的源泉。证券市场上的专家难以胜数，但他们中却没有人能对投资者真正想知道的问题给出准确无误的答案。这个问题就是：市场在明天、下周或者下一年会如何走？这个世界每天都冒出无穷无尽的新信息，而每一条信息都将对市场产生某种影响，这让现今的市场行为变得不可捉摸。古希腊哲学家赫拉克利特（Heraclitus）曾说，一个人不能两次踏进同一条河流，因为河流永恒在变。同样我可以说，一个投资者不能两次踏进同一个市场，因为市场也永恒在变。

虽然这么说，但投资者经过长时间的实践摸索，毕竟还是能对市场的品性形成一点认识。它缺乏理性，不动感情；它桀骜不驯，充满敌意；可是有些时候，它又宽宏大量，乐善好施。市场自有它自己的快乐忧伤，好的年份和坏的年份，而你却无法预测。它们的趋势会以令人咋舌的速度突然逆转，可是你仍然可以学习如何巧妙地应付它们，提高自己的胜算。简言之，会讨价还价，就能从中获利。

正如我是一个逆向操作者，所以本书和最近流行的教人如何投资的书不太一样，显得特立独行，也谈不上正统。这本书不讨论万福玛丽亚传球◎，而是探讨如何长时间钻研、大浪淘沙、慧眼识宝。我的投资包括三大元素：个人修养、目标设定和实际经验。所以这本书采用了三个部分的结构：第一部分（走进温莎）先作自我介绍，第二部分（永恒的原则）描述目标和技巧，第三部分（市场流水账）记录了我在温莎基金最后的 20 多年中市场的波澜起

◎　一种成功率低的、孤注一掷的向前长距离传球，通常在比赛将近结束时使用。——译者注

伏。所有这些内容都是为了让你在投资时拥有更多智慧，不管你是一年交易一次还是一天交易一次（不过我不推荐后者）。

在 20 世纪 90 年代后期这个投机氛围浓重的时期探讨价值投资及其表现，似乎是恰逢其时，因为许多价值投资基金都经历了一段坎坷之路。作为逆向投资者，我想说出现这种情况并不奇怪。一种优秀的投资方法越是不被看好，我越是想写书介绍这种方法的好处。不合潮流最终战胜了人云亦云。在我任职期间，温莎基金多次经受住考验而巍然不倒（见图 0-1 和表 0-1），市场一旦有好转便挺身直上、技压群雄。

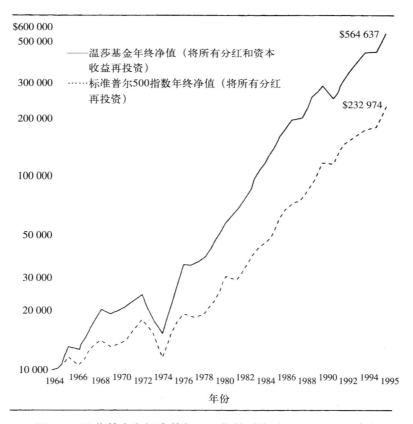

图 0-1　温莎基金和标准普尔 500 指数对比（1964 ～ 1995 年）

表 0-1　总收益率比较（截止到 1995 年 10 月 31 日）

	累计（%）		年平均（%）	
	温莎	标准普尔 500	温莎	标准普尔 500
5 年	+154.2	+121.1	+20.5	+17.2
10 年	+268.4	+319.8	+13.9	+15.4
15 年	+902.3	+696.0	+16.6	+14.8
20 年	+2314.6	+1352.4	+17.3	+14.3
全时期①	+5546.4	+2229.7	+13.7	+10.6

①指约翰·聂夫管理投资组合的整个时期。

个人投资者和职业投资机构相比有一个重要优势：个人投资者选择了一只股票后会有较多时间关注和跟踪，不会因为季度报表突然表现不佳而措手不及，这种优势在恶劣的市场环境下更加明显。价值投资（也就是注重市盈率，像我一直身体力行的一样）需要能够冷静地反省市场。证券市场一开始就缺乏冷静，到了牛市如火如荼之际，这种冷静就显得越发稀罕了。

但到最后，物美价廉的好股票必将引起市场的关注。凭借耐心、运气、理性的判断，你完全能做到不断向前。这就是投资游戏的天然属性：天上会时不时掉馅饼，但大多数情况下来得快去得也快，到头来空欢喜一场。我的投资风格却能在相对较长的时间内给投资者带来稳定的高收益；但是如果你承受不了股价过山车，或者你为人太过急躁，那么最好还是老老实实把钱藏在枕头底下。

约翰·聂夫
宾夕法尼亚州福吉谷（Valley Forge）

致　谢

　　我的家人给了我莫大的帮助：在本书编写的漫漫光阴中，莉莉还有我们的孩子莉萨（Lisa）及斯蒂芬（Stephen）给予了我无尽的支持，他们表露好奇和关心，而且能够理解我所做的努力。谢谢他们！他们是本书写作的热情参与者和志愿者，每每我感到困惑和无从下笔之时，他们便给予我激发灵感的火花，我不能离开他们。为了本书的写作，我担心是否已对他们做出了过分的要求。如果把我写作本书比作弹奏乐章，那他们就是乐器的共鸣板。

　　感谢我的合作人史蒂文·明茨（Steven L. Mintz）承担了繁重的编撰任务。我提出的观点、获得的成就以及投资过程中做出的判断都经他之手撷取和编排，最后才得以编节成章。他工作耐心、刻苦、兢兢业业，为人十分友善。

　　感谢鲍勃·多兰（Bob Doran）、麦克法兰（McFarland）以及尼克·桑代克（Nick Thorndike）。他们和我共同管理温莎基金超过 16 年，而且还一起担任威灵顿管理公司 LLP 的经营合伙人。威灵顿管理公司是一家投资咨询公司，现管理高达 2000 亿美元的自由资产，又称全权代客投资资金。他们不仅为人诚实正直、见解独到、乐于奉献、幽默风趣，而且成绩斐然，在一同引领威灵顿永无止境的追求，一同为打造一流投资机构勤勉不息的过程中，我们一直是工作中的好伙伴。

感谢约翰·博格、杰克·布伦南（Jack Brennan）和其他先锋公司（Vanguard）的董事成员。多少年过去了，不管我做得如何，他们都始终不停地给我以鼓励和支持，让我身心愉悦。即使偶尔遇到困难，在这么一个由杰出人士组成的团队中，我也从不会感到信心受到了打击。

如果没有这么一个卓越团队的鼎力相助，在我任职期内，温莎取得的任何成就都将是无法实现的。感谢我的继任者查克·弗里曼（Chuck Freeman），他在我管理温莎的26年中做出了不可估量的贡献。他乐于分享，可以说是智慧和坦诚的典范。他让我们抓住了坦迪（Tandy）、花旗银行、克莱斯勒汽车以及许多其他股票的绝妙投资机会。感谢吉姆·阿弗里尔（Jim Averill）和吉姆·莫迪（Jim Mordy）。他们花费了10年时间对投资诀窍进行不断探索和总结，逐渐找到了属于温莎的典型投资方法，并让华尔街为之侧目。

我是一个幸运儿，在我职业生涯的路途上，共有三位杰出的导师助我一臂之力。早在托莱多大学（Toledo）念书的时候，我就学习了金融系主任希德尼·罗宾斯（Sidney Robbins）教授任教的两门金融课程。这两门课程让我大开眼界，引发了我的想象，让我看到投资的无穷魅力，并且让我相信兴许我就能够在那方面施展拳脚。此外，第二次世界大战后来到美国约克郡的亚瑟 T. 鲍纳斯（Arthur T. Boanas）先生向我提供了走出大学校门的第一份工作，他对我可是呵护备至。他耐心地鼓励我、教导我，并最终把我领进普通股投资的奇妙世界。最后，米勒—安德森—谢尔德公司（Miller, Anderson and Sherred）是一家投资咨询公司，现已归到摩根士丹利集团旗下。米勒是这家公司的创立者之一，同时也是宾夕法尼亚大学任期八年的董事会主席，他给我讲解了许多投资范例，他的风格看似轻描淡写、漫不经心，实则含义隽永、发人深省。他的教诲让我在以后的生活中逐渐成熟起来。

我非常幸运，这么多年来总有出色的助手帮我出谋划策。珍妮特·雷格莎（Janet Ragusa）为我笔录资料，她似乎有着一种习以为常的不知疲倦，一丝不苟、力求精确，同时还有着无比的耐心，脸上总流露着无法隐藏的欢笑。摆在她面前的上百封提交给先锋董事会的汇报信件，通过她的加工便能噼里啪啦产生出一连串的初稿，这些稿子就是构成本书将近一半内容的市场流水账部分。多拉·柯诺（Darla Knoll）是我的行政助理，她可是个得力干将，20年来把我的日常事务打理得井井有条，让我事半功倍。在我半退休期间，弗兰·凯莉（Fran Kelly）给了我亲切而温和的照料。

在我写作本书的两年时间里，还有三个人我要表示感谢。他们不间断地鼓励我，时不时还要对我慷慨激昂地长篇大论一番。查尔斯 D. 埃利斯（Charlie D. Ellis）为本书写了推荐序，我感到荣幸之至。比尔·希克斯（Bill Hicks）为温莎基金的"降生"不遗余力地努力。吉恩·阿诺德（Gene Arnold）三天两头给我发信息，叫我"要把书继续写下去"。感谢所有这些朋友以及其他许许多多不吝惜智慧和友情的好人。在此，我向你们表示诚挚的感谢。

约翰·聂夫

花旗的投资传奇

1991年5月，大多数投资者都在为花旗银行忧心不已。当时花旗银行正被许多不动产难题纠缠而不得脱身，在火急火燎地清理向发展中国家的许多灾难性放款后，花旗银行的前景一片暗淡。为了应付不良房贷和巨额坏账，花旗不得不专门拨出数十亿美元，但是前面还有难以逾越的障碍等待克服。当时其他银行都在从类似的问题中恢复，但是对于花旗，报纸头条仍然在对它猛烈抨击，调查人员也蜂拥而至核查它的财务账单。大陆银行（Continental Bank）的幽魂似乎就飘荡在它周围，警示着投资者今日不可一世的大银行很可能在一夜之间就会消失无踪。于是，花旗的股价每日大跌。批评的声浪淹没了花旗精力充沛的董事长约翰·里德，这是他一生中最重大的一次战役，如果处理不善的话，他必须黯然下台。

在温莎这边，我们经过对花旗处境的审慎衡量之后，认为此时正是买进的良机。

实际上那时温莎已经持有了相当部分的花旗股票。它早在1987年就引起了我们的注意，那时我们持有的摩根经历了大幅上涨，我们希望能找到另外的股票替换掉摩根。花旗当时的股价波动在收益的 7 ~ 8 倍之间，前董事长沃尔特·瑞斯顿（Walter Wriston）将花旗改头换面后，进入了短暂的全盛期，他的努力实际上使花旗的年增长率达到了 15%。20 世纪 70 年代初有一段时间，花旗还入选了风光无限的"漂亮 50"（Nifty Fifty），是股票市场上家喻户晓、万众瞩目的成长股之一。尽管在花旗的成长性减弱，并在投资者中失宠之际，温莎毅然大力买进，但后来的道路之坎坷却是始料未及。

从一开始，花旗就是对温莎逆向投资策略的考验。1987 年花旗股价大跌，市盈率大幅低于市场平均水平。这种折价真实地反映出市场对于花旗对拉丁美洲国家的放款十分担忧，尤其是某些不良贷款正因油价急转直下而产生恶化倾向，至少在墨西哥是这样。受到这些顾虑的影响（却忽略了一个重要的事实），在银行主管机关的压力下，花旗不得不提前拨出一些准备金以防放款成为呆账，所以 1985 年和 1986 年花旗的收入报表背上了严重的负担。投资者看到这些亏损不免会脸色发白，我们却得出了截然不同的结论：花旗给出的盈利统计相当保守，实际上可能更高一些。

到 1988 年的时候，我们对花旗的忠诚似乎就要得到回报了。花旗前一年还宣布历史最大亏损，这一年却正在向历史最高水平的收益迈进。可正在这个时候，经济萧条突然来袭，这对过度发展的商业地产的打击尤为严重。开发商破产了，银行则被钉死在不良房产放款的十字架上，动弹不得。为了回笼资金，银行一般的做法是以一半或者更低的价格摆脱这些放款。花旗的反应极为明智，但当时却让许多人迷惑不解，因为花旗决定抱牢它的放款，而非半价出清。

虽然花旗接连遭到了无情的打击，温莎却在满目疮痍中稳步增加对金融服务公司的持股，但实际情况仍是每况愈下，其中花旗尤甚。随着温莎对花旗的持仓比重不断增加，我开始和里德接触，每过一段时间就会向他表达我的意见。谈话之后，我对他坚忍不拔、不眠不休的工作精神大为佩服。

我甚至关心他的个人生活，虽然处境艰难，我劝他还是不要放弃打高尔夫。有一次偶然的机会，当我把他介绍给台下的投资者时，我坦承以前曾经对里德的名字有点摸不着头脑，由于新闻媒体的报道老把他叫作"焦头烂额的约翰·里德"，所以长期以来我一直以为"焦头烂额"应该就是他的名字。

　　总之，不管所谓的权威人士讲得如何头头是道，1990年年初，我们又买进了更多花旗银行的股票。虽然不动产市场惨淡如昔，但我们相信凭着花旗在客户心中的极高地位，终有一天会赢得市场的认可。我们注意到，有关问题影响的主要是银行的商业不动产业务这一块，而消费者业务的收入却非常出色，在市场上占支配地位的信用卡业务也经营得有声有色。前董事长瑞斯顿的努力（在发展中国家扎根）开始为盈利带来贡献。再设想房产市场将要再度翻身，所以我们一如既往地认为这是让我们的股东受益人大赚一笔的好机会。花旗1990年没有任何收益，但这只不过是因为它抽出了大量资金用做房产贷款的准备金而已。虽然所处环境欠佳，但其余各项业务的收入正好可以和房产贷款的损失持平。

　　可是之后花旗又一次让我们的希望落了空。1991年，在温莎持有的所有银行股中只有花旗的盈利不如预期。所以我们做了一些似乎很有道理的事，由于我们的平均持股成本是每股33美元，而当时花旗的股价是每股14美元，因此我们买进了更多的花旗股票。

　　随着1991年慢慢逝去，花旗股价进一步下沉，媒体越发频繁地对花旗进行抨击。1991年10月的《商业周刊》(Business Week)一则刺眼的标题说，"花旗的噩梦将越发恐怖"。12月，《机构投资者》(Institutional Investor)杂志用一篇特别报道配上全页的死鱼照片，很好地传达出华尔街的普遍悲观情绪。许多人认为花旗即将破产，也有传闻说，罗斯·佩罗特（Ross Perot）正在卖空花旗股票。似乎实际情况比花旗的财务报表所披露的更加糟糕，绝望情绪引发了新闻媒体的恐慌性骚动。为了平息谣言，银行不得不公开宣布：经调查人员检查，主管机关还没有判它死刑。

温莎此时持有 2300 万股花旗股票，受益人的资产有 5 亿美元处于险境。与此同时，众议院银行委员会主席约翰·丁格尔（John Dingle）暗示花旗可能会技术性破产，花旗一家亚洲分行遭挤兑的报道也在传开。1991 年年底，花旗股价一路下滑到每股 8 美元左右。

我不得不承认这段时间的确让人高兴不起来，但是我们的信心没有动摇。我从没有想过在没有获得令人满意的收益之前卖出这些股票。即使公司经历了这样的大放血，我们仍然认定公司的盈利能力大致毫发未损。随着成本的快速下降，更强的盈利预期在我们看来变得更加清晰。我们预测，随着房产问题逐渐获得解决，1991 年之后公司的收入会止跌回升。我们发现花旗的处境和 1987 年的美国银行有些类似。美国银行后来枯木逢春，股价反身向上涨了 8 倍以上。

矢石交攻之际无法让我们后撤，最后的结果表明我们的判断是对的，我们得到了很好的回报。1992 年伊始，花旗的盈利状况和股票价格明显回升，我们持有的股份在年底之前已经获得了利润。温莎在敢为天下先的态度中有所收获，虽然经历了漫长等待，但一切又是值得的。

★　★　★

从温莎投资花旗股票过山车式的经历可以得出很重要的一点：成功的投资不需要人气旺盛的股票与绝对多头市场。正确判断和坚持信念是成功的先决条件。推理判断帮助我们选出潜力股，坚忍的毅力则让我们不像其他人一样迷失方向。花旗是投资挑战的一个很好的例子。对我们来说，丑陋的股票往往是漂亮的。如果温莎基金的投资组合看起来就很容易让人认同，那么可以说我们在敷衍了事。花旗不是第一只这样的股票，当然也不会是最后一只。

| 第一部分 |

JOHN NEFF ON INVESTING

走 进 温 莎

勤奋、毅力和节约创造财富。

——本·富兰克林

第 1 章

踏上向着东方的旅途

1955 年 1 月上旬，一个冰冷的早晨，标志着我投资生涯的开始。画面中，一个 23 岁、服过水兵兵役、刚刚大学毕业的毛头小子，站在托莱多市的高速公路入口的坡道上。这条路通往新近完成的俄亥俄收费公路，他正想要搭便车到纽约市。这种暗淡无光的登场在今日看来不免有些奇怪，如今大规模的学生军团刚出校门，便开始四处寻找有声望的工作和高薪的待遇。当时没有人来好心为我买张公共汽车票，更不用幻想飞机票和高档旅馆了。我的随身物品只有一个休闲背包，一包点心以及口袋中仅存的 20 美元。为了能赶得及隔天的几场招聘会，我唯一负担得起的就是一路搭车到纽约。

对于早期的那些州际公路的司机来说，我猜自己看起来应该比较老实，那时的交通状况相对现在也不太拥挤，而且犯罪这个"字眼"还没有深入他们的脑海，总之不管如何，搭便车的旅行者在他们那里得到的更多是同情。我没等多久便搭上了车。关于当时说了些什么我已记不大清，但由于我告诉了他，我的行程是从俄亥俄到纽约，自然就引出了1954年世界杯赛事的一些话题。那个时候的纽约巨人队在四场比赛中横扫了克利夫兰印第安人队。作为一名底特律老虎队的铁杆球迷，我对球队的前景感到怅然若失。

那时我对棒球可比投资知道得多。我对股市的一切知识加起来也寒碜得丢人，它们充其量只是大学中与此有关的两门课程。我一点儿准备也没有，也没有想到要靠投资这个行当来牟利，更没有意识到其实那并不比找一份其他工作差。那时，对于大多数美国人而言，1929年10月美国股市的灾难和大萧条仍然让证券市场不寒而栗。道琼斯工业平均指数虽然最终还是上升到了1929年的前期高点，却是经历了26年的漫漫岁月。他问我去纽约干吗，我只说是要找一份工作。

在途中横跨宾夕法尼亚州有一小段旅程，我搭上了一个卡车司机的车。他以前是记者团的司机，在距离我上高中的地方科珀斯克里斯蒂（Corpus Christi）很近的南得克萨斯过了些时日。从某种意义上说，我们都是被放逐者，不过我的放逐是自找的。他把自己的离开归咎于一个名叫乔治·帕尔（George Parr）的得克萨斯行政长官，乔治·帕尔靠拉选票在1948年美国内阁竞选中最终以令人怀疑的94票的极微弱优势帮助林登·约翰逊（Lyndon Johnson）赢得了选举，击败了科克·史蒂文森（Coke Stevenson）。那一场竞选势均力敌，相反的几百张选票就足以颠覆美国的总统史。选举结果出来后，政治评论家们给这位未来的总统起了个带嘲讽色彩的雅号：一边倒林登（Landslide Lyndon）。

经过16个小时960多公里的奔波，第5次搭车才把我留在了泽西市（Jersey）的一个卡车停车场，当时已近午夜。我要顺利赶到大苹果（Big Apple），所以进行了一整夜的步行，并且得依靠一些公共交通设施，结果当我最终走进34号街的YMCA旅馆时，迎接我的只是晚班接待员的问候。住宿条件也远没有密歇根大急流村（Grand Rapids）Y酒店的那种魅力，我高中毕业后同时苦干两份工作时曾住过 Y 酒店。值得庆幸的是，不早不晚基本按时，我终于到达纽约了。我只需要足够的睡眠，在隔日约定的四场面试中保持头脑清醒就可以了。

1.1　炮弹和自动收报机

自 1955 年找工作以来，摩天大楼的遍地开花让这个金融区容光焕发，信息时代也让纽约股票交易所的大厅今非昔比，但华尔街和百老汇交叉路口还维持着老样子。交易所大楼依旧独霸一隅，稍远处耸立着联邦议会大厦，在那里乔治·华盛顿曾进行了第一任总统就职宣誓，而第三座气势宏伟的建筑里面是著名投资金融家 J. 皮尔庞特·摩根（J. Pierpont Morgan）建立的银行，它的正面依然展示着无政府主义者的炮弹留下的斑痕，1920年 9 月的一个繁忙星期四，这枚炮弹曾使华尔街惶恐不安。

一个杀伤力稍弱但触及面更广的爆炸则真正撼动了华尔街，那个时候我已经开始从事我的投资事业了。第二次世界大战之后近十年，华尔街睡眼惺忪，似乎要被人遗忘。没人想到过将来竟会有议付佣金，更没人能够预见个人也将可以使用电子交易账户即时成交买卖股票。那个时候，有一群衣冠楚楚的男性股票经纪人，他们组成一个有条不紊的体系，专门为富豪、望族以及某些信贷机构服务。投资者要进行股票换手，必须经由股票经纪人提交委托才行。实际上，其中许多证券经纪人本身就是豪门贵族的成员，要不就是有不可一世的靠山。自 1929 年股灾后人们惊魂未定，一个个都变得保守起来，不敢轻易购买普通股股票。大部分养老退休基金和机构投资者开始把主要目光放在债券和那些最安全的股票上。那时根本还没有所谓的共同基金。

极少人家拥有电视机，而拥有电脑能够及时获取 CNBC 财经信息和股票即时交易数据的人更少。1955 年投资者监视股市依赖的是一种真正意义上的自动收报机纸带，这种打点纸带间断操作，它们往往打出 10 个字符，然后就不动了，然后突然又打出 10 个字符。以这样的节奏，纸带显然会滞后于交易活动数据，尽管那时的每日成交量极少超过 500 万股——如今单个的热门股或者还不那么热门的股票一天的成交量就可以和它一样多。买卖股票的指令需要手写到小纸片上，并通过气动导管传送装置把这些小纸片运往处理室集中进行指令执行。为了在交易大厅内展示价格波动，有专门的报告员在展示墙上固定锯齿形状的价格标度盘，并不断调整价格。当委托单一拥而上时，要始终维持最新价格怕是强人所难。在交易所之外，大多数经纪公司雇了"粉笔工"和"张贴工"，让他们随着报价变动不停地擦去旧的报价，写上新的报价。

今天的大投行在纽约金融中心之外就基本上一点儿也不为人所知了，那些比较出名的叫作"经纪商行"（wire house），是它们支配了华尔街。它们在外地各市都有办事处，并通过线缆传送买卖指令。其中美林银行（Merrill Lynch）是最大的经纪商行，它一旦推荐某只股票，那只股票肯定会有强烈的动作。如果美林让它的股评队伍建议客户买宾夕法尼亚州中央铁路（Penn Central Railroad），可能一下子就会出现 50 万股的买单，让交易室处理不过来。而在偏僻地区，比如托莱多或是克利夫兰，独立经营的地方经纪公司则各霸一方。

经此回顾，我会说当时我做出去华尔街的抉择真实地反映了一种投资理念，一种最终让我的整个生涯蓬荜生辉的哲学。投资业务在 1955 年备受冷落，更谈不上吃香。最优秀、最聪明的求职者通常会投奔诸如福特汽车和通用电气之类的大公司，期望某一天能在这个行业中崭露头角。

我却无此雄心壮志，相反，《巴伦周刊》（Barron）杂志上的一篇文章使我去了四家国家证券经纪公司参加培训，这四家公司是美林公司、Blyth 公司、美邦（Smith Barney）以及培基公司（Bache & Co.）。我对自己成为股票经纪人的前景很有信心，我还带了一封一位金融学教授写的推荐信，他曾经劝我考虑从事投资行业。如果不是希德尼·罗宾斯教授，我只能说要取得投资事业的成功还真需要个人的运气和象牙塔里拿来的高文凭了。

1.2　吉兆的开端

我的投资生涯正好在市场开始活跃的关键时间点启动。股票市场虽然名声依旧晦暗不明，但实际上正在逐渐恢复往日的光彩。投资者对联合碳化（Union Carbide）、陶氏化学（Dow Chemical）、明尼苏达矿业及制造公司（Minnesota Mining & Manufacturing）以及伊斯曼－柯达等行业龙头公司的成长预期明显较有信心，以至于其股价重新回到历史的高点。市场对普通股信心的恢复激励着投资者，他们愿意牺牲一部分收入来追逐资本收益，上市公司慷慨的股份分红更不待言。

战后经济复苏，整体向好，物价稳定。在刚刚过去的一年中，美国国民生产总值已经接近4000亿美元，创下了历史新高。高尔夫也热起来了，休闲玩家纷至沓来，这又是一个经济繁荣的信号。根据美国1954年对高尔夫球的统计数据，当年共有380万高尔夫玩家，高尔夫球场增至5000个，总占地面积达150万英亩⊖。这是20世纪下半叶的第4年，同时也是延续物价没有显著上涨的第6个年头。而第一次世界大战的后果是物价下跌44%，经济学家们都注意到了这种反差，所有的信号都是积极向上的，各类商品供求两旺。1月3日的《华尔街日报》报告说，许多公司管理层对经济预期乐观，各自都在筹划新建制造工厂。

　⊖　1英亩＝4046.856平方米。

作为对这些鼓舞人心信号的反馈，1955 年的第一个交易日道琼斯工业平均指数上冲至 408.89 点，刷新了历史纪录。伯利恒钢铁（Bethlehem Steel）、克莱斯勒汽车、通用汽车、伊斯曼－柯达以及新泽西标准石油也都在 1 月 3 日这一天大步走高，换手量达到了 500 万股——当然按今日标准仍然微不足道，不过在 1955 年这可几乎是五年来最高的成交量了。杜邦公司跳高了 4 个点，收盘至每股 171½ 美元。看来我一来到纽约，纽约似乎就热情似火了。

我的面试并没有遇到特别的困难。在海军部队待过两年，听过两门金融课，在俄亥俄托莱多的领先男士服装店做过销售员，我想这些对于一个证券经纪人来说已经足够了。我每次一停下，就会有一大串的问题向我袭来，可能是要发掘我是否具备所需的基本素质。我可不懂害羞，也不会让人轻视，他们的问话无法让我抬不起头。面试结束后，我猜我做得相当不错，不过我没有留下来等待张灯结彩的款待。我还没等到获知我给纽约留下了什么印象就匆匆赶回了家，我要为克利夫兰国家城市银行（National City Bank）的一个职位接受面试。为了使旅途更加愉快并且能保证按时到达，也为了善待自己，我给自己买了张灰狗长途汽车的车票，谁想车上那群卡车司机彻夜放歌。

我没有受到纽约的优待：美林和 Blyth 没给我任何的婉约之词，而是平白地拒绝了我；美邦请我回去参加进一步的测试和面试；培基则得出结论认为我的声音缺乏必不可少的权威，做股票经纪人恐怕不合适，不过做证券分析师倒还可以考虑。培基提供的工作一开始让我感到不自在，但是后来我发现我真的更加适合做证券分析师和投资组合经理，而不是为了生计而歇斯底里地骗取别人的资金推高股市。股票经纪人干好的话收入可以不菲，但他们花费大多数时间就是为了持有股票，很少考虑投资组合的问题。他们的日常行为有时看来庸庸碌碌，愚笨又徒劳，且又受制于人，而我需要激情。如果我想成为证券分析师，克利夫兰就已然可以满足我——对我刚结婚四个月，一直没离开过托莱多的妻子莉莉来说也更为方便，因此我决定去这家银行。

我不知道，或许是对冷淡接待我的报复，我一离开纽约回到克利夫兰，华尔街就受到了严惩，这可能是因果报应。1月6日星期四，这是美联储宣布将购买股票的保证金从50%上调到60%的第二天，道琼斯工业平均指数大跌2.2%。这是自五年前朝鲜战争爆发以来对股东最惨烈的一次打击，隔夜《华尔街日报》对此做了报道，而且自这天起股市愈加恶化，直到1月14日才探底反弹。

虽然这些事件构成了我最初担任专业投资者的市场背景，但那时我还没有注意到太多。我的深谋远虑、我的恒久策略（可能有些人要骂我傲慢自大了）此时还暂时埋没在俗世尘埃中。

第 2 章

追根究底的爱好

我喜欢购买被冷落的股票，这种方法对我来说自然而然，但仅此还不足以战胜市场，成功还需要足够的恒心。当流行观点说你错了的时候，你需要不为所动、坚持己见，这可不是本能或天性，相反，这是和人的天性相抵触的。

说起恒心，我回想起了我家地下室的那个火炉。我家住在密歇根州大急流村，那时我至多不过 5 岁，但是对我祖父往火炉里加煤的情景记忆犹新。他用铁锹把煤块铲到一个类似踏车的传送装置上，然后由它把煤块送入火中。那是项烦热而且肮脏的工作，但是我的祖父却能一心一意，直到工作完成。我时常羡慕他能够有本事让我们在密歇根的寒冬中依然获取温暖。

我对过去回顾得越多，我学到的东西也越多，对我最终选择的职业的帮助也越不可估量。毅力、同情心、节俭、倔强以及诚信，连同打破传统的倾向和追根究底的爱好——所有这些品质构成了成功投资大厦的砖砖瓦瓦。

所谓的捷径不过是在前进的铁轨上涂润滑油，但一不小心就要倒退滑落，最终总不免让人失望。许许多多投资者似乎都相信要在证券市场上赚钱，就是看到哪个行业的走势线上升得最快就去搭船，从 20 世纪 50 年代末人造卫星带动的电子产品热到 90 年代的科技股爆发都是这样。确实，不少股票每次都能给予投资者丰厚的回报，但更多的却是如海市蜃楼般的凭空捏造，来得快，去得也急。

生活从没告诉我成功可以守株待兔。我父母的婚姻恐怕本来就没有什么希望，在我 4 岁那年他们就离了婚。我的母亲芭芭拉·布朗（Barbara Brown）生于密歇根芒特普莱森特（Mount Pleasant），她还没念完高中就嫁给了我父亲。她后来向我坦白，她嫁给他，主要是为了逃避父母。两年后的 1931 年 9 月 19 日，她有了一个儿子。

在婚姻完全破裂之前，我们时有变迁。在底特律，我父亲把公司生产的汽车润滑设备出售给加油站和修理站，如果说这是我父母重新开始的计划，那么结果就是没用。我们离开了公司，我母亲带着我，同父亲分道扬镳，而我再次见到我父亲是 14 年之后了。那时我母亲除了大急流村她父母那里，拖着个东倒西歪的小家伙的她竟无处可去，这恐怕是生活对我母亲最尖刻的嘲讽。

我们的住处位于大急流村麦迪逊大街，屋子的地下室有暖气锅炉。我们的生计全赖外祖父维持，他做人寿保险推销员有些收入。以前在他二三十岁的时候，他曾在芒特普莱森特经营过一个人造煤气公司，后来又在俄亥俄的布莱恩（Bryan）经营。这项业务专门把煤炭转换为煤气，那个时候天然气不怎么多。大萧条时期，虽然人们仍然需要煤气来提供温暖和烧菜煮饭，但并没有阻止这样的公司和许多其他公司一样衰落倒闭。甚至看似稳固的公用事业公司，以及共同基金都在大萧条中日渐枯萎凋亡，只因为 20 世纪 20 年代借了太多的债务。尽管如此，多亏了我的外祖父不知疲倦地辛劳，我们在经济上还算过得去，大萧条也没给我留下什么特别的印象。我们在大急流村日复一日地平静度日，周围都是荷兰人社区和波兰人社区，他们的香火日渐旺盛，可是我却没有多大的帮助，因为聂夫原本是一个德国人的名字。

后来，我们搬到了相邻的东大急流村居住，那是一个迎合高消费阶层的郊区。我在东大急流村离家大约 3 千米的一所学校上了一二年级。街道上往北相隔六栋房屋处的一个大消防栓把大急流村和东大急流村分隔开来，就是这个市政疆界让我无法去一所好得多而且离家也更近的学校上学。那个时候我时常不自觉地把各种可能情况加以比较分析，心中会有所不满。

住在附近的弗里茨小姐教我一年级。我想感谢她在我的报告单上的评语，从很小我就学会了"好斗"这个词的含义。我要是和别人争论起来从不放弃，甚至面临极大的权威也依然故我。我母亲常常说我适合做一个律师，因为我走路遇到一个路标都会和它辩个不休。她或许是对的。长期来看，我干得还要更加出色，因为我会和整个证券市场争辩。

我的外祖父在家中担当了不在场的父亲的角色，直到 1939 年他病倒为止。他去世时我正在上二年级。这之后，我母亲、外祖母和我搬到了芒特普莱森特，那是密歇根州中部的一个地方。我们不算毫无收入来源，这得多亏节省下来了一些存款以及通过人寿保险获得的部分收益。不幸的是，外祖母没能明智地投资她的养老金，她把祖父遗产的一部分，或许是全部，拿给了她儿子，也就是我的多兹舅舅，让他经营超市。

2.1 有关企业股票

我也算是在企业家的家庭中长大的，不管怎么算，多兹舅舅也不是我家最早创办企业的人。约翰·乔治·聂夫（John George Neff）出生于 1834 年，那时宾夕法尼亚州的老股票不错，可以一直追溯到殖民时期。他先是教了一段时间书，后来到一个砖厂工作。没过多久，他就买下了这个砖厂——这可能是一种早期的以小博大，如果他为此借了钱的话。在赚了足够的钱之后，1873 年他开始饲养马匹，还买了一处应属上流社会的田园家产。约翰·乔治把公司出售给了他的儿子们，其中包括我的曾祖父本杰明·富兰克林·聂夫（Benjamin Franklin Neff）。三兄弟在俄亥俄布莱恩附近经营着他们的砖厂。

我母亲的姑妈姓普拉姆（Plumb），他们家族也有成功的企业家。20 世纪 30 年代他们就在大急流村以及附近地区建立了连锁超市，这种销售模式那时还处于婴儿期，它叫作食品城（Food City），我至今还记得童年时那些商店的模样。按照今天的标准它们称不上是大型超市，实际上，它们比现代一个熟食铺也大不了多少。每当价格和广告要做更改时，就会请来一个广告油漆工，然后我会观察他在橱窗上画上各种有趣的东西。食品的价格数字被他标得龙飞凤舞，让我惊讶不已。除了有机会观赏艺术家工作以及和紧紧相挨的邻居们磕磕碰碰外，零售店的讨价还价给我留下了不可磨灭的印象。我从没买过一股股票，但在我看来，我已经在为未来的股票出售场景演练了。

我母亲曾在貂熊香料店（Wolverine Spice）做记账员，那个店是食品城旗下的一个批发部，就是在那里多兹舅舅接受了百货业务的基本训练，但是正当他有机会接手食品城的时候，伯祖父夫妇却把公司一分为二，自己拿了西密歇根的一些商店，而把大急流村的商店留给了他们的合伙人。最后在 20 世纪 60 年代前期，他们的儿子把持有的股份兑成现金，并建立了联合超市，那是一家位于底特律的连锁超市。现金是明智的选择，联合超市最终破产了。这个时候，多兹舅舅显然是去了我外祖母那里，寻求自己开办商店的启动资金，然后她就屈服了。任何成功都是短命的，很难说是因为业务开始下滑所以舅舅开始酗酒，或者相反，反正，前后次序没什么关系，结果都是一样，多兹舅舅饮酒过度而死，公司也走向了破产。幼小的我从中又学到了三个教训：①一旦涉及金钱，情感纽带都是幌子；②一个公司不行了，再去投资另一个恐非明智之举；③过度饮酒不能算是公司业务，也不能算个人优点。

尽管我来自一个落魄家族，但我从没有什么不幸的切身体验。我母亲和外祖母的辛劳和努力渲染了一种舒适的氛围，迄今为止我一直这么认为。感激她们沉默中的强力支持，我的自信得以迅速滋长，我的行为在五年级也荣获了缺乏自制的美誉。之后我挑战传统的倾向一发不可收拾，这可能反映出了我的外祖母和母亲在这个无父亲的家庭中为了防御世俗侵犯所做出的不懈努力。反正，既然我基本没有和父亲一起生活过，那么在我成长过程中对他的离席自然也少有知觉。

对于一个家庭中应有的父亲形象，多兹舅舅以他自己的方式弥补了部分空缺。我们对地图都很痴迷，有很多地图都是他给我带来的。我们还一起沉思 1940 年人口普查的深远意义。直到如今，我还记得大急流村 1940 年的人口是 164 592 人。多兹舅舅告诉我找到国外城市的诀窍，对布达佩斯的寻找出于某种原因充满了戏剧性。每到星期六，我们会花 11 美分购票看电影。对于标这个价位的票，我们足可以看两小段喜剧以及至少两场由吉恩·奥特瑞（Gene Autry）和罗伊·罗杰斯（Roy Rogers）参演的西部牛仔片，他们每次出场都把事情弄得一团糟，但是每次他们身处险境，最后却总能以某种方式化险为夷。

我在语法学校上学时，曾有两次机会让我接触到了股票。我不知道出于什么原因，但密歇根海湾市（Bay City）的麦金利小学（McKinley Grade School）就是在六年级时安排我们学习和股票市场有关的知识，我想这应该是学校的许多特别工程中的一项。（我们还以同等的热忱学习了有关阿拉斯加的知识，但至今我还没去过阿拉斯加。）更为激进的股票事件甚至发生在更早时期，也就是我在大急流村上五年级的时候。那一学年假期，我们又开始了一系列的本行游戏：追人游戏、投篮，诸如此类。出于偶然，我们开始交易篮球卡片。由于卡片供应量不足，最稀有的卡片通过不断叫价，其价格可能会相当高——三张、四张甚至五张卡片才能换这么一张！接下来游戏场上甚至可能上演一段真正的疯狂。这真是很奇怪的事，匪夷所思。随着卡片变为货币形式，心理因素统摄了我们的行为。某人愿意出高价，但心里边想的却是如何以一个更高的价格卖给别人。这时我才五年级，但是宁出高价的诱惑已经显而易见。即使发现了价格一路飞飙的卡片同样也会跌得最惨不忍睹这个事实之后，我依然乐此不疲。价格飞涨过后的回落可能不是立即发生，但一般来说或早或晚总会发生。

除了这些仍留在脑海中的关于市场粗枝大叶的肤浅教育外，我还记得曾有过这样的幻想，那就是不用真正工作也可以赚到很多钱，或者看起来似乎是这样。你必须预先测算出哪些篮球卡片会吸引最多的注意力，然后先于大众把它买下。但更让人惊奇的是，本不受青睐的卡片有时也会突然发狂，身价倍增。这至少是值得每夜深思的事，再加上其他一些出奇制胜的手段，零花钱便有了出处。从 11 岁开始，我开始挣自己的零花钱，并用自己的钱买衣服穿。

1941 年正值我读完五年级前后，我母亲遇到了一个叫吉姆·哈顿（Jim Hutton）的颇有创业才干的得克萨斯人。经过两个星期的相互示爱之后，他们便走进了婚姻的殿堂，接着我们搬到了托瓦斯市（Tawas City），也就是那时的海湾市，然后又回到了底特律。吉姆曾在密歇根的油田附近转悠过，并在那里和别人打赌，他赌这些油井前途有望，并发誓要取得特许权。那时，这些事情对我来说有些神秘色彩，甚至还有些诱惑的因素在里头。他还想和当地农民及土地所有者讨价还价，以期获得他们土地的开发权。他如果持有股份，还可以留着它或者卖给别人，至少理论上是这样。或者他也可以等待这块土地被勘探，也许能发现石油。然而现实中的他从未真正涉足，相反，最后他只凑合找了个不冒险的工作，要不是薪金稍为高一点，这类工作普通得一抓一大把。那时正是第二次世界大战时期，工资水平处在冰河时期。

1944 年夏天，我白天做球童，到了晚上就去送报。每周都能带回家 40 美元——对于一个 12 岁的小孩已经算是不菲的收入了。我赚的钱差不多和流水线上的全职成年工人一样多。底特律高尔夫俱乐部只对社会地位较高的人士开放，在那里做球童意味着有机会为当地的社会名流搬运球具并不时给他们提供参考建议。这些人中包括底特律的梅耶·杰弗瑞（Mayor Jeffries），此外我还有幸接待过埃德加·格斯特（Edgar Guest，1881 ～ 1959，英国出生的美国诗人，曾在《底特律自由报》上每天发表一首宣扬凡人道德观念的诗，得到各报广泛的转载，深受他称之为"老乡亲"的读者喜爱），他的诗歌经报业辛迪加在许多报刊发表，他是第一位这样的诗人，据我所知，恐怕也是最后一位。我从没想过靠诗歌创作可以负担得起这家高尔夫俱乐部的昂贵会费，但他玩高尔夫的次数可不怎么少。他是个让人愉快的家伙，我也非常乐意陪他玩一轮 18 洞，不过等到该付小费的时候他却不那么大方。他给 25 美分我就很满足了，要是给个 50 美分我可要感激涕零了。偶尔，我收到的小费能达到 75 美分或是 1 美元，但从来不是来自德加·格斯特。[⊖]

更加让人兴奋的还在后面。高尔夫手吉恩·萨拉森（Gene Sarazen，1902 年出生于纽约，意大利后裔，他的父亲是一位来自罗马的木匠，16 岁的时候，萨拉森把他的名字从 Eugenio Saraceni 改成 Gene Sarazen，因为他觉得这听起来更像是一位球手）来这里打高尔夫的时候，我为他们四人组中的一个业余球员做球童。9 年前，萨拉森在名人赛中挥出了富有传奇色彩的一杆，球从平坦的球道上飞行了 235 码[⊜]，最终落入球洞，得了个双鹰球（double eagle，高尔夫用语，双鹰球是指低于标准杆三杆入洞的球）。我至

⊖ 1998 年夏天克莱斯勒的一次董事会会议之后，他们为两位行将退休的董事鲍勃·拉兹（Bob Lutz）和汤姆·邓南（Tom Denname）举行宴会，宴会场所就选在布隆菲尔德山乡村俱乐部（Bloomfield Hills Country Club），我也应邀参加。有人问我是否自己也打高尔夫，我说不玩。我最后一次在底特律玩高尔夫是在 1944 年，那个时候球场允许球童在每周一玩球。

⊜ 1 码 = 0.9144 米。

今仍记得他挥杆时那种近乎完美的流畅，不管他按照标准杆推球，还是要让球腾空飞出，都远远落到那另一边的青草地上。

后来，由于我继父家庭状况的缘故，我们不得不再次搬迁。对于吉姆来说，得克萨斯可是一片有待开发的土地。于是在 1944 年 11 月，我们举家搬到了科泊斯克里斯蒂，吉姆在那里继续他对财富的追求。我不知道他如何以及为什么选中科泊斯克里斯蒂。他来自这个州的中部地区，大约在瓦克（Waco）附近，他的家人在那里有个农场。我们有些东西没办法装上拖车，所以只能把它们就地拍卖掉，其中还包括我的一些珍藏。虽然我把玩具和游戏放在地下室展示，但好像没有人表示有兴趣。结果，我只能随便送人——这算得上是严酷市场机制的一个早期教育。

我们坐车赶往得克萨斯，一路不停歇。到达科泊斯克里斯蒂之后，我们在一家汽车旅馆暂时歇息下来，因为我们还得等待建筑工对我们多少显得朴素的三居室房子做最后的打理。我们的房子就在该市郊外，购买时一共才花了 5500 美元。

2.2　冰块先生驾到

上高中的时候，我曾经在一家便利店打工，便利店附带一个制冰厂。制冰厂专门生产冰块，我的工作就是负责把这些冰块投进一个巨型碎冰机，把大冰块敲成碎冰块。这些冰块用于出售，主要是郊游和野餐的人会对它们感兴趣。当店主有事离开的时候，他就让我全权负责店里的生意。我既是出纳员，又是仓库管理员和洗瓶工，甚至还剔鱼骨头。做这份工作不仅可以拿到每小时 50 美分的慷慨工资，而且可以尽我所能地大饱口福，包括价格不菲的冰淇淋。这可是一笔划算的交易。

我的父亲在我的生活里几乎完全消失了，只有他的母亲，俄亥俄州布莱恩市的一个图书管理员，跟我保持联系。她在圣诞节给我寄了一本书，在我的生日又给我寄了一本书。冒险家理查德·哈里伯顿（Richard Halliburton）的那本《世界奇观全书》（*Complete Book of Marvels*）就像是我那个时候版本的《星球大战》（*Star Wars*）。我记不清楚当时我究竟读了多少个来回，每次温故都勾起我无限的旅游渴望。书能够把我带到陌生的王国，而不只是在密歇根州中部或得克萨斯州东部这些地方转悠。哈里伯顿热情邀请读者一起加入他的奇妙旅程，并以这样完美的方式表达了当时我作为青少年的心理状态：

亲爱的读者：

当我还是一个在学校念书的小男孩时，我最喜欢的课程是地理学，而我最宝贝的财富是我的地理书。这本书放满了世界各地宏伟的城市、山川和寺庙的照片，还有标明它们地理位置的巨大地图。我珍爱这本书，因为它把我带往一切充满神奇和浪漫的土地。在书中，我看到了埃及的金字塔、印度的泰姬陵、法国的大教堂和古老的巴比伦废墟。伴随这些东西的传奇故事让我充满幻想，迫切渴望能够身临其境地看到和触摸这些奇迹。

有时，我梦想拥有传说中的魔毯，不用买票、不用破费，也不用烦心与人告别，如同火箭一般，瞬间我就能从纽约飞到罗马，飞越大峡谷，还要飞到中国，跨越沙漠、海洋和高山，然后，当下课的铃声响起之时，我又突然之间飞回家里。

我常常对自己说："我希望我的父亲，或是其他任何人，能够把我带往所有这些神奇的地方。如果不能亲眼见到，又怎么能知道它们究竟有什么好？"

㊀ Richard Halliburtom. *Complete Book of Marvels*, Bobbs-Merrill（1941）, Indianapolis, p316.

顺理成章，吉姆扮演了我真正父亲的角色，只不过到中西部去开阔眼界总提不到我们的议事日程上。直到 1949 年我离家的时候，他仍然没有弄出什么惊天动地的成果，但是一有机会他就会努力尝试。吉姆给我灌输了一种真正的工作态度。他是一个很好的人，但显得固执己见——有些时候这将引起麻烦。每到星期天晚上 7 点左右，他开始收听沃尔特·温切尔（Walter Winchell）的广播节目，此时他不让我们发出任何声音。温切尔用他独一无二的方式播报世界新闻。每期节目的开场都如出一辙："晚上好，美国北部、南部的女士们、先生们，所有在海上航行的同胞们，下面让我们开始今天的新闻。"然后就是噼里啪啦的正式播报，一条内容跟着一条内容，你甚至可以听到他手中新闻稿翻动的声音。只要温切尔还在空中，吉姆绝不允许我们发出任何声音，就好像我们收听的是来自上帝的声音。在他那些暗淡无光的年月里，"上帝的声音"还经常散布和推荐股票信息，不过质量实在值得怀疑。

我自己也喜欢听收音机。上中学的时候，要我全神贯注听老师讲课超过 10 分钟而不走神，那几乎是不可能的事。我从来没有完全融入班集体，然而我也从没有感觉到有同学瞧不起我。除了交际方面有些欠缺，就学业方面我也称不上是个优秀学生。他们告诉我，我的北方口音听起来很特别。北方口音有一个音很高，但我可以很好地发出来。我记得，我还参加了一些本地的广播表演和戏剧表演。我在克里斯迪中学里做播音员，宣读学校的通知启事。那时，这所中学是这个拥有 12 万人口的大城市里唯一的一所中学。

克里斯迪既是战争时代的海军装备基地，也是一处难得的海边旅游胜地，所以和得克萨斯内地的穷乡僻壤有些不同。这个地方一年四季气候温和，驻扎着六七个海军航空兵营，所以视野中随时会出现水手们的身影。学校里，虽然那些注意到我北方口音的学生给我起了布鲁克林（Brooklyn）

这个古怪的绰号，但是作为一个北方佬并没有给我造成真正的麻烦和痛苦。那个时候，听广播成了我一个极好的逃避方式。那些人喉咙里发出的声音传达到我脑子里，然后幻化成各种景象，栩栩如生，这是我最了不起的成就。我一听广播就忘了时间，结果一听就是好几个小时。这些想象中的景象和电影动作片里强加于人的汽车追逐场景不同。我的这些景象由我心灵的眼睛创造，或许是《神秘剧院》（*Mystery Theatre*）对我施了某种魔法。不过我也嗜好看电影，只要有机会溜进去，我一般都不会错过。

我母亲可能希望我将来在剧院工作，她试图培养我对表演的鉴赏力。如果你住在克里斯迪，那么圣安东尼奥（San Antonio）就可说是个"大城市"了。还记得有一次，我和吉姆、我母亲，还有同母异父的妹妹海蒂（Heidi）曾经一起去过那里看滑冰运动员索尼娅·海妮（Sonja Henie）的表演。

我母亲是个大影迷，许多年来，她订阅的杂志《电影剧》（*PhotoPlay*）定期地给她带来一些新的信息。她也从来不让我错过收听吉米·费德勒（Jimmy Fiddler）的节目。吉米是 20 世纪 40 年代好莱坞的当红广播播音员，他的节目在每个周日晚紧跟着温切尔播出。从那个时候起，我外向的一面开始跃跃欲试，但在学校里我还是不善交际，显得有点儿腼腆。我没有表演的冲动，除非时不时有人暗示我不敢接受挑战。我的成绩中下游，这从哪个方面看都不是值得称道的成绩，但那个时候正是我开始成就今天的我的起点：一个同时具备密歇根州人和得克萨斯人特质的人，就像某种合金，正在成长。

后来中学毕业，我既没有对克里斯迪的留恋，也没有继续念书的念头。于是一毕业我就跳上了一辆灰狗长途汽车，回到了大急流村，那里还住着我的家人，更重要的是，那里有我最永久的记忆。

第 3 章

基本训练

从大急流村的灰狗长途汽车站出来，我直奔卢（Lou）姑姥住的地方。卢姑姥是我外祖父的妹妹，她和丈夫埃尔·普拉姆（Al Plumb）是密歇根州超市的所有人，当时他们让我住进了他们家，但不久之后我又不得不搬走。

他们让我住下的一个可能的重大原因是，卢姑姥迫切地想要从我嘴里挖出一些我家的闲言碎语，而且她坚定的决心已经不容动摇。从这个目的上讲，我是只完美的信鸽。我母亲曾告诫我，要对卢姑姥，尤其是无关卢姑姥的事守口如瓶。但是未经世事的人总禁不住天然本性的诱惑，对这个家庭中长辈的任何询问，我都给予了迫不及待、对答如流的回应，就像是尽一种义务，像箭一样直截了当，不时还要加入自己的意见和看法。但很快，我的所作所为就让我尝到了恶果。在卢姑姥从我口中榨出了她想知道的所有消息后，她才让我在他们那装饰华丽，但却古板沉闷的维多利亚风格的起居室坐下。在那之后，我能和卢姑姥以及埃尔姑姥爷一起相处的日子（精确地说是两天）屈指可数。

　　初中的五年如梭飞过，刚离开校园才两天，我便从母系亲属这边寻找避难所。我觉得我的出现不会给他们带来很多麻烦，因为普拉姆一家跟我父亲或是母亲一方的任何人都有着相似的严肃而又体面的出身。他们有拉下铃便可以叫唤到餐桌前的佣人。他们让我睡在一间原先为女佣准备的空余卧室里。

　　19 世纪 90 年代早期，埃尔姑姥爷就已经和他的父亲一起在密歇根的北部做硬件生意。三年后，他们险些不能挨过 1893 年的大恐慌。这个经济逆转的信号加剧了大部分倡导黄金准则的共和党人与威廉·珍尼斯·布莱安（William Jennings Bryan）所倡导的自由货币的民主党人（free-silver Democrats）之间的猛烈冲突。这一事件一直到 1896 年美国民主党大会上布莱安（Bryan）发表著名的演说时达到高潮。在演说里，他斥责共和党人是要将美国人钉死在黄金十字架上，但是在这场斗争中，他失败了，民主党也失败了，而黄金准则却慢慢深入人心。我没看到有谁被钉死在十字架上，对我而言，不管怎样，埃尔姑姥爷多多少少体现了和 1893 年群体思维导致的疯狂市场的一种联系。大规模的共同行为加速了反转的发生，在我自己的职业生涯里类似的事例也不鲜见，每一次它们都会创造获利丰厚的投资机会。

　　在普拉姆家住了两个晚上之后，他们让我搬到了大急流村的 YMCA 旅馆，我在这个旅馆的房间虽然很难说得上是宽敞，但总比在普拉姆家的住处大些。后来我发现那里倒是一个让我身心愉快放松的地方，美中不足的是我刚搬进去不久后，一次警方的突击行动在我的楼层揪出了两名常住房客。那阵子地方当局认为追查同性恋是自己的职责。

　　除了这些小插曲，在旅馆的生活以平静为主。大急流村城区有一所名叫达文波特（Davenport）的营利性经济类学校，旅馆则为该校学生提供住宿房间。那所学校教室成排，却没有住的地方，所以旅馆正好可以满足这方面的需求。这些学生都是些同龄人，都一门心思地想找一份好的职业——总而言之，对我来说这里的氛围不错。

毗邻旅馆有一所城市图书馆，那个地方成了我的又一个新家。每天我都去那里看报，除了当时不可开交的有关朝鲜战争的新闻报道，还有一个很小的经济栏目也开始吸引我的眼球。1949 年我开始找工作，那时候的经济正处在战后的第一个萧条期——没有人会认为那时找工作是巧妙的时间安排。在当时的环境下，广大职工迫切希望的只是大萧条快点儿结束，根本不敢奢望之后几年经济出现快速的发展。那些失业的工厂工人以及瘫痪的面包生产线的景象仍然侵蚀着他们的记忆。

这之后我遇到了卡尔·哈特曼（Carl Hartmann），不久，我又认识了绰号为"克里斯"（Chris）有时也叫"瑞典人"（Swede）的尤金·克里斯坦森（Eugene Christenson）。他们两个人都在和旅馆相隔两栋大楼的大急流村青少年学院学习。那个时候我一跟姑娘讲话，就紧张得几乎语无伦次，但卡尔却能口若悬河，滔滔不绝。他比我大几岁，也有一套娴熟的社交经验，而那正是我所欠缺的，至少在约会这事上是这样。卡尔已经在军队服过役，只要有人想听，他那些当兵时的趣事可是层出不穷。他曾经给我介绍了个女孩，甚至还把他的车借给我，好让我们去大急流村的荒郊野岭约会。有几次，他邀请我到他 60 多公里外的家里去度周末。他的两个已婚姐姐也都怂恿我多花点儿时间和女孩们在一起。

不过在那些日子里，我感到最陌生的任何事也比不上投资。当我的同龄人在高等经济学院里接受高等教育之时，我却在另外一个极端的角落里学习什么是金钱。旅馆的经理雇用了我，我每周有几个晚上需要照看底楼的苏打水饮水机和零食柜台。我们还有台球桌和一张乒乓球台，它们很能吸引客户，不过价格不便宜，每小时需要付 60 美分。除这之外，我还负责出售三明治和混合奶昔。卡尔有个女朋友在隔壁自助餐厅工作，她经常来我这儿打探卡尔的不轨行为。可我已经从卢姑姥那里吸取了教训：祸从口出。卡尔的女友没能从我这里打听到任何消息。

卡尔、我还有两个从密歇根北部边远地区来的、在达文波特念书的学生一起搬出了旅馆，并搬进了一套公寓。学期结束后，学生们作鸟兽散，我也只能再搬回旅馆。那个时候我就遇到了克里斯，他为我提供了放纵生活是愚蠢之举的现实教材。在和他一样经济困难的人看来，克里斯的生活实在有点儿不计后果。虽然他有点儿个人魅力，但他的生活方式过于冒险，而且动不动就负债累累，时不时又深陷破产边缘。

克里斯天生是生活的催化剂，脑子中满是奇怪的想法。他找了份推销新车和二手汽车的工作，但这样的薪水也没有使他能够按时交纳旅馆的租金。这就是克里斯——风趣幽默，只是老会破产。我和卡尔失去了联络，却和克里斯不期而遇。他一直保持着他的作风，在 20 世纪 60 年代，他驾驶一辆蒸汽动力车游遍全国。

3.1　成为音乐人

当地的工作中介给我安排了一大堆临时工作，这是一项补充，晚上我还得看着苏打水饮水机。这些工作从搅拌水泥到饮料装瓶一应俱全。由于我接受过投资业务的培训，几乎有一半的收入都直接进入了储蓄账户。最后，我在一家叫美国音乐器材（American Musical Instrument）的公司谋到了个职位，其简称 AMI 更为人熟知，它专门生产自动唱片机。在那个时代流行音乐已经出现，但是电唱机还非常少见，所以这种自动唱片机当时很受欢迎。刚开始我在 AMI 的职务是货运办事员。

自动唱片机是个奇妙的发明，它们色彩斑斓，某些部件能灵活旋转，上面的小灯也不停闪烁。作为办事员，我似乎前途有望，但很快我就开始厌烦。于是，我主动申请了一个更有挑战性的职位，并期望能够得到晋升的机会。虽然我很清楚地表达了我的愿望，但他们只是不予理睬，事实上也没有人想要给我晋升的机会。接下来我旷了两天工，因为我要去挨家挨户推销一种百科全书。两天后，我发现自己有很多更好的选择，于是要求辞去在 AMI 的工作。可他们却说："别这么快就走，"并向我提供了一份更有挑战性的工作——这次可真有了一些事业潜力。在接下来的几个月里，我辗转于该公司的不同部门，包括专门负责生产部件的机械车间以及组装自动唱片机的装配线。我没有大学学历，我感觉自己在音乐行业有这样的发展前景已经应该满足。当然，出于天生的节俭，每周 60 美元的收入几乎有一半留在了银行账户上。

我在 AMI 工作大约 9 个月的时候，我久违的父亲突然现身，自此我在制造车间地板上的新生活开始了突如其来的转折。自从四岁起我就再也没有见过我父亲，事实上他几乎没有让我留下一丝痕迹的印象。后来我们之间唯一的一次接触是我初中毕业时他曾寄给我一块手表。

他从我母亲那儿了解到我目前在大急流村的境况后，大概是想对 14 年前就离开的儿子做些补偿，也许他是认识到自己在我孩童时期没有给予任何经济上的支持，因此而有些愧疚，现在不过是考虑周到了些。可是他从来没有为自己作为父亲的失职做任何解释。我只能猜测他大概以为外公外婆能够负担得起母亲和我的生活，并且他也怀有大急流村毕竟还是有一些不方便的嫌弃之意。我母亲一有机会就为此振振有词，说他欠了我所有的抚养费。我不敢确定在这关头有一个父亲相处是否对我合适，我母亲也不确定。她在父亲抵达大急流村的同时也到来了，她要来为可能影响我生活轨迹的任何交易做全权策划。

母亲为我们的重逢做了精心的安排，而我则在电话里跟父亲说话，但是直到一天晚上我们三人一起进晚餐的时候才得以真正见面。不知道是不是应该有辛酸或是气愤，反正我倒没怎么觉得，不过我从母亲那里多次听说了父亲的酗酒问题。他和所有酗酒的人一样，只有喝酒之后方能快活一些。显然，酒鬼们都是这个样。不管如何，他几杯酒下肚之后倒还是挺风趣的。费城在元旦举行每年一度的哑剧节（Mummer's Day）游行，他总爱回忆他那次著名的喝醉之后又跑到了那游行队伍中去的场景。

我的父亲约翰 F. 聂夫（John F. Neff），虽然有着众多的瑕疵，不过仍然是一个头脑聪明和有些见解的人，此外他还是个出色的销售员。他知道如何激发我的创业热情，那种我在 AMI 时才崭露头角的创业热情。而在这方面，根据他的提议，我被安排加入聂夫仪器设备公司（Neff Equipment），而且，据说我还可指望将来某一天自己运作这家公司，他这次的提议正是为此而来。我父母双方的家庭中都有许多企业家，因此，有时候我怀疑这是不是会以某种方式在我身上磨损褪色。在跳槽之前，我谨小慎微的性格又干预了进来。我拜访了托莱多市，在那里见到了我父亲在那边的第二个家庭。

我同父异母的妹妹朱蒂（Judy）那时才有 10 岁左右，她发现突然冒出了个大哥哥可高兴极了。不过我的继母则对我缺乏那么一点儿热情，作为我父亲第一次婚姻遗留下来的孩子，我的存在会分散父亲对她的关注。她和我父亲在 1938 年结婚，就是我父母分手的 5 年之后。当时父亲大多数时间都在喝酒，而她得小心翼翼地防止父亲情绪激动。1945 年，我父亲收到了我奶奶（那个在我童年时代一直寄书给我的俄亥俄州布莱恩市图书馆的管理员）过世后给他留下的少量遗产。接着，他似乎一下子恍然大悟，于是参加了戒酒协会，并把资金投入到新的业务上。这个业务主要是批发和销售由 Aro 设备公司生产的润滑设备和空气混合器，而 Aro 设备公司早在 1931年就由我奶奶的兄弟成立。虽然这家公司险些落入我那些堂兄弟们之手，不过最终它还是得以在纽约的场外证券交易所交易（Curb Exchange）。该交易所是现在美国证券交易所早期一片混乱的雏形。

我当时决定把自己的命运放在父亲这边。我赶回到了大急流村，并待了足够长的时间以收拾行李，同时给 AMI 公司递交辞职通知。虽然在那儿我为了拿到一天的报酬需要付出全天候的劳动，但是失去我对于 AMI 公司来说并不算一件多么稀罕的事情。我们好言告别，我可不想过河拆桥，因为我还不确定有父亲的生活是否能符合我的期望。

1950 年 9 月，我开始在父亲的公司聂夫仪器设备有限公司工作。同时，父亲二居室的房子经他改造，竟变成了三居室的房型，这是他特意给我安排的住处。也许是出于他自己的责任，但恐怕这不是最主要的。我是他唯一的儿子，而且随着生意的蒸蒸日上，他也开始为后代有所考虑。

公司生意很好，汽车经销商、加油站、汽车维修店都需要空气压缩机以驱动润滑设备、抬举设备、打气设备等诸如此类的设备。随着与日俱增的汽车数量，需求量从没有发生过不足。父亲的销售才能让我大开眼界，俄亥俄州以及仅仅相隔一条边界的密歇根州的农民们也开始购买我们的仪器。真正让人深感意外的是，他竟然投标并最终赢得了位于托莱多市附近的罗斯福军需库的订单，而这个机构是为美国政府服务的采购局。当时朝鲜战争正不断升温，而罗斯福加快了对空气压缩机和其他工业设备的采购。能够向他们出售设备我父亲当然喜不自胜。

我的任务是陪我父亲以及另外两个业务员一起拨接销售电话。他有令人信服的说服力，客户在他的利齿之下极少能够空手逃脱——如果拿不到空气压缩机的大订单，那么至少要让他们买些空气压缩机的附件，或者是用来紧固连接的小配件。当故障求助电话响起，我就和杰克叔叔一同跳上卡车，奔赴现场。杰克叔叔专门负责设备的安装与维护。有一回，我们向位于密歇根州特库姆塞（Tecumseh）的特库姆塞工厂出售一台空气压缩机，由于他们急需这套设备，我们要了个最高的价钱。

　　为我父亲工作至少让我明白了一个事实：赚钱并不需要什么特别的魅力。实际上，如果你可以找到沉闷乏味但同时又有利可图的业务，那么你肯定可以轻松赚取大把大把的钱，因为这样的行业吸引不了太多竞争。同时，对于任何商品，买得好才能卖得好！他和供应商们讨价还价也很有一套，这让他在顾客面前享尽有利地位。多年后，我也深入领会了砍价的精髓，因此能够得心应手地和市场不依不饶，为股票讨个好价钱。

　　只是，我并不是出售润滑设备的可造之才。那种初来乍到的新奇感很快消失殆尽，而厌烦的情绪与日渐长。这主要还是怪我父亲。当然必须承认，也许我并不是那种最好对付的孩子，但他确实是一个不易相处的人。他的那些人拼命为他工作，但即便只发生轻微的违规，也会被他骂个狗血喷头。他的那些行为不符合我对文明的定义。虽然他很讲道理，为人坦诚，但他有时太咄咄逼人，不是很有同情心。在某种程度上，我恐怕也继承了他得理不饶人的倾向，我可以变得像他一样执拗。我父亲过得并不快乐，而他的痛苦体现在他责备别人时的态势上更加毛骨悚然。

　　我用了好一段时间来酝酿我的魄力，我告诉他不干了。令我惊讶的是，他竟然很愉快地接受了这个消息。接着我成了一名汽车销售员，我通过当地的报纸找到了这份工作后，事实上我还是和他住一起。Lee 汽车公司是福特汽车的特许经销商，归属于坦克兄弟（Tank Brothers）旗下。我猜想他们可能自以为慧眼识宝，觉得我是个可造之才，只是缺乏了些训练。我一到那里，他们就把我当作一个前途有望的新人培养起来。这次我要销售的产品比我父亲的润滑设备可像样得多。

　　我到了服兵役的年龄，而且当时朝鲜战争正打得火热，我应该属于最好的前线战场的饵料。在义务兵役机构来找我之前，我主动自愿参加了海军为期两年的兵役。上中学的时候我参加过海军预备役的训练，所以现在正式服役没让我怎么不舒服。比起要直接卷入朝鲜战争的陆军士兵，我这里显然更让人心动。没想到，我参加海军这件事倒真的让我父亲有了触动。当时我加入他的公司，后来又离开他公司的时候，他的内心可都没有多大的起伏。但是当我要和他告别，和这个之前14年没来看过我而不知愧疚的男人挥手告别的时候，他居然动真格地哭了，这恐怕是上帝嘲讽世人的极致安排了。他乞求我千万不要参加潜艇部队，这事我听从了。不过他没给我解释为什么反感水下部队，我只能大致猜测他是否患有幽闭恐惧症。

在我出发前，他向我提供了一个让我难以忘记的建议：如果我购买Aro设备公司公开交易的股票，只要我有任何损失他都将给予补偿。我当时可不是证券投资市场的行家里手，但我还是可以看出这是个绝好的提议，我无法拒绝。我把所有的存款凑起来，全部用来购买Aro设备公司的股票。就这样，在参加海军服役的路上，我第一次成为证券投资市场的一位参与者。

我们前往位于伊利诺伊州五大湖地区的新兵训练营，这个海军基地的不同之处在于它离两个大洋都很遥远。不过，那儿也有一个高尔夫球场，在完成训练任务后我们还得到允许去芝加哥逛逛。这个时期，连同参加飞行员培训学校学习的时间持续了5个月。然后海军部门做出了一项英明决定，他们决定把我派送到航空电子技师学校学习。在那个地方，我得过且过，过了一段了无生趣的苟且生活。事实上，为期28周学习下来，我有一部分考试还没有通过，我只能再花一个星期重新学习。学习结束之时，我在班上的成绩几乎垫底，这让我不是滋味，我得了个末奖！接下来我被安排去弗吉尼亚州的诺福克市，和大约40 000名水兵一道。在诺福克军区与一群穿着水兵制服、漫无目标的家伙待在一起可没有好事情发生。只是大家经常提起城市公园里有一标牌，上面的文字警告说水兵与狗不得踩踏草坪。此标牌作者形迹可疑，况且我没有亲眼见到。

谁都可以看出我对航空电子学根本不感兴趣，谁知海军部队又把我派往高级航空电子技师学校参加学习，他们居然觉得这是合适的安排。看来他们的军事情报也不过如此，真是自相矛盾。

上次加上这次在高级航空电子技师学校的培训，我已经在教室中花费了大半个年头。如果把这段时间再加上在新兵训练营和飞行员学校学习的时间，总共就是 14 个月左右，而整个服役期为 24 个月。海军部队给了我教育，虽然不过如此，但接下来他们决定让这些知识发挥作用。他们把我安排到了航母舰队的飞行小组，我们的任务是维护海盗战斗机（Corsairs），这是一种在第二次世界大战中使用的鸥式战斗机，不过后来军方逐渐用第一代黑豹（Panther）战斗机把它们替换下来。按照上帝的旨意，我在佛罗里达州的杰克逊维尔（Jacksonville）度过了剩下的海军生涯。我的工作对象先是螺旋桨推动的海盗战斗机，最后是黑豹战斗机。那时的我已经完全有资格维护黑豹战斗机。然后我退伍了，我在海军部队待了整 24 个月，却从没有正式踏上过任何一条船。

海军每两周给我们发工资。一般到发薪日之后第一天晚上，准会出现六七帮人一起玩扑克游戏的场景，再下一天就只剩下一两帮人玩了。就像证券投资市场中的资金一样，扑克游戏中的钱会逐渐转移到技艺高超而有理财意识的玩家手中，这些人中通常会包括我。多次观察后我发现，那些回家时口袋中装满钱的水手们玩牌时都沉着冷静，对胜败得失有着很好的判断力。除非他们拿到了好牌，否则他们不会轻易跟较大的赌注。如果这些水兵能把相同原则运用到股票上，他们中的一些人就是今天非常成功的投资者了。

3.2　普通股还是优先股

不知怎么的我搞到了一本谈论投资的小册子，我也拥有大量工作间隙的时间，一有空闲我就开始漫不经心地阅读。我还读到关于普通股和优先股的一些知识，我不知道我持有的 Aro 设备公司的股票属于普通股还是优先股，所以我给父亲写信询问我拥有的股票属于哪种类型。后来我得知是普通股，它的价格随公司的业绩表现上涨下跌。这就是我的股票理论和实践的入门，我开始了解股东为何有时能够收获最大的潜在收益，有时又会承担巨大风险并付出了惨重损失。

我对股票的兴趣开始萌芽，这是我的投资生涯的最早标志，但那时对我来说一切都还是未知数，对别人也是一样。与此同时，海军生活越发让我厌倦，再加上水手长们无来由地破口大骂，我不能再在海军部队里待下去的事实已经再清晰不过。为了在正常人的世界里避免同样的事情发生，我觉得是该尝试一下大学的时候了。抱着这种想法，我报名参加了由美国空军学院（更著名的名称为 USAFI）提供的两门相关课程。我很快掌握了大学一年级的英语课程。另外，我听了一堂心理学入门课，这对我起了催化作用，让我忍不住想象虽然追溯起来我在中学时成绩平平，但或许我可以应付得了大学。在一个周末，我和我的一个好友得知附近的威廉玛丽学院（William & Mary College）正提供是否适合念大学的天资测试，便一同从诺福克搭车前往。结果显示，毫无疑问我可以应付大学。

1953 年 1 月我被获准离开，重获自由让我激动万分。在 24 小时之内，我就一路从佛罗里达的杰克逊维尔驱车来到了托莱多。三天之后我成了托莱多大学（University of Toledo）的一名大学生，并且再次住进了我父亲的房子。《退伍士兵权利法案》（GI Bill）会为我支付大学学费和部分生活开支，而且，我又在一家高档男子服饰用品店找到了一份卖鞋的工作，这可以为我带来额外的收入。这份工作需要我每周干 30 个小时，因为在学校我尚有全额的学习任务，所以这么干下来，我都快要累趴下了。不过这份工作给了我两个好处：首先，我可以用优惠价买到鞋子和男式服装；其次，我可以抽出一半坐柜台的时间用来阅读和学习。

恰逢其时，我遇到了祖籍为匈牙利裔的莉莉安·图拉克（Lillian Tulac）。那时我的舌头可以不怎么打战了，我成功得到了她的注意，一举把一名专业三 A 棒球运动员以及其他追求者挤出门外。不过我们需要克服宗教信仰差异的问题，莉莉是一名虔诚的天主教徒。随着结婚的准备工作一步步就绪，她忽然发现我还从没有接受过洗礼。当然，洗礼只不过是走一个过程，一种形式而已，那很容易解决。但我还有更大的疑虑：信仰是必须严肃对待的东西，宗教信仰尤其如此。对这个问题我当时真有点儿手足无措。不过不管如何，长达 12 个月的约会之后我们正式订婚，并于 1954 年 9 月举办了婚礼。

3.3　得遇良师

进入大学以后，我的众多优点逐步显露，我有着决不妥协的好奇心，对数字有着特殊的敏感，能够很好表达自己的想法以及拥有严格的自我约束能力。虽然我的中学荒废了，成绩普普通通，但到了大学里我变成了一飞冲天的云雀。我的成绩极少落到 A 以下，毕业时我是优等生，获得了最高的荣誉。据我现在分析，我在大学和中学的表现相比之所以有这样的天壤之别，可能是因为我已经变得更加成熟，有了自己的动机，而且所学的课程正好激发了自己的兴趣，尤其是金融和投资教授希德尼·罗宾斯教的那两门课程。

罗宾斯博士先在纽约的哥伦比亚大学任教，后来才转到托莱多大学。他是基本面分析学派的掌门人本杰明·格雷厄姆和戴维·多德的坚定追随者。不过最后，罗宾斯博士又返回了哥伦比亚大学，并在那里结束了他的学术生涯。他对金融教育非常投入，所以写了许多投资方面的书，却很少谈投机。早在 20 世纪 30 年代，他曾在几个永久认沽权证（在未来的任何时候以预先规定的价格买进对应股票的权力的证明）上栽了跟头。通常的认沽权证有一个行权期限，但在大萧条前途暗淡的市场背景下，公司不得不对这条定律动手脚以吸引新鲜资金。如由于现在有投资者还拥有当时的那些权证，只要对应的正股还存在，或者说这些权证没有归零撤销，那他仍然可以以 60 年前定下的行权价买入这只股票，当然也可以以一个反映正股未来价格预期的价格进行出售交易。假如正股公司在经济萧条中幸存下来，那么基本可以肯定这个权证在今天的市场上会有高昂的溢价。虽然罗宾斯马上注意到了这些永久认沽权证的价值，但他并没有在市场上收集所有他能够买到的永久认沽权证，相反，他只是在《巴伦周刊》财经杂志上给出了自己的评论。

我大学的主修科目是工业营销（industrial marketing）。因为我在海军当兵的时候花了不少时间在教室学习，他们对这些学分表示认可，并允许我随便选修自己感兴趣的课程。对股票的兴趣把我带到了罗宾斯教授的投资课堂。正是在那里我学到了什么是投资的基础面分析：销售额、每股收益、营业利润、现金流量——只要你能列举出来，罗宾斯教授一并为你讲授。他对投资的热情和深刻理解把我吸引到他的讲堂之上。他曾对我说，要想成为专业投资领域的一员，你并不需要非得是名门望族的纨绔子弟。

接下来登堂入室的讲解则更加引人入胜，他上课的方式简直让人无法想象。他的导师是本杰明·格雷厄姆，一位有着传奇投资经历的著名投资大师兼剧作家。作为投资大师，罗宾斯和他的导师并无不同。他用来消遣的兴趣爱好同样包罗万象。在金融课上，讲着讲着话题就开始打岔，最后简直就变成了一派天方夜谭。下课铃响的时候，他讲得兴起的可能正是哈林（Harlem）的阿波罗剧院（Apollo Theatre），让我们的头脑塞满与此有关的各种信息；抑或从探讨现金流量的新视角扯到吉尔伯特（Gilbert）和沙利文

（Sullivan，吉尔伯特和沙利文是 19 世纪的著名歌剧作家）。他眉飞色舞、绘声绘色，他的热情如此热烈，所以其他东西对他而言都是次要的。

　　幸亏所有课程都安排在了连续的 24 个月内，再加上海军服兵役获得的学分，我在两年时间里完成了学士学位的课程。虽然我只修了两门和金融及投资有关的课程（均由罗宾斯博士任教），我还是获得了学校的金融优秀毕业生奖。然而，对于一个想在证券行业谋求职位的雄心勃勃的年轻人来说，托莱多提供的机会少之又少。或许当时我可以选择为奥托莱特电气公司（Electric Autolite）工作，这家公司给克莱斯勒汽车公司生产汽车部件；或许也可以选择较小一些的汽车部件供应商，他们遍布在托莱多的各个地区，说不定我可以同时为六七家这样的公司服务。然而，我脑子里记住的只有希德尼·罗宾斯教授的鼓励，此外还沾了他和华尔街培基公司关系的光，所以我决定向东进发，前往纽约。

| 第4章 |

银行家的房子

1955 年 1 月，华尔街没有人盛情迎接我的到来，也没有人愿意接受我的服务，因此，我接受了位于克利夫兰国家城市银行的工作机会。这家银行是克利夫兰最著名的金融机构，有一定优势，此外，这家银行还离莉莉的家乡托莱多很近。

我有着与生俱来的怀疑精神，接受过希德尼·罗宾斯的熏陶，还身怀一本翻旧了的《大崩盘》(*The Great Crash*)，约翰·肯尼斯·加尔布雷思 (John Kenneth Galbraith) 在这本书里生动描述了直接导致 1929 年股市大崩盘的很多事件，靠着这些东西的武装，我孤身挺进专业投资领域，既自以为是又一无所知。银行把我安排在信贷投资部门做投资分析师。这个部门在经济萧条最严重的时候成立，目的是为了保护私人和公司财产免受市场侵蚀。

我一来到那里，该部门就一下子把六个行业的分析任务扔到了我面前。这家银行总共只有六名分析师，所以他们把整个投资领域划分为六块。还没等我找到去冷水机的路怎么走时，他们就要我马上拿出对化工行业、制药工业、汽车及汽车部件制造行业、橡胶行业以及银行和金融公司充满才智的评估。这个时期，我对美国工业领域中这些宽范围的行业进行的深入研究给了我一个理想的背景，为我的投资生涯提供了很好的帮助。这是一个学习投资过程的解禁开放期——如此开放，事实上，所有公司的档案资料和投资资料就放在我们伸手可及的地方。限制我们不出卖信息的只是银行要求我们每个人都服从的道德标准，后来银行不得不安装所谓的防火墙以防止内部信息的泄露。

仅仅说我喜欢这些新挑战不足以表达我的满腔热情。过了漫无目标的适应期，我成功找到了我的事业航图上那个最重要的坐标。每一个细节都使我兴奋不已。汽车行业最好理解，我向来对这些四个轮子的创造物有好感。我父亲是汽车狂热分子，因此我怀疑我对车的亲近感源自于基因。1955 年早期，汽车制造在美国是一个很好的行业，它支配着华尔街和调控部门的注意力。根据《华尔街日报》的头条新闻报道，联邦贸易委员会（FTC）和司法部门的官员担忧通用汽车公司规模过于庞大而垄断市场。几天以后，这个汽车制造业巨头发行了 5.25 亿美元的股票。

化工和制药公司的分析比汽车公司困难得多。在科学方面我没有很好的教育背景，初中时我学过化学和物理，但大学里这些课程和我是完全不搭界的。为了克服对这个领域的一窍不通，我开始学习化学，产品搭配、聚氯乙烯物及它们的前体。我如饥似渴地探索每一个细节，后来对化学加工过程也日渐熟悉。所有以上这些林林总总的东西都会对股价造成深远的影响。在那个时候，化工行业被认为是成长工业，所以，它们的股价对应的市盈率要高于市场平均。

科技不是我擅长的，后来也没有成为我的强项。不过，我当时不知道花费了多少时间深入研究它们的年度报告和其他业绩记录，因为它们揭示了远程公司运作的某些细节，于是我渐渐对科技公司也掌握了门道。除了对财务报表倾注大量精力，我还研究证券交易刊物，甚至某些技术手册，以此深入了解企业的内部运作机制。显然，这些知识被我完全弄通了。有一次我去调查伊士曼·柯达公司，那时它还是一家主要的化工公司，除了生产摄影胶卷的有关试剂外，它还生产许多其他的产品，我不时给公司向导提出难以回答的棘手问题。"哎呀，"一位陪同我们的经理不无感慨地说，"毫无疑问，你肯定拿到了化学工程专业的学位。"我把这看成是对我的夸奖。

我在银行工作的第一年，是我不断对优秀公司成长策略的所有方方面面有所领悟的一年。后来，对福特汽车公司的一次考察无意中激起了我的雄心壮志，我不能只做一个投资分析师。我第一次参观福特汽车的引擎工厂时，陪同我的是一位资深汽车分析师。我看见他过来时开的车破破烂烂，像这样的车几乎已在马路上销声匿迹。从他的老年昏聩可以看出，他肯定买不起一辆好点儿的车。

4.1 摇摆不定的第一步

作为一名职业投资者，我对市场的第一次投资呼吁却是个错误，不过永远让它留在记录里吧。大约正式工作六个星期后，我开始对股票价格感到急躁不安。在我看来，在 1954 年飙升了 45 个百分点以后，气势汹汹的道琼斯工业平均指数（Dow Jones Industrial Average，DJIA）已经高得太离谱了，并且即将面临回落的局面。其他人都很有信心，认为市场能够从 1 月份的恐怖下跌中反弹并恢复过来，但我无法分享他们的乐观。虽然新闻报道称钢铁、铝业、橡胶、石油和造鞋行业（几乎包含了那时所有的重要工业部门）发展势头良好，但我担心一系列的新高已经充斥了太多泡沫。我向老板提出警示，等待暴跌机会的降临，即我后来所说的反转点。

作为一名资历尚浅的投资分析师，我的声音没有多重的分量。没有人会因此对我们管理的投资组合大动干戈。让我感到幸运的是，如果真有人大发慈悲地问我："好吧，约翰，那依你看我们该怎么办？"那我也将无言以对，因为我并没有可值得推荐的对策。好在我的警告没人理睬，结果是皆大欢喜。股市 1955 年没有遇到艰难险阻，而是不断震荡上升，到年末上涨了 17 个百分点，1955 年道琼斯工业平均指数收在 488.4 点，创下历史新高。

小组的判断没让我落入巨大的困窘境地，暂不讲谁更聪明，但很明显他们对市场有着更敏锐的洞察力。因此我再次投入了双倍的热情，让学习的曲线爆发式地向上延伸。使用一切可以得到的资料，在信息的海洋中狼吞虎咽，寻找股市内新鲜的深刻见解。那是一个新发明、新思想、新趋势层出不穷的年代。20 世纪 50 年代中期，几乎每天都能看到前所未见的新奇事物的相关报道，从通用电气建立的第一个彩色电视演播室，一直到斯克里普托（Scripto）公司的液体铅笔，即如今圆珠笔的祖先。

工作的第一年，股市日平均交易量保持快速上升态势。无可辩驳，那时的交易量充其量只是现在交易规模的一个零头，但是在那时，不断创出历史新高的交易量标志着股市正在经历如火如荼的发展，这是可追溯来自大萧条时期的绝望和消沉中爆发出来的尖利呼喊。随着投资者们逐渐放弃过分强调工资收入和抵御资本损失的心理，交易的时代终于到来。1955 年 2 月 1 日是我第一个完整工作月的第一天，那天纽约股票交易市场交易最活跃的 10 只股票中，到今天为止已经只剩下 3 只股票仍在继续交易。它们分别是：美国航空、通用动力（General Dynamics）和埃克森美孚（那时叫作新泽西标准石油）。需要补充的是，后面两家公司已经经过了一系列戏剧性的吞并、收购和剥离。那一天的最活跃股票名单上的其他公司不是被大公司兼并收购，就是自发破产消亡。当时地位突出的美国无线电广播公司（Radio Corporation of America）后来卖给了通用电气。其他的包括胡普公司（Hupp Corporation）、钱斯沃特航空器公司（Chance Vought Aircraft）以及两家铁路公司，即宾夕法尼亚铁路公司（Pennsylvania Railroad）和位于芝加哥明尼苏达的圣保罗太平洋公司（Chicago Minnesota St. Paul & Pacific）都破产了。

至于美国博世公司，这个 1955 年 2 月的第一个交易日表现最活跃的股票，其股票交易量也不过仅占总股本 350 万股中的 22.5 万股。虽然以今天的标准来看显得微不足道，但是这样的交易量提供的佣金已足以支持那个时代相当原始的投资技术设施。我们没有科特龙证券行情报价机，也没有可以即时连接市场的桌面方案。所以我们吃午饭的时候会顺道去下培基公司，它是纽约投资公司的一家本地分公司。各种杂七杂八的资料都会摆放在被我们称为"花生走廊"的地方：在那里你总可以看到某人在某个椅子上打盹。然而，和我们在托莱多时使用的市场信息获取方法相比，这里至少有了巨大进步，托莱多可是更加偏僻的角落——为了全面地传达行情走马灯纸带上的价格，粉笔工必须在交易大厅内跑来跑去，不停地擦掉原先的价格，并把最新的股票交易价格写上去。不足为奇，大多数负责修改价格的粉笔工均是充满魅力的年轻女性，由于她们迷人的三围，投资者密切关注股价从来都不失为一项愉快的任务。

接下来，我在银行里有了制作统计表单的任务。这种表单类似于《价值线》杂志中给出的报告，但包含的数据更多。那时公司的信息并不像今日计算机输出的财务表格那样多种多样而且易于理解，我们必须主动挖掘信息，然后给出研究报告。最新的信息除了靠自己的体力劳动获得外没有任何其他办法，但是通过建立统计表单，我们可以创建公司的完整历史记录。这是真正的苦力，不过这倒让我得到了最好的培训。即使是现在，如果要真正理解公司的业绩表现，除了用铅笔和稿纸在各类资料中寻寻觅觅、勾勾画画之外，我仍想不出有什么更好的办法。

4.2　自然产生的问题

随着我们对公司进行入木三分的特写研究，自然而然各种问题就产生了。我们当然要去询问管理层，这些相同的问题直至今天我们还是一直在问。为什么营业利润率会下滑？为什么管理费用比销售额增长得更快？为什么派发的红利比往年少了一截？

问题的答案并不总是真相毕露。1954 年最后一个季度，美国工业（U.S. Industries）的董事长以坚定的口气宣称该公司前途一片光明。可结果是不光也不明，事实就摆在那里。20 年过后，美国工业成了温莎基金买过的最让人痛心疾首、悔恨交加的一只股票。1975 年，在亏损了一半的投资资金后，温莎卖掉了美国工业的最后一批股票，而此时继任的董事长还在对公司前景信誓旦旦。

在纺织品制造商凯塞尔公司（Kayser Inc.）收购凯特琳娜（Catalina）之后，我们从新闻公告中得知凯塞尔野心勃勃的管理层正在酝酿进一步的计划。文章所用语句和今天的某些如雷贯耳的习惯性措辞如出一辙。"公司领导曾不止一次暗示，他们将继续考虑新的兼并和收购的可能"。1955 年 2 月 3 日《华尔街日报》如此报道，"公司有着优秀的管理层，出色的业绩表现和响亮的产品品牌。在它普通股最近的宽幅震荡的背后，各种兼并的传闻也不绝于耳，然而，据目前所知公司的这些重大举措还不会在近期实施"。公司之后确实进行了多次收购和兼并，20 年后，凯塞尔·罗思（Kayser Roth）对温莎基金的资产增值给予了不少帮助。

1955 年，一家名为 Reynolds Spring 的公司自己更名为联合电子工业

（Consolidated Electronic Industries），而那时正是"电子繁荣"的科技泡沫初现端倪之时。到 20 世纪 50 年代末期，科技股泡沫正式进入全速膨胀阶段，部分原因是因为苏联发射的人造卫星激发了投资者的过多热情。当这种疯狂到达顶峰的时候，仅仅和电子稍微沾点儿边的任何一件产品都会让一只股票直冲云霄，这直接导致许多公司将公司名称的后缀改为"电子"以及与此有关的各种变形，而它们的依据只不过是他们的机器用电力驱动——这跟今天互联网".com"的投机泡沫没有什么区别。

在那时，美国国家城市银行财务异常稳健，在可以获得高速发展的放贷诱惑下，它的各个分行依然经营良好，任何出轨都是非典型的。美国国家城市银行在国内战争的 16 年前由美国消防保险公司（Fireman's Insurance Company）的两个经验丰富的员工创立，它经历了一个多世纪的市场恐慌和崩盘后仍能保持毫发未损。1933 年，全国数以千计的银行竞相关门大吉，而国家城市银行是克利夫兰唯一一家仍然可以用 100 美分来履行 1 美元的存款义务的银行。而其他本地金融机构的存款人 1 美元的存款当时只能取出 5 美分，另外一些银行则干脆永远关上了大门。

4.3 中等的工资

我在这家银行的工资其实相对比较低，即使以 1955 年的标准来看也很一般。我做专业投资顾问的第一年拿到了 4200 美元的丰厚工资。（43 年之后，我做一个晨间股市点评，银行和当地的报纸支付给我的钱是它的两倍。）幸好，莉莉和我都习惯俭朴的生活——虽然有些时候以她的品位也实在是太俭朴了。婚礼之后，我坚持让她把对我们没有使用价值的婚礼礼品退还商家，那一次我恐怕让她伤透了心，我还记得有只火锅就是那些牺牲品之一。我们坚持不动用储蓄，从不侵犯基本性原则。

　　虽然现在看来节俭在那个阶段是顺理成章的事，但并不是每个人都像我们那样生活。我经常有这样的感觉，银行里除了我以外，没有人在仅仅依靠工资过活。当我们有了第一个孩子帕特里克（Patrick）的时候，我还只能把莉莉背到阁楼上去住。不久之后，我们花 10 200 美元买了套房子（一套联排式住宅的一半）。那看起来是划算的交易。1960 年我们终于有了足够多的钱，于是花了上次两倍的价钱买了一套真正属于我们自己的房子，这一次有四个卧室，三个卫生间。

　　除了经济情况很一般之外，我的新职位让我们可以和这家银行的高级社会阶层稍微有些接触。该银行的历史和马克·汉纳（Mark Hanna）的利益和财产有着错综复杂的关系，马克·汉纳是 19 世纪投资采矿和铁路的实业家。在汉纳去世不久之后的 20 世纪 30 年代末期，在该行新董事长刘易斯 B. 威廉姆斯（Lewis B. Williams）和 M.A. 汉纳公司（M.A.Hanna & Company）的执行官员乔治·汉弗莱（George Humphrey），即后来艾森豪威尔（Eisenhower）总统的财政部长之间有一次不愉快的电话谈话。"做好两件事，我们将再也不找你们麻烦，"汉弗莱对威廉姆斯喊道，"每年提高收益和提高股票分红。"⊖

　　由于银行悠久的传统，适应工作环境就意味要和克利夫兰当地富有的上流阶层接触。我们的高级董事和从大学出来的高学历的新雇员实质上就属于那一类。不过有传闻说我们的总裁希德尼·康登（Sidney Congdon）读完 10 年级后只是自学了点儿东西。除了他这个特例（如果传闻属实），我所有的同事可都是出身高贵。而莉莉和我明显与他们不同，在我们最先住的地方，四周的邻居都属于蓝领阶层，而且大部分人资历高深，年龄都至少比我大 30 岁。我敢断定自己 25 岁时仍然缺乏社会性，也不够成熟，但我受

_____

　　⊖　"National City 150 Years: 1845-1995," No author, National City Bank, Cleveland（1995），p.29.

过教育，因此和任何人交流观点都无法让我畏缩和胆怯。

在我工作的早期，我们的社会活动活跃起来了——在一定程度上还源于我是我们那支自吹自擂的银行垒球队里出色的投球手，但我们从没有被列入过银行 A-List。那不是我和莉莉所关心的，事实上我不愿意按照他们的规则来玩。我偏不穿银行职员穿的细条纹工作装，相反，我穿了运动服。

工作虽然很吃力，不过进展倒很顺利。我在投资分析上的技巧日趋娴熟。首先得出大量数据，然后按照某种方式排列，结果和判断自然就产生了，这足以让我赢得一连串的快速晋升机会。随着时间的流逝，我对挑选股票越来越保守，银行那些迟钝的信用投资委员会的人最后对我的方法产生了兴趣。通常情况下，投资报告要不厌其烦地罗列 6 ～ 7 页细致分析，但是我对宝丽莱（Polaroid）发展前景的分析报告只有一页，对于这种直观的彩色图表，观者只要看上一眼就足以心领神会。使我的同事比尔·罗（Bill Roe）大为惊奇的是，我简明扼要的论据竟然让宝丽莱荣登银行的投资候选股列表。更奇妙的是，宝丽莱的股价正如我彩色图表预示的那样逐渐上涨，我们通过宝丽莱获得了巨大收益。不过几年之后这只股票就不行了，而且之后再没有爬起来。

与此同时，我开始在西部储备大学（Western Reserve University）（即现今的凯斯西储大学（Case Western Reserve））里努力攻读银行和金融方面的硕士学位。我大约花了三年半时间来完成这些学业，几乎是我大学所花时间的两倍。同时上学和工作极大地考验了我的精力，不过我可以把来自学术世界和现实世界的讲师的内容完美地衔接起来。他们包括联邦储备局（Federal Reserve）的职员和其他本地行业领袖。

继希德尼·罗宾斯之后，对我影响最深的教育还是来自国民城市银行中的工作团体。这家银行的投资部门对于投资有着不同寻常的理解深度和实践经验。比尔·罗加入这家银行比我稍早一点儿，他对待投资既深谋远虑又思路开阔。

亚特·伯纳斯（Art Boanas）是一位有着深刻思想的导师，他经常能把新鲜观点带到投资中来。作为一名经验丰富的经济学家，亚特从本质上说就充满智慧、诡谲、逆向。他在联邦储备局里任过职，后来顺便来了这家银行。他和希德尼·罗宾斯不同，他觉得格雷厄姆和多德没什么可值得称道，对他们的投资分析理论也丝毫不感兴趣，但是这并不妨碍他嗅探出他们可能会推荐哪些股票。

除了向我传授他对于宏观经济学的思考外（他认为宏观经济学就是经典经济原理加上人类天性中的悲观视角二者的混合物），亚特还教授我逆向投资的原则。由于我自小就有和路标争辩的倾向，我很快就学会了和市场争辩。我们一起进行智慧上的战斗，有时候并肩作战，有时候相互挑战。第二次世界大战期间，还是少年英国绅士的亚特曾经在约克郡的旷野中巡逻，不过他也用事实向我证明在智力上的斗争是残酷无情的。关于市场或者股票的观点和判断，如果和大众想法不谋而合，那么很容易为之辩护并实施。但是走自己的路永远要忍受孤独的心理折磨，它不仅让投资者沦为流行观点的敌人，甚至还要违背内心情感的声音。当你走上逆向投资这条道路，亚特经常说，"投资市场会把你驳得体无完肤"。如果第二天可以花更少的钱买同样的股票（和投资者最基本的愿望完全对立），那么只能说明你第一天的决定大错特错，但那只是凡夫俗子的庸俗见解。为了支撑他的自信，亚特坚持一个简单的观点："再说，我不是和一个人在战斗，"他说，"我是和整个市场在战斗，我一个人和整个的市场。"他的这种自我安慰的方法对于像我们这种古怪的人倒是再合适不过。

4.4 太正确但是不行

亚特作为一个证券分析员的弊端就是他的意见太无足轻重了，这只是因为他太聪明、太超前，以至于银行那些冥顽不灵的家伙根本无法理解。有一回，他研究了钛金属的投资前景，并写了一份非比寻常的详细报告，用以说明这是极好的投资项目——那时他们做梦也不会想到多年后会出现钛金高尔夫球棒。很多年后，随着事实的演绎和铺展，一切都证明亚特是对的。但是让投资委员会为此付诸行动的机会却连一丁点儿都没有。在这个行业中，你必须要有明确的立场，你也必须要对投资范围和投资边际保持现实的心态，聪明的投资者会把这个观点谨记于心。

亚特的失意并不让人意外。在国民城市银行工作的八年中，有机会和出色的投资精英相伴并分享投资经验是我最大的荣幸，但令人失望的是，投资者的才能并没有发挥最大的作用。该银行为信贷投资组合选择的多是本已持有的知名股票，这些股票将一直存在于投资组合中，除非投资者破产和这些股权被撤销充当税收为止。把这些过了全盛期的股票更换为增长潜力正旺的股票的机会总是从我们身旁一溜而过。

依我看来，这种投资方式就像是打球的后脑⊖。银行的信任投资委员会有权利许可或反对任何投资意见。虽然该委员接受了宝丽莱和其他一些有先见的投资推荐，但那种墨守成规的组织制度终究妨碍了任何有创造性地选股。为了获得所研究股票的投资许可，你必须到委员会提交申请和解释，而委员会的头是一个不好说话的傀儡独裁者，他除了知道规避风险之外对股票毫无创见。据我判断，他的所有行为反映的都是市场中已经被广泛认知的事实，已经严重超买的股票他见一个爱一个。看到如此光景，没多久我就得出了一个结论：不管发现多少投资机会，我永远也无法施展自己的投资才能。投资光靠聪明的脑袋还不够，你还需要运用一些想象力并拥有一双慧眼，但是这二者信贷投资委员会都不具备。

⊖ hitting behind the ball，高尔夫球击球点过高，一种失败的挥杆，相当于地滚球。——译者注

不过，管理我的个人投资组合让我试验了自己的投资理念。加入银行不久，我就把父亲鼓励我购买的 Aro 设备公司的股票和自己的积蓄加到一起，凑了大约 3000 美元。通过管理这一点儿资金可以并不定期地增加少量资金，在不到四年的时间里我让它升值到了 20 000 美元。等到我 1963 年去温莎之时，它几乎已经变成了 100 000 美元。

虽然我对银行往后看的投资风格越来越感到不自在，但在 1958 年我却成了信托部门证券分析师的头。那时我 27 岁，多少更加成熟了点儿，我是这家银行最年轻的高级职员。在这个职位上，我目睹了在 20 世纪 50 年代末期成长股还欣欣向荣，结果却在 1961 年再度跌入无底深渊的过程。具有讽刺意味的是，那期间我拒绝了威灵顿管理公司的邀请。这家公司管理着威灵顿股票基金，也就是幼年状态的温莎基金。威灵顿向我发出邀请的时候我大约在银行工作了六年，他们和克莱斯勒的分析师有过接触，而后者推荐了我，并把我作为汽车行业分析师的才能大大夸耀了一番。威灵顿正想补充这个方面的人才空缺。我向他们解释说我现在的投资范围更广，因此我的职业生涯已经让我满意了。对一系列的行业进行跟踪之后，我开始感到或许只投资一个行业，增加一些限制也未必不可。

约翰·肯尼迪总统于 1961 年 1 月举行就职典礼后，尽管那时我投了理查德·尼克松一票，我非常确信搬迁已经不可避免，甚至莉莉也被说服如果条件需要就往东部搬迁。对于某些喋喋不休地嚷着核心价值分析的人，我必须承认，我第一次也是唯一一次的工作调动，依赖的就是不那么严格的替代可能性分析。我从一大堆公司名称开始挑选，最后把目标范围缩小到三家共同基金公司：德莱弗斯（Dreyfus）、国民投资者（National Investors）和威灵顿。

我对共同基金并不十分了解，只是觉得它们可以把民众中分散作战的资金集中到一块儿构成资金军团。当时我想，共同基金对于普通投资者来说只是价格太高了点，因为那个时候销售佣金占投资金额的 8%，而且还是预先收取。尽管如此，我还是认识到不管是这三家管理公司的哪一家，他们的投资理念一定比银行更富有弹性。

我先给德莱弗斯和国民投资者打了个冷不防的电话，我告诉他们自己正在考虑换份工作，现在正在随机寻找工作机会。在电话中我们谈得很融洽，只是最终都没能面对面坐下。

好在以前已经和威灵顿有过交流，这时我也给他们拨去了电话。这家公司管辖的股票基金即威灵顿股票基金，自从 1958 年发行后大幅下挫。这一次，他们寻找的不仅仅是汽车行业的分析师。他们想找一位有主见，能够把威灵顿股票基金从水深火热中解救出来的人。股市在 1961 ～ 1962 年发生了戏剧性的反转，而诞生了 5 年的威灵顿股票基金也在这段时间里彻底崩溃。这次工作机会的性质看来不像上次那样狭隘了，再说银行已经不值得留恋了。所以，在莉莉的热情拥护下，毫无疑问，由于纽约不是我们的目的地，她大松了一口气，我收拾好自己的行李，直投费城。

第 5 章

火 的 洗 礼

1963 年我来到温莎基金时，它的状态比我想象的更糟。此时的温莎已经存在了六年，它受到了重创，悲惨万分，而且再也得不到青睐。它就和那些同样遭受了重创，最后却被证明是我最好的投资股票一样。

这个基金的管理团队已经迷失了方向。1962 年是很多投资者都受到毁灭性打击的一年，温莎的市场表现是下跌 25 个百分点。股东们惊慌而逃，从这个净值 7500 万美元的基金中流出的资金超出了流入的资金。更加让人感到乌云压顶的是，这个最初叫作威灵顿股票型基金的基金开始影响到了公司的旗舰，拥有 20 亿美元资产规模的威灵顿基金。威灵顿管理公司已经在 1960 年上市，因而它不能不对自己的股价有所顾虑。

先不谈威灵顿基金得来不易的名声。它在 1928 年由沃尔特·摩根（Walter Morgan），一个在宾夕法尼亚州无烟煤煤区的本地人建立。威灵顿基金成功地从 1929 年的股市崩盘和经济大萧条中死里逃生，这是极少基金能够获得的殊荣。

最初的威灵顿基金一直表现不错，这得益于它的投资组合除了股票外还融入了债券。股市下跌的时候，债券的功用就如同逆风抛锚。这项投资策略让威灵顿在股市趋坏时避免了很多麻烦。这种做法和杰西·利弗莫尔（Jesse Livermore）、投行高盛以及很多其他镀了金的证券分析机构大加吹捧的风险预防措施背道而驰。流行的基金公司不仅眼中只有股票，为了提升业绩它们还不惜借入巨额负债。在杠杆的强大作用下，许多这类基金在1929年之后从世间消失，而体制保守的威灵顿却欣欣向荣。

第二次世界大战后期的一段时间里，平衡基金发展到了全盛时期，而风险规避的意识也迅速滋长。威灵顿基金是当时最大的共同基金之一，普通股得不到乐观的估价，而大萧条中惊魂未定的投资者们一心想着保住现金收入，不敢丝毫懈怠自己的原则。投资者对股市大崩盘之前的那种股价增值提不起任何兴趣。那时，为了把对风险过度敏感的投资者吸引到股票上，股息率往往比债券的收益率高。

百货公司蒙哥马利·沃德（Montgomery Ward）的主席斯韦尔·埃弗里（Sewell Avery）就是一例。第一次世界大战之后的经济萧条使他对第二次世界大战后必然也发生经济萧条深信不疑，但这一次，他把一个伟大的公司引向了下坡路。第二次世界大战之后很多胆小的分析师都认为随之而来的萧条将不可避免，他们担心过度的扩张是自取灭亡。在这种信念的诱导下，埃弗里限制了这家零售商的发展。与此同时，芝加哥那边，它的竞争对手西尔斯·罗巴克（Sears Roebuck）却掀起了扩张商店的浪潮，并最终把曾经有过辉煌的蒙哥马利·沃德排挤成一个不足挂齿的竞争者。

20世纪50年代经济快速发展，股票重新回到了舞台灯光之下，平衡基金开始没落。虽然少数平衡资金坚持了下来，但它们的追随者远不及当初。在威灵顿旗舰基金痛苦不堪之时，他们发现增置股票型基金是有诱惑力的选择。作家罗伯特·史雷特（Robert Slater）报道[⊖]，当时约翰·博格开始催促沃尔特·摩根让威灵顿扩充基金类别，但摩根没有采纳。1929 年的股市崩盘让它们损失巨大，他生怕股票型基金也会遭到同样的命运。不过，随着形势越来越紧急，自己在共同基金市场所占的份额快速下跌，威灵顿决定采取行动，于是创立了威灵顿股票基金，即后来的温莎基金。

首次公开发行募集资金 3300 万美元，它成为当时最大的三家共同基金之一。史雷特注意到，原来的威灵顿基金用了 17 年时间才达到了相同水平。其后的三年里，温莎基金连续以较大的差距战胜标准普尔 500 指数。威灵顿管理公司，特别是博格，让威灵顿股票基金沐浴在一片光明之中。

但是 1961 年中期股市掉头向下之后，温莎的日子就不好过了。1962 年标准普尔指数下滑 8.7%，而温莎亏损了 1/4 的股东资产。在我之前的温莎基金的投资组合经理鲍勃·肯墨尔（Bob Kenmore）仅仅拥有名义上的权力，在我有机会和他见面之前他就已经走了。真正的权力存在于投资委员会——一个思想陈腐，和我工作过的银行中的对应部门不无相像的团体。不过这些家伙知道，温莎如果要生存下去，某些东西必须改变。

除了客观原因，温莎本身缺乏投资判断力，等级鲜明的管理制度也妨碍了针对市场变化的快速反应，温莎因而两次受到重创——先是在股市下跌的时候，然后是在反弹的时候。最糟糕的是，温莎持有的小盘成长股弱不禁风，在市场的打击下损失惨重。不过在这个方面，温莎的难兄难弟也不少。

5.1　被洪水淹没

所谓忙中出乱，为了弥补业绩损失，疯狂的补救结果反而让状况更加恶

⊖　Robert, Slater "John Bogle and the Vanguard Experiment," Irwin Professional Publishing, Chicago（1997），p.22.

化。温莎决定把自己托付给小型成长股背水一战，但没有人对这种成长性背后的持久性给予足够关注。1961 年早期这类股票曾受到市场的关注。像其他类似的投资组合经理一样，温莎在第一时间买进了这些可疑的成长股，享受它们短暂的荣耀。然而，温莎没有尽快兑现把那些不义之财装进口袋的诺言，相反它长期持有，最后反为其所害。更糟糕的是，惊慌失措的管理层把这些腹背受敌的成长股卖在了地板价上，并把收回的资金大量投入到"安全"股上。但高知名度股票没那么容易反弹，因为它们跌得不够多。如果市场继续下滑，这样的策略可能会造成更多损失。不过市场有所好转，但是温莎和市场平均值相比落后得更多了。1963 年，标准普尔 500 指数上涨 22.8%，温莎落后了标准普尔 10 多个百分点。

和那个时代的其他共同基金一样，威灵顿基金和威灵顿股票基金的出售主要依靠证券经纪人把股票塞进投资者手中。为了实现这个目标，驻扎在 12 个市区的基金销售人员（叫作基金批发员）在全国范围内巡回奔走。他们的工作是说服各地证券经纪人，让他们用投资者的钱买入威灵顿公司的基金。

温莎表现不佳的消息在到处流传，它影响到了威灵顿基金的销售。到 1963 年为止，温莎的基金批发员对销售状况极为不满。温莎基金的董事们不顾一切地寻求拯救温莎基金的办法。但结果让事情变得更糟的是，部分威灵顿基金的股东提起了诉讼，指控管理层盗用了威灵顿的名字和名声，而其中解决诉讼的一个措施就是把该股票基金的名称改为温莎基金。

当我正式成为威灵顿的一名证券分析师时，他们给我的任命状很清楚：放弃做出头鸟的想法。只要让温莎的业绩不伤害到威灵顿就行。

我加入威灵顿但还没搬去费城之前，我拜访了乔·坎宁（Joe Canning），他是威灵顿公司分配在克利夫兰市的一个基金批发员。他邀我共进午餐，当然，我接受了。他比许多搞销售的家伙要有头脑，当然作风也很强硬。

当我到达威灵顿总部办公室的时候他预先通知我，可能有人会告诉我批发员们赚钱非常多，然后他强调了好的投资产品必须要具有吸引力的必要性，而没有好的产品他和他的同行们可就有的罪受了。这些我都记下了，与此同时，我注意到他的墙上挂满了威灵顿管理投资委员会的成员照片。我立刻意识到我的照片有一天也会加入进去。

我来到威灵顿后，发现温莎投资组合中乱七八糟的股票可不少，它们不久前都曾是被投资者竞相追逐的股票，但最终全变成了股市中的垃圾。趋势基金的做法是首选当前走势最好、市场最看好的股票，温莎的做法和它们差不多：生物技术热时就买生物科技股，石油股红时就买石油股，或是当任何以".com"结尾的东西都能吸引投资者注意时就买网络股。20 世纪50 年代的电子热和它也非常相似。在那个以科技推动的股市中，任何暗示了和科技有所关联的公司名称都能推动股价涨得更高。

然而，以我今天的眼光看，这种投资方法就像是追赶已经打出去的球，而不是让众人提前 6 ～ 18 个月预测市场环境并进行布局。在股市中，仅凭技术图表预测高点和低点进行操作往往会事与愿违，因为它假定股票曾经有过的价格暗示了股票将来的价格，很多基金都使用技术图表卜算未来股价。我上次接受德莱弗斯工作面试的时候，参观的地方就包括一间图表室，里面堆满了各式各样的电子设备和显示屏幕。在我看来，玩技术性游戏或者趋势性游戏都会让投资者误入歧途。

莉莉以她素有的坚决接受向东搬迁。考虑了我的雄心壮志和对事业的选择后，她预计向东搬迁已经是无法逃避的现实问题，至少和纽约相比，费城更像俄亥俄州一点儿。那时我们已经有了三个孩子：帕特里克、莉莎和斯蒂芬。等他们在俄亥俄州的学期快结束之时，我预先去费城把一切准备好。我的第一个称之为"家"的地方是市中心的一家廉价旅馆，很快我就搬进了另一家基督教青年会（YMCA）。在那个屋檐下住了三个星期后，我和两个同为分析师的单身同事挤进了一套公寓。

同时，我开始积极寻找房子。我看到的大多数房子都体面大方，只是没有一套比得上我们在克利夫兰的房子。莉莉也过来了，一同寻找。她第一次过来的时候，我们开车路过一个地方，那里的房子看起来让人印象深刻——房产经纪人告诉我们，这些是模仿乔治王朝时期的风格建造的房子。不过他们说，这些房子的问题在于水，这一地区过去很湿，换句话说，它们正好坐落在一个洪泛平原的正中。就因为这个理由，经纪人建议我们放弃它，但根据我的识别力，只要基本面过得去，稍微有些美中不足不会给我带来烦恼，所以我把这个告诫看作是让我进去一睹的邀请。它的门厅很宽大，楼梯螺旋形，四间卧室，三个卫生间，它简直是为我们量身定制的。我们在那里住了 21 年，不曾有过后悔。

我到了威灵顿后，首先需要一提的公司大老板是沃尔特·摩根。虽然和他见面之时，他已经属于常春藤联盟（上过名牌大学）的一员，但他的出生也不是那么的名门望族。他以前是费城威尔克斯－巴里（Wilkes-Barre）地区（当地人叫这个地方为无烟煤之城，以彰显其丰富的煤炭储量）一个的会计员。约翰·伯明翰（John Birmingham）和埃德·曼尼斯（Ed Mennis）长期担任投资组合的高级管理员，他们都已跟随公司多年——事实上几乎是他们所有的职业生涯。有博士学位的埃德负责研究宏观经济部分，他需要给出未来经济的走向预测。此外，作为分析师他研究的行业包括汽车和其他特定工业领域。同威灵顿其余七个分析员一起，他使用抽样调查的方法收集来自经济领域的信息，然后决定资本投资的方向和领域。威灵顿的分析涵盖约 200 家公司，通过那些数据，等到做决断时他可以比那些不够勤奋的竞争对手更有把握。

除了伯明翰和曼尼斯负责投资这一块，那里还有另一个资深人员，他就是年近古稀的 A. 莫尔·科尔普（A. Moyer Kulp）。科尔普、摩根以及有法律背景的乔·韦尔奇（Joe Welch）组成了威灵顿最早的管理三人组。我则属于第二代，另外的还有约翰·博格，他后来继任摩根成为威灵顿主席。

5.2　体现自身价值

作为资历最浅的证券分析师，我在威灵顿的工作职责被描述得很宽泛。但在那样一个明显急需大量帮助的机构里，你的使命只有一个：让自己有用。据说这是威灵顿一个备受尊重的传统，大家都这么传。1951 年博格来到威灵顿后，沃尔特·摩根曾把他堵入墙角，并让他表现出自身价值，直到合适的职务降临。等到我加入威灵顿的时候，摩根已经在把博格当作继承人培训。

最初，我的职责是充当华尔街的联络员。我需要不辞劳苦地奔到纽约，敲击门铃，采集观点，撰写备忘录。强大的好奇心驱使我一次次地拜访华尔街的投资办公室，我看到墙上挂了许多橡木油画，这让我印象深刻，并想象我即将见到上帝后送给投资行业的礼物（投资天才）。可没过多久我就发现，那些装饰不同凡响的办公室里正在运作的投资技巧不见得比我高明，甚至比我还差劲。每次我出差到纽约，我都会顺便拜访各个不同地方，收集各类观点、见解、主张，只要他们愿意分享。

总的来说，我正在为成为未来的投资组合经理而进行有意思的实习。这期间学到的东西开阔了我的眼界，并在接下来的 30 年中发挥巨大作用。我第一次接触了航空公司、储贷社、金融公司和许多其他特定行业。我频繁地参加证券分析师的午餐会，从中了解到许多公司信息。我尽可能了解更多公司的信息，因为我无法知道它们什么时候会走进我们的视野，通过股价下跌或者基本面改善。

我收集和总结投资信息。我撰写在华尔街逗留期间的备忘录，并把他们呈交给威灵顿以帮助制定决策。我在他们眼中的角色就是眼睛和耳朵。有些时候，我也进行行业的笼统证券分析，比如跨行业公司。这一次，我终于有了股票交易的真正机会——银行索然无味的日子已经过去，现在是一种耳目一新的感觉。

作为体现自身价值的一个小联系人，我使自己成了一家名为德事隆（Textron）的跨行业公司的专家。德事隆是一家综合性集团公司，这类公司在投资不久之后即被证明利润可观。对于跨行业综合公司，一般的证券分析师至多把精力集中在对其中一个或两个行业的分析上，但由于我接触的行业比较广泛，我能够把行业做细分处理，从而得到别人无法得到的有用结论。德事隆从一家由一个名叫罗伊·利托（Royal Little）的企业家掌管的纺织品公司演变而来。一个名叫鲁珀特 C. 汤普森（Rupert C. Thompson）的前商业银行家接替了利托的掌管地位，并将反映各类经济成分的许多其他行业整合进去，于是构成了一家极好的综合性企业。德事隆公司的经营领域包括汽车配件、耐用消费品、机械工具以及其他一些工业领域。但在我看来，这家公司最让人无法忘怀的产品是休伊（Huey）直升机。经过一番基本面分析后，我推荐了这只股票，然后我们就买了它。

那时我并没有意识到，但现在回想可以总结出一个结论：基金上层当时是在测试我能否肩挑大任。与此同时，我开始比较温莎和其他股票型共同基金的风格、表现和策略。

经过分析，我对基金的凄惨遭遇有了一个系统认识。这并不是火箭科学，但是对于被基金的拙劣表现搞得晕头转向，束手无策但又急于找到解决方法的决策者们，我的评估无疑将问题推到了一个敏感的角度。如果今天让我分析一个投资组合，我采用的基本方法将和当初一致。

通过对温莎基金的拙劣表现进行详细调查，我发现了这样一个普遍事实：温莎基金买进股票时支付了超出平常的市盈率。以这种过高的介入成本分析，公司必须延续高成长才能形成可观的资本增值收益。

关键是要知道股票的价格反映了两个基本面变量：①每股收益；②由市场决定的价格相对每股收益的乘数（P/E，市盈率）。这样，如果两只股票的每股收益都是 2 美元，但如果其中一只被认为成长更快，那么它的股价往往具有更高的乘数，以反映盈利增长快的预期。如果假定它们的市盈率分别是 15 倍和 30 倍，那么这两只股票的换手价格相应的分别是 30 美元和 60 美元。通过预测未来的收益增长和市盈率倍数的扩增，精明的投资者将择机投入资金。不幸的是，温莎的许多股票都是在下跌途中被套牢。一只股票一旦出现增长率变慢的暗示或征兆，那么在市场的作用下它们的市盈率将直线下降。

业绩或者投资者心理因素的改变可以触发两种后果并使之放大——上涨或下跌，这取决于价格收益倍数（市盈率）扩张还是收缩。我在温莎的前辈们目睹到的就是向下的场景。公司的每股收益如果和上一年的高峰收入之间存在显著不足，那么这只股票的价格将承受灾难性的后果，仅仅这些改变就足以让投资组合遭到重创。各种类型的造成股价暴跌的变故我都曾见过，略举几例如下：对业绩将不如预期的暗示，传闻中的诉讼，比华尔街的估计差了 1 分钱的报表。除了业绩不良的缘故外，许多股票虽然收益没有恶化，但其市盈率随着预期的变化而照跌不误。

温莎在工业品领域投资的失足需要引起特别注意。在这个低迷萧条的领域里冒险买进基本面不佳的股票基本上得不到任何回报。在所投资的 41 个工业品股票中，只有 8 个能称得上成功，而且这种成功也只能用暗淡无光来修饰。温莎大部分严重亏损的股票都可以归纳为以下三种情况：

（1）几乎无一例外，这些投资的失利都是由不完美的公司分析造成。它们对公司基本面的期望值过高，而结果是失望也越大。

（2）温莎没有为预期收益，甚至当前收益支付过高价格。就此而言，只要盈利能力不退化，起码我们可以收回成本。然而，在这个领域中我们的经验显得如此不足，大多数所持股票的盈利能力都发生了严重恶化。

（3）对于基本面恶化尤为严重的股票，我们能够及时认识到错误，并采取措施收回部分资金。这是值得称赞的做法，因为挽回部分损失总比亏损全部资金要好。实际上，基本面变坏的股票每次抛出结果证明都是对的。

为了避免类似的尴尬局面再次出现，我建议基金决策者们把选股范围限制在可预测的工业领域中可预测的公司，毕竟温莎在宏观经济分析方面有特殊才能。这样选出的股票虽然不会太富戏剧性，但是更具确定性——实质上就是将威灵顿的保守哲学整合到温莎成长基金之中。

限制无碍投资组合将获得冠军成绩，但是它要求投资者对公司进行高质量的深入分析，既要完全理解竞争因素，又要重复校对基本状况。此外，我特别看重在逆境中仍然保持盈利能力的公司，现在还是这样。

这样的解释虽然不能使事情好转，但至少阐明了温莎的真实状况，而且赢得了不少基金管理者的支持。在投资方面，他们各有自己一意孤行的倾向，而我更像是一个实事求是的猎手。我提供问题的答案，并用事实来为它们撑腰。我认为这是巨大的改进，因为糊里糊涂的股票评估只会让基金管理者仍像以前一样困惑和迷茫。

我肯定是通过了测试。呈递分析报告后不足两个月，也就是我来威灵顿才11个月后，威灵顿决定让我成为其第一个个人投资组合经理。

第 6 章

执掌温莎兵符

1964 年 5 月,威灵顿公司的管理层改变了对温莎基金的管理方法。新管理方法将基金的职责和权威集中到单一投资组合经理身上,目的是为了提高决策的灵活性以及充分利用庞大且日益增加的投资资讯,以便基金能在千变万化的投资世界里以更快的速度做出反应。

这就是我们所描绘的新管理层结构,但当威灵顿提升我为投资组合经理时,有两件非常关键的调整工作还没有做。我一上任就立即着手处理第一件。

从到温莎的第一天起,我就下定决心,一旦见到有望获得高回报率的投资目标就建立特大仓位。在那家银行工作了 8 年又在威灵顿工作了 1 年后,我对在市场大趋势后面穷追猛赶的做法已经受够了。过分注重安全只会让投资组合"昏昏欲睡",永远不会产生令人刮目相看的成绩。太分散的结果就是平庸,对于信奉现代投资组合理论的人来说,这有如异端邪说,不过勇于冒险对温莎而言却是行得通的。

我迫不及待地执行我的投资哲学。在 1964 年 6 月，温莎已经持有宾夕法尼亚州 AMP 公司的股票。1998 年这家公司频频亮相媒体，为了抵制联合信号公司（Allied Signal Corporation）的恶意收购，它请来泰科工业公司（Tyco Industries）充当白衣骑士◯。当时的 AMP 跟今天差不多，它是一家总部坐落在宾夕法尼亚州阿巴拉契亚的优秀连接器制造商。如果要把电子元件组合起来，你就必须用到连接器。AMP 的业务很容易预测，而且依我之见，其价值会遭到投资者的低估。我认为我们应该建立更大的仓位。

威灵顿已经授权我在温莎掌舵，但其在不少方面仍积习难改◯，我对投资组合进行调整仍需得到投资委员会的批准。这个委员会定期集会，并就各种投资构想宣布他们所做出的判断，开会时，委员会成员济济一堂，正襟危坐。如果有人对某个构想表示怀疑，而其他成员又纷纷附和，那么最后达成的唯一共识往往是方案被搁置下来或者淡化处理。历史告诉我们，这不是共同基金的经营之道，尤其是在市场骚动之际。

我不等下次会议召开，立即采取了新的策略。我分别拜访了委员会的三位关键成员，在一对一的接触中，他们的集体意识被瓦解，最后都同意了我那滔滔不绝、周密详尽的基本面分析。前两位委员会给 AMP 亮了绿灯，同意我增仓 AMP，他们几乎没提出什么重大的反对意见和疑问。第三位也是最后一位成员是威灵顿的副总裁埃德·曼尼斯（Ed Mennis）。听我说完后，他承认 AMP 是值得持有的股票，不过他问我：我们是否获准持有我所

◯ 猎物公司为了免受敌意收购者的控制而别无他策时，可以自行寻找一家友好公司，由后者出面和敌意收购者展开标购战。此策可使猎物公司避免面对面地与敌意收购者展开大范围的收购与反收购之争，但是，自寻接管人最终会导致猎物公司丧失独立性。——译者注

◯ 董事会成员当然能做出有价值的贡献，不过我还记得一位与摩根先生在航运上有业务往来的老董事。他脾气暴躁，在会议期间他会大叫："我们什么时候才可以拿雪茄？"他会走到会议桌上的雪茄盒旁边一把抓起差不多一周供应量的雪茄——不过对于他来说那是相当少的。当讨论必须做出决定，别人寻求他的意见时，他却又大叫："那么，管理层的意见是什么？"

建议的那么多的股票而不违反规定。我向他保证不违反规定之后，他也认可了我的决定。此后，买卖指令基本上都由我说了算，不过我还是预先把自己的意愿告知三位委员会成员，并用优良的基本面分析让他们信服。

第二件调整工作则花了我较长时间。

当我接管温莎基金时，威灵顿和温莎基金共有七名投资分析师。但温莎业绩更显不佳、老旧、愁云笼罩，每个人都为其绩效始终不振而愁眉深锁。不过我得到过保证可以在任何时候寻求任何一名分析师的协助，但事实上，分析师提供支援的保证也从未兑现过。到后来，我认为自己不妨设身处地、站在分析师的立场来想：我去敲他们的门，请他们腾出时间提供意见时，威灵顿也在敲门。温莎是资产 7500 万美元的基金，威灵顿管理的资金则有 20 亿美元，而且是旗舰基金。这样一来自不用说，谁都知道哪个基金更能让分析师们放在心上。

我四处碰壁大约 6 个月之后，得出这样一个结论：我永远不会获得威灵顿分析师的充分支援。我想自行研究调查企业（而且在某种程度上，也确实这么做了），但我的时间有限，没办法研究温莎所需要的那么多家公司。因此我提出一个折中办法："给我配备一名专属分析师，我保证再不去打扰其他六名分析师。"管理层表示同意，于是比尔·希克斯（Bill Hicks）就此成为温莎第一位正式的专职证券分析师。

6.1 策略的演变

温莎于 10 月 31 日公布的 1964 年年度报告，是我任期内的第一个年度报告，距我 30 年中唯一一次升迁后有 5 个月。对于这次年报成绩我们最多只能说：我们缩小了业绩差距。温莎落后于标准普尔 500 指数 300 个基点。

可能是因为对我所做出的贡献还拿捏不准，1964 年的年度报告没有具体提到我的名字。不过上面倒是放上了我对过去不良业绩的关键性点评，并说明我的积极努力正在让温莎有所恢复并站稳脚跟。

竞争非常激烈。虽然 1964 年公共基金领域的斗士远少于现在，但这个行业正在经历迅猛发展。除了温莎，我只能说出为数不多的有相当规模的竞争对手，所有的基金都在为了获得更多资金而你争我夺。投资风格开始浮出水面，但像现在这样专业化的风格还没有形成。

共同基金领域开始变得更加杂乱无章，但我的座右铭没有改变：保持简单。为了简化温莎，我们将投资对象简单分为两个宽泛类群。

（1）**成长股**（growth stocks）。这些公司的成长特征清晰可辨，比如产品需求急剧增加、运用现代科技、高级市场营销技巧、以科学为导向或者有密集的研发计划。因此长期而言，它们的盈利和分红将高于平均值。

（2）**基本产业股**（basic industry stocks）。这些公司广泛涉及美国经济的长期发展，从这类公司中谨慎挑选的股票在特定时候可能会让投资者获得巨大的赢利机会。此外，从这一大类股票中经常产生属于"特殊情况"的股票——产品、市场或者管理层正经历变动的股票。

这不像脑科手术那样复杂，但有些投资者还是喜欢跳过这些基本分析步骤，我经常发现不用多久他们就会为自己的懒惰付出代价。

在投资领域中一个公司的规模是不能忽视的。不管是投资新手还是老手都会反复问这样一个问题："聪明的投资者是否会更青睐于高知名度的大公司？"或是："我们是否应该投入更多资金在小一些的但不太出名的公司身上？"

温莎的答案是"衡量式参与"（measured participation）。这个概念听起来晦涩难懂，但它的根本思想却非常简单。我们把自己参与股票的风险和回报同市场上其他股票的风险和回报不断进行比较衡量。例如，不管某个石油股多么具有吸引力，我们必须要先问问自己在市场其他领域是否还有更值得期待的股票。

在专家们开始谈论资产配置策略的 10 年前，温莎已经开始在稳定、容易预测的大型公司和产品、市场或者服务有更多发展空间但基础不够结实的小型公司之间灵活调度资产的分配。

"衡量式参与"构成了温莎对投资组合分类和分析的框架。我们根据公司的质量、流通性、成长性以及经济特征对成长股和基本产业股进行评估。我们不强调按行业区分的传统分类，应用这些标准对我们的两类股票进行衡量评估，温莎才开始在接下来的 30 年中不断给出精彩表现。

穿过衡量式参与这枚"透镜"看问题，以前温莎表现欠佳的原因就变得一目了然。1961 ～ 1962 年下跌后股市开始复苏，此时市场竞相追捧优质成长股，我们的蓝筹股和其他股票类群相比所占比重最低。投资委员会，以其无穷智慧，坚持持有许多严重受挫的股票而不是在市场压力下抛出，并且只以少量资金买进安全股，但这些安全股在超跌股反弹之际反而开始遭受厄运。

由于我强调的是股票的光明未来而不是股票的光辉历史，我作为投资组合经理人的第一个整年可谓一鸣惊人。温莎 29.1% 的总收益率让人为之目眩，它超出了标准普尔 500 指数 17 个百分点。基金的净资产在 1965 年达到了温莎七年历史里的最高水平。随着慢慢合上 1965 年的日历，温莎的资产总额到 1 亿美元已经触手可及。

1966 年的股市激情降温不少，不过至少提供了一个测试温莎在弱市中表现的机会。1966 年 1 月，其中一个交易日道琼斯工业平均指数盘中突破 1000 点，不过收盘收在稍低的位置。就我个人而言，我不记得曾为道琼斯指数突破 1000 点而兴奋，就如我几年后在《新闻周刊》上所说的那样："它只是一个数字。"而当时琼斯指数已经在向着另外一个历史里程碑冲刺。

许多投资者欢呼道琼斯工业平均指数终将突破并保持在 1000 点上，但让他们气馁不已的是，市场让他们整整失望了 6 年。直到 1972 年 11 月，道琼斯指数才收在了 1000 点之上，但不久后又下滑到 700 点以下[⊖]。

1966 年，虽然经济有了实质性的增长，但逐步升级的越南战争唤醒了通货膨胀这个猛兽。长长地打了一个盹儿后，不断上升的利率接近了这个世纪的最高水平。作为对通货膨胀引起的骚动反应，投资者的悲观造就了股市下调，这次年度下跌的幅度与第二次世界大战之前相比排名第三。温莎则逃过了一劫。随着标准普尔 500 指数下跌 10%，衡量式参与使我们远离了那些最糟糕的领域。当尘埃落定时，温莎返还股市 3.3% 市值，是市场平均亏损的 1/3。

如 1966 年年报所述，温莎股东当年的收益又有新的增长。来自所投资的上市公司的分红超过了以往任何一年，几乎达到了 1963 年的两倍。

1967 年，我们维持了比市场更好的增长趋势。我们的收益率为 31.5%，而标准普尔 500 指数是 23.9%。历年结束之时，温莎通过所管理的 1 亿美元资金，仅仅依靠集中投资的 77 只股票，以明显优势把标准普尔远远甩在了后面。

6.2 当红基金经理蔡在买进

连续三年战胜市场，听起来似乎很值得庆贺，但是 1967 年市场趋势却飘忽不定，令人目眩，这种气氛消磨了我们的热情。而快速获利的投机行情却全面展开，一批鼓吹成长性的基金走到了温莎前头。我们的基金只高出标准普尔 500 指数 8 个点，相对于那时当红的经理人蔡志勇（Gerald Tsai）管理的两个富达系基金（Fidelity）来说简直是小巫见大巫。他正如市

⊖ 道琼斯工业指数直到 1982 年才真正跨越 1000 点并未再跌破。所以，那些 1966 年投资琼斯指数的人等了 16 年才获得资本收益。考虑到在此期间的通货膨胀，这些投资者遭受的损失大约是 60%。

场狂飙时的昙花一现，而我将他管理的富达基金称之为"肾上腺素"支配的基金。

蔡管理的共同基金最终没能经受住时间的考验。但在 20 世纪 60 年代末期，他却是华尔街上炙手可热的人物。富达趋势基金和富达投资基金所取得的业绩令每个人瞠目结舌，连销售威灵顿基金的证券经纪人也不能除外。

记得有一次去纽约州北部进行业务走访，那时我们还依赖基金批发员，也就是销售传教士四处奔走用言词打动证券经纪人，并最终动员他们的客户购买温莎基金。我和一位叫作巴德·卡特（Bud Kator）的批发员穿梭于纽约州，住宿在便宜、破旧的旅馆中，这些连锁旅馆大多属于如今早已消失的米尔纳旅馆（Milner Hotels），不堪入目。巴德对每一分钱都看得很紧——一般来说这并不是一个坏习惯，但这家破旧的旅馆里，一间房间的天花板上竟破洞开孔，正好从吊顶板条之间穿过。我并不吹毛求疵，普通的基督教青年会会馆就能符合我的标准，但在米尔纳旅馆甚至连我的起码标准都无法做到。

在这趟耗资低廉的旅行中，我们遇到的每一个经纪人都对蔡志勇赞不绝口。在向他们推荐的过程中，他们的目光始终在自动收报机纸带上徘徊，在那些小盘而又暧昧的成长股中搜寻着蔡施加的影响。这就是他的声望所在，仅仅凭一些关于他对某只股票感兴趣的捕风捉影的谣言就能激起市场的活力。像全国各地成千上万所交易大厅，也像纽约证券交易所底层营业厅一样，在我们自己的交易室里也充斥着近似神话般的传言："蔡在买进了……蔡在卖出。"按照我的标准来看，他的很多股票已经是残花败柳，处于岌岌可危的境地，许多不盈不亏的小公司，只是因看好未来的盈利而导致其股票抢手。在这里，"博傻投资理论"发号施令。

所谓的"题材股"让投资者顶礼膜拜，炮制种种离奇概念股和流行性产品制造商股票的共同基金吸引投资者排队抢购。当神秘的名字被提起，价格就会波动起来，传闻成了买卖股票的主要依据。

一个想法加上一个促销手段就能让成千上万的投资者趋之若鹜，他们总是看不到"全国学生行销"（National Student Marketing）等几近欺诈的手法不过是哗众取宠的小把戏。"全国学生行销"是一个名叫科提斯·兰德尔（Cortes Randell）的人想出的点子，他针对年轻人的市场需求胡乱拼凑起一系列生意业务。由于青年消费者花在牙膏、海报、啤酒杯以及昂贵的立体音响和照相器材等方面的钱高达450亿美元，不少人估计，"全国学生行销"能获得消费者的信任，所以投资者大买它的股票。"全国学生行销"作为制造商和年轻人市场的渠道，积极配销各种商品，短短两年内，它的营业额就从不到100万美元激增至6800万美元。

兰德尔是一个丝毫不懂谦虚的人，他从自己的私人喷气式飞机上打电话向投资者吹嘘他的成功。据《财富》杂志报道，为了维持快速的增长，他开设或买下针对年轻人的市场制造产品或提供服务的企业，包括以年轻人为客户群的保险公司和一家旅行社，在交易时通常将已上涨了不少的股票当作货币使用。

我记得"全国学生行销"有一次在费城举办巡回宣传活动，此次活动的主题是送样品给大学生，以吸引顾客终身对之忠诚。与一开始时光彩夺目、最后落入圆滑的推销者圈套中的其他投机冒险活动一样，"全国学生行销"也不例外。宣传活动大张旗鼓地一路来到费城招摇撞骗，我记得当地的一个承办经纪人被兰德尔傲慢地拒绝后是如何的无地自容。在这之后没多久，纸板制成的大厦开始崩塌。最终，后悔不迭的董事会赶走了兰德尔，但这种补救方法并没能拯救该公司。

相对于两只眼睛只盯着"全国学生行销"等流行概念的基金公司，20世纪60年代末的温莎就像一个食古不化的老顽固。我们并不是好大喜功，也不与昙花一现的流行概念同流合污。我们坚守"衡量式参与"，坚守现实的期望，也坦然承受因此遭到的抨击。有位负责管理高盛公司费城办公室的朋友不客气地评价说：温莎"根本没有神经"。这正是他的原话，"没有神经"。

对这些批评，我并不感到诧异，面对那些狂飙的基金，每个人的肾上腺素都会上升。1967 年，温莎的涨幅比市场高出 7.6 个百分点，优势很明显，但蔡和其他的一些摇滚明星基金领先市场的差距更大。通过短时间的冲刺，他们席卷了极为可观的收益。

在大约三年的时间里，绩效取向型投资独霸市场。与蔡齐名的另外三人——弗雷德·艾尔哲（Fred Alger）、弗雷德·马提兹（Fred Mates）和弗雷德·卡尔（Fred Carr）声名大噪。长期绩效记录不错、信奉买入并持有的成长型投资者大卫·贝伯森（David Babson）实在看不下去了，他指出业界之所以出现层出不穷的问题，根本原因是弗雷德之流太多。狂飙基金利用人们健忘的习性、市场的涨势以及众人称颂的地位，吸引了大群流口水的投资者。有些投资明显存在问题，投资者却深信不疑。大卫·贝伯森呼吁投资者要独立思考，尤其是在市场处于反转点时更要保持头脑冷静。

在市场狂飙的热潮到达高点而即将衰退之时，威灵顿竟然全线杀入。威灵顿同意与桑代克－多兰－佩因－刘易斯公司（Thorndike，Doran，Paine & Lewis，TDP&L）合并，桑代克－多兰－佩因－刘易斯管理当时最热门的成长型基金之一艾维（Ivest）基金。在约翰·博格（威灵顿的主席兼董事长沃尔特·摩根的指定接班人）的策划下，这宗合并案看起来似乎能够将威灵顿的行政管理配销能力以及促使艾维翱翔天际的幕后高手融合在一起。

虽然我的影响力与日俱增，温莎也备受人们的尊重，却还没有人就高高在上的经营策略方面的问题征询我的意见。温莎和艾维有各自的投资风格，虽然我有时会买进他们卖出的股票，但我不想草率地下结论说其走错了路。我对他们的投资行为总是表示敬重，直到事实证明他们犯了错误。换句话说，我可没有完完全全地闭关自守，而是一直尝试着从其他投资流派中学到点儿东西。

在私底下，我怀疑这次结合的结果可能会令人失望。另一方面，狂飙的投机基金篡夺了共同基金领域大部分新投入资金，威灵顿基金的市场份额节节下降。尽管温莎的前景有所改善，威灵顿却需要更有吸引力的产品才能挽回最近流失的资金。

与培基公司接触之后，他们建议博格跟 TDP & L 公司联系。培基就是 1955 年我去应聘证券分析师的时候把我拒之门外的那家公司。后来，我到波士顿走了一趟，并喜欢上了那个新群体。毋庸置疑，他们洋溢的信心很容易感染人心。我与合伙人鲍伯·多兰（Bob Doran）的秘书奥利弗（(Olive）人称"大奥"）见面时，"我想知道的第一件事，"奥利弗立即问我："你在这家公司重不重要？"

多兰本人欠缺其他三位合伙人所拥有的新英格兰名门世系风采。他们不只是出身于富贵之家，更流着"五月花号"乘客的血统。桑代克（Thorndike）的母亲是罗威尔（Lowell）家族的一员。刘易斯（Lewis）的母亲出身于索顿斯托尔（Saltonstall）家族，而她的表兄弟埃弗里特（Everett）曾是麻州选出的参议员。佩因（Paine）家族则创立了华尔街上受人尊重的投资交易公司佩因·韦伯（Paine Webber）。

虽然博格倡议并计划威灵顿与 TDP & L 合并，但外界舆论普遍视为这是一种有条件的投降协定。1968 年 1 月《机构投资者》（Institutional Investor）以封面故事的形式报道了这宗合并案，标题就能说明一切："平步青云的鬼才神童接管威灵顿。"按照协定，我们应该提供销售能力和行政管理，并合并长期受人尊重的绩效记录。而属于投资界行家里手的他们需要承担我们投资向导的义务。

合并时比较艾维和温莎的优劣，鬼才神童的投资方法当然占了上风。

1968 年前的一段时间内，温莎的绩效干净利落地战胜了标准普尔 500 指数，而艾维又干净利落地战胜了温莎。但没过多久，艾维和其他一飞冲天的基金一样，碰上了风雨交加的天气。

一旦反转过来，所有的虚饰浮夸都被打回原形。蔡还在继续，1970 年他大张旗鼓地成立了自己的曼哈顿基金，但是充满激情的投机基金已经到了强弩之末。12 个月前还梦想大赚一笔的投资者，当下 1 美元能够捞回 50 美分已属幸运。基金一个接一个地走向末路和销声匿迹。在连续几年中，我们面对激情基金相形见绌，到了形势极其险恶的 1969 年，我们却岿然不动。在废墟残骸之中，我迎来了最光辉的时光。当在纽约出席共同基金年度会议，我被介绍上台时，12 个月前就声明温莎会由于损失过多而不得不关门大吉的那位业务员不由自主地带头热烈鼓掌。如果马克·吐温活着的话，他会说："说温莎翘辫子未免太夸张了吧。"

就在赶搭狂飙列车的投资者疗伤止痛之际，我们踏进了 1970 年，而上个年代基金的崩溃为温莎创造了绝佳的投资机会。

JOHN NEFF ON INVESTING

永恒的原则

三思而后行。

——温斯顿·丘吉尔

第 7 章

构成风格的要素

不管是在牛市、熊市还是特征鲜明的任何其他市场，市场总是存在着各种可以赚钱的投资策略。仅 20 世纪 90 年代，从 1991 年股市的阴雨连绵一直到 1998 年网络股的异军突起，投资者几乎目睹了所有类型的市场气候。进入 21 世纪以后，各种前所未有的陌生市场形态层出不穷，毫无疑问，用来驾驭市场的新策略也将不断涌现。当然另一方面，投资者完全可以放弃和市场的拼命角逐，如果购买指数型基金，他们能够坐享和整个市场亦步亦趋的一劳永逸，当然还可以节省手续费。

温莎基金从不异想天开，从不追赶时尚，更不会听天由命地满足于和大市保持齐平。不管市场节节高升、狂跌不止还是默默无闻，我们始终坚持一种经久耐用的投资风格。我们的选股方法包括以下主要要素：

- 低市盈率；

- 基本增长率超过 7%；

- 收益有保障；

- 总回报率相对于支付的市盈率两者关系绝佳；

- 除非从低市盈率得到补偿，否则不买周期性股票；

- 成长行业中的稳健公司；

- 基本面好。

这是一个没有保证的行业，温莎追求的是，尽量让回报和风险的天平倾向回报一侧。不管是谁，投资不可能永远一帆风顺。温莎偶尔也会遭受挫折，不过长期来看，温莎总能遥遥领先。

7.1　低市盈率

在我的投资生涯中，投资者给我贴上了很多标签。在有些人眼里，我是一个价值型投资者。一听到价值投资总让人肃然起敬，其实，这种投资风格可以追溯至两位传奇式先行者的研究当中，他们是本杰明·格雷厄姆和戴维·多德。他们证明，在大萧条最为严重的时候，投资者最不看好的冷门股票往往比为人津津乐道的时尚股票在后来的行情中具有更好的表现。另外一些人称我是一名逆向投资者，这是对我固执天性的一种含糊表达。就我个人而言，我更偏好于另外一个称呼：低市盈率投资者（low price-earnings investor）。因为这更加精准地描述了我的投资风格，描述了引领温莎走向辉煌的投资风格。

30多年中，为了温莎，我反复徘徊于股市的廉价地下商场，那里低市盈率股票俯拾皆是。任凭市场变化万千，我们虔诚地奉行既定策略。不计其数的研究资料都证明，低市盈率选股是完全有效的。不过，任何其他资料都不及温莎自己的追踪投资记录更使人信服。在我掌管温莎的31年中，我们总共 22 次跑赢了市场。直到我离开温莎之时，最初投入的 1 美元已经变成 56 美元，而投资标准普尔 500 指数的回报却只有 22 美元。由此计算，温莎的总收益率达到了 5546.5%，比标准普尔 500 指数收益率的两倍还要多。到 1985 年的时候，温莎已经成为美国资金规模最大的共同基金。为了防止基金变得过于臃肿，我们当时只能选择向新投资者关门。

市场之所以存在一大批廉价的低市盈率股票，是因为它们的收入和成长预期无法让大多数投资者动心。作为低市盈率投资者，你必须要能够分辨得出哪些股票的的确确大势已去，而哪些股票只是被市场暂时误解和忽视。它们之间一开始并不好区分，所以，投资者必须为此煞费苦心地研究每只低市盈率股票所代表的不同含义。

7.1.1　使用市盈率为准绳

股价本身只能揭示各只股票的相对价值，除此之外没有任何参考意义，而市盈率却提供了一个很好的衡量标准。假设在超市购物，货架上摆着两种不同的巧克力饼干，售价彼此不同，但是你不知道两种规格的包装各装了多少重量的饼干，可是每磅⊖价格却可以提供这个关键信息。和每磅价格类似，市盈率的作用是说明你需要为 1 美元的年收入支付多少价钱。

如果市盈率是 10，则表明该股票的价格代表每股收益的 10 倍；如果市盈率是 20，股价是每股收益的 20 倍。标准普尔 500 指数在 1999 年 5 月时的平均市盈率为 28 倍，但是不同公司的市盈率波动范围跨度很大：微软高达 79 倍；农机制造公司卡特彼勒（Caterpillar）却只有 12 倍；房产公司毕哲房屋（Beazer Homes）的市盈率更是只有 6 倍左右，堪称我的最爱。

因此，微软的新股东需要为 1 美元的年收益支付 79 美元；卡特彼勒的新股东花大约 12 美元就能轻松获得 1 美元；而毕哲的股东支付 6 美元后预

　　⊖　1 磅 = 0.453 592 37 千克。

计每年就能得到 1 美元。

不管是什么公司，其市盈率信息都很容易找到。除了《价值线》和其他收费定制的数据服务外，报纸上的股票列表通常也会列出各只股票的市盈率信息，而且几乎所有值得访问的个人理财网站也都会公布这项数据。

7.1.2　相同的收益并不等价

不要马上下定论说买卡特彼勒的股票最划算。相同的收益并不等价。市盈率更多体现的是历史收益，而只有未来收益才反映公司的成长预期。综合考虑不同定义的收益而得到的市盈率才能真正体现预期的收益增长率。微软的股东似乎相信他们可以获得更高、更可靠的增长率，并且最终会让他们获得比卡特彼勒的股东更高的回报。

笼罩在愁云惨雾中的股票一向诱惑着我，对我而言至少有一个难以抗拒的理由：因为市场品位的转变能冲击股票价格，流行观点也频繁埋没了优秀公司。许多遭受冷遇的公司（但不能说全部）本来都应该得到更好的对待。虽然它们具有稳健的收益率，但群体观念让其受到了投资者的排斥和市场的漠视。

7.1.3　直线可以拐弯

低市盈率股蕴藏的机会是巨大的。许多投资者擅长画上升通道线，他们一意孤行，固执地认为一个热门股或者热门的行业，或者热门的基金会一直沿着轨道上升。惯性的思维为市场推波助澜，随着最后的热情开始消散，令人失望的结果将不可避免。

我们不凑热闹，不会大肆增仓热门股票，我们采取相反的策略。对于热门股票，温莎基金不是和市场一起起哄，而是先于市场发现它们。我们尽我们的努力，使那些不受关注的冷门股从低估状态恢复到正常的估值状态。

我们希望资金能够简单地增值，也无须承担太高的风险，让那些"高明的博傻者"买其他股票去吧。

这种策略给了温莎基金双重的获利边际：①向上则积极参与了可能大幅增值的股票；②向下则很有效地防范了风险。许多翱翔天际的股票一旦见到轻微的利空消息就会急转直下，而低市盈率股票的股东本来就没有想入非非的重大期望，所以财务表现即使徘徊不前也不会让股价太受影响。但是如果开始有了起色，股价就会快速上蹿。如果你每次都在别人不看好一只股票的时候买进它，等到别人认识到这只股票的价值时把它卖出，那么每一次你都不会两手空空、一无所获。

温莎基金购买的股票通常已被市场严重摒弃。它们的市盈率一般低于市场 40% ～ 60%。在 20 世纪 90 年代气势如虹的牛市中，拥有这么高折价率的股票很难找到，但并没有完全消失。市场有着惊人的误判能力，任何时候总有不绝如缕的冷门股。投资者如果能够运用有效的方法判断成长前景，并对预期收益最高的股票集中投资，这个世界将任由他们予取予求。虽然少数科技股令人喘不过气来的急涨走势在 20 世纪 90 年代铺下了致富的快速道路，但是许多一贯的低市盈率股，包括银行、住房营建、汽车制造商、航空公司，也都积极地参与了进来，它们的涨幅至少暖人心房。

7.1.4 无须极高的增长率

即使没有很高的成长性，低市盈率股票价值的高膨胀性依然让人称奇，风险也比那些浮躁的成长股低很多。市盈率上升潜力加上盈利改善，低市盈率股的股价增值潜力不可小觑。投资低市盈率股得到的不是和公司收入匹配的微小价差，而是能够上涨 50% ～ 100% 的股价。

增长率和市盈率不是总能够很好地相互匹配。表 7-1 中说明了市盈率的提高可以成倍放大股价上涨空间，这种情形不仅不少见，反而非常合乎事实。温莎一次又一次获得了这种超额收益，因为我们猜测被低估的公司最终会引起市场的注意。不管以何种时间跨度衡量，进行这样的猜测都比冒险购买一个已经疯狂上涨许久的股票或是去短线投机安全得多。

表 7-1　市盈率与股价增长潜力

	市盈率不变	市盈率提高
当前每股收益（美元）	2.00	2.00
当前市价（美元）	26.00	16.00
当前市盈率倍数	13：1	8：1
增长率（%）	11	11
预期收益（美元）	2.22	2.22
新的市盈率倍数	13：1	11：1
新的市价（美元）	28.86	24.42
增值潜力（%）	11	53

大牌成长股一般都有极高的市盈率。上涨的价格能够吸引市场的注意，下跌的股票则为市场摒弃，但是高成长性到达某一个点必然会戛然而止。最终，它们的成长性会减弱，变得像一般的股票那样，风光不再。虽然这种预期不适合所有的高成长股，但长期来说大概十有八九。我们的底线：我们不希望被套住，在大家夺路而逃的时候慌不择路，更不希望被留下站岗。只有当大成长股被冲动的市场推入深渊的时候，我们才可能去把别人丢下的廉价货捡起来。即使是在那种情况之下，我们也只是适可而止。

在温莎看来，让一个暂时不被看好的股票市盈率从 8 倍提高到 11 倍，比起让一个本来市盈率就高高在上的股票上升相同百分比的市盈率要有指望得多。对于一个开始时市盈率是 40 倍的成长股，为了实现对等的市盈率扩张，就必须使它达到几近 55 倍，要找到支持这么高市盈率的基本面一般很难。但是最近的牛市有些匪夷所思，优秀的低市盈率股竟然继续被大面积忽视，与此同时成长股的市盈率可以达到一种极不自然的危险水平。但不管怎样，温莎的投资边际通常是有保障的。

7.1.5 不要指望一夜暴富

低市盈率选股虽有这么多优点，但不能在一周之内成就百万富翁——虽然低市盈率股会时不时地给人以惊喜。如果投资者希望仅仅靠100股股票一夜暴富，我建议还是应该另找一种更刺激的玩法。如果你为了快速致富而把钱投入股市，那么最后赢得的不过是资金很小的百分比，所以还是预先调低期望值较好。即使你选对了买入时机，把握不准卖出时机仍然会让收益大打折扣。

温莎没有花哨的必杀技，如同打网球，我只求把球推过去，等待对手犯错误。我买入低市盈率股票，因为一开始它们就有被市场提升的潜力，万一真的实力不济也不至于亏本。一般而言，我白天下班回家，温莎资产比前一天又多了一些，而且我也能睡得踏实——现在还是这样。

我快离开温莎的时候，收入的性质问题开始让市场鱼龙混杂。20世纪90年代早期上市公司出现了前所未有的大规模兼并、并购、注资、重组以及再造等行为，这搅乱了资产负债表，扭曲了利润表。与此同时，《华尔街日报》和其他金融媒体也注意到，广泛的财务修饰也使得财务报表中的收益描述疑窦丛生。

7.1.6 会计师无法愚弄人性

为了让报表更具可观性，会计立法机构和资产评估单位又制定了传统每股收益的替代评测项目。新报表项目包括每股收益扣除，把当期新发行的普通股计算在内的稀释每股收益，扣除利息、税项及折旧前的盈利（通常取首字母缩写称为EBITD）。

这其中有一些新衡量指标确实能够阻止在每股收益上做文章，使其更加合理，也有一些恰恰相反，反而给实际每股收益添油加醋。由于这些并不代表人性的新发展，所以基本的真理永恒不变：那就是投资者的心理将破坏和歪曲市场的有效性。比如会计造假和隐藏利润，肯花时间和精力的投资者就可以充分利用，或许能够发现看似死气沉沉而以后却能大放异彩的股票。

　　作为投资者，必须首先确认公司的收益质量以及公司发布的其他咨询信息。你可以通过可靠的外部信息来核对，至少也得问一下自己的常识。如果发现有出入，那么在正式掏钱之前一定要弄明白这是怎么回事。一旦会计失误被揭露，或者收益水平经核对后发现应当大幅下调，那么公司股价定然会受到严重影响，比如高楼跳水。

7.2　基本增长率超过 7%

　　一个低市盈率股票到底值不值得关注，关键还得看其成长性。对温莎基金来说，低市盈率股票的市盈率必须低于市场平均值 40% ～ 60%。当然，无药可救和混乱经营的公司另当别论，它们理应被人摒弃和遗忘。但是如果一个低市盈率股票同时拥有 7% 以上的增长率，我们就认为它被低估了，股价有巨大的上涨空间，如果它的分红也不错，那么这样的机会就更加难能可贵了。

　　到会计年度的末尾，投资收益可由两部分组成，股价的增值和分红。实际上每到这个时候公司的每股收益最引人关注，因为收益水平的提高能够带动可接受的市盈率上浮。

　　较高的收益预期可以点燃投机的气焰，但是等到真实的报表发布，其股价就危如累卵了。对于任何一只股票，华尔街上所有"卖方"的证券分析师都会给出夸大其词的收益预期，而"买方"的证券分析师则千方百计地压低收益预期。美林公司和其他一些证券经纪零售公司都把自己的分析放到了网上，投资者随时可以参阅。这些研究资料对于普通投资者可以说是一件很有竞争力的投资工具。

　　许多证券服务都会收集股票的评估资料并登出多数人的意见，也就是以最平白的方式把主流观点公诸天下。当新闻开始传播某公司实际收益低于预期的时候，我们通常会把它和多数人的意见作对比，如果公司基本面没有变坏，市盈率又很低，那么很可能买入时机又来到了。

7.2.1 过去四季收益只代表过去

收益有多种类型，比如：①已经成为事实的收益；②仍然在等待中的收益。为了区分它们，智慧无边的华尔街发明了相应的术语。前者叫作历史收益（historical earnings），它可以指任何过去时间段产生的收益。最近 12 个月或四个季度获得的收益叫作过去四季收益（trailing earnings）。市盈率通常按照过去四季收益或者未来收益（future earnings）计算。

虽然对未来收益的预测很难做到十分精确，但是每一位证券分析师和投资组合经理都会给出一个猜测。典型情况下，只要历年走过一半，股价就开始反映下个历年的预期了，也就是接下来的 18 个月，而不仅仅是当前一年的预期。由于采用的基准不同（过去四季收益、当年收益或者未来收益）得到的市盈率也随之变化。在使用市盈率判断股价高低的时候，知道计算市盈率使用何种收益尤为重要。

7.2.2 未来收益是一种预测

我们没有可以看到未来的魔法水晶球，盈利预测只能依靠经验丰富的人员进行推算。投资者至少可以从过去的收益情况找到未来趋势的一点蛛丝马迹。

但是，未来的增长率总是充满变数，甚至让人大吃一惊。负面的业绩同样会让人吃惊，而且市场对此十分敏感。一个高市盈率的股票，它的关键支撑是基于过去良好业绩和高速增长率得到的对未来收益的较高预期。股价就靠这些预期维持着，一旦事实不像想得那样，结果就可能变得惨不忍睹。即使只少赚了一美分，市场也会认为业绩已经开始滑坡，未来收益已经不值得期盼过多。许多投资者都从教训中获得了这样一个认识，再好的公司也不可能每年业绩翻番，直至无穷。就如同一个钟摆，甩出远了，还会回到其中心线，超常发挥的增长率无法持续，最终会回到正常范围内。市场专业人员使用了一个时尚术语描述这个过程：回归均值现象。

这几种收益类型没有孰优孰劣之分。它们各有用途，但精明的投资者不会以偏概全，而是全部拿来细做分析。

7.2.3　少一美分，亏一美元

一些趋势投资者喜欢把希望寄托在高增长率的公司上，但是这类公司的股票在任何季度发生业绩滑坡都足以令市场悲痛欲绝。即使它们的业绩与预期目标只有一步之遥，并且可以设想最终的会计结果还会有很大的浮动空间，市场依然不会给予它们任何宽恕。尤其对于那些多空双方争斗激烈，股价暂时平衡的股票，实际收益达不到预期可能造成股价雪崩。高市盈率的股票是很脆弱的，高增长率预期万一失之毫厘，市场对公司的看法就会谬以千里。不管实际相差多少，光是这种不确定性就足以让股价遭到重创，市场的冒犯者最终败在了创新性会计方法的脚下。

温莎基金可不趟这浑水，也不羡慕那至高无上的悬崖，我们投资的候选对象必须要有稳定的历史记录。除了奔波在山峰和峡谷之间的周期性公司外，其他的公司应当每季度收益有所增长。我们仔细分析，力求能够找到其内在成长性的依据，这样的股票在一个清醒的市场环境下一定会受到投资者的注意。低于 6% 或者高于 20% 的增长率（我们认为的增长率上限）很少能被我们选上。过高增长率附带的高风险不是我们想要的。

计算收益增长率应当截取的时间范围总是见仁见智，我们认为 5 年比较合适。我们对短期事件很敏感，但最终却是长期的财务结果推动了温莎基金的长期投资表现。

对于今天的很多行业来说，5 年时间可不算短，市场、价格和竞争在这期间恐怕已经天翻地覆。在高科技领域，5 年的时间中几代产品就可能历经开发和淘汰。说使用较长的时间周期来计算收益有风险可能会招来质疑，不过我们有充分的理由。在一个激进的市场中，投资者常会追捧收益不可估量的快马加鞭股。一位市场权威人士曾讽刺说，在以前科技股至高无上的年代，一些一飞冲天的股票不仅透支了未来的收益，同时也透支了未来的希望。再来看看网络股，结论也是一样的。

温莎基金喜欢投资低成长性的工业品生产公司，比如水泥和铜。一些股东对此不大理解。确实，这种投资不太容易，尤其是对时机的把握。但是如果市场变得有信心，供求关系变得相对平衡，或者产品甚至开始紧缺，价格的上涨将会为公司创造巨额利润，继而每股收益也会大幅增长。

7.3 收益有保障

除了公司收益增长率，年增长还包括另外一个组成成分：股息率。传统的投资收益评估往往忽视分红的回报，但是我们没有忽视。

股息率是指每股分红占股票价格的百分比。如果一只 10 美元的股票每年分红 50 美分，则股息率是 5%。和市盈率一样，新闻报纸和个人财经网站也都会登出分红和股息率。

7.3.1 分红是股东看得见的回报

低市盈率的投资策略有很多好处，其中有一项就是经常可以享受到很高的分红。低市盈率投资者可以一边等待公司业绩的增长，一边把占了复合增长率相当比重的分红放进口袋。

早在 1931 年，格雷厄姆和多德在《证券分析》（*Security Analysis*）的文章中就曾强调，分红回报是公司成长的最可靠部分。只有时间可以告诉我们公司收益和增长率是否符合预期，但是你是否能够因为较好的分红而信心倍增呢？可以，只要公司不因为经营困难而被迫降低分红。事实上，好公司总是倾向于不断增加分红，这就像银行利息每年增加一样。

在我担任投资组合经理的时候，温莎基金的年回报率超过标准普尔 500 3.15 个百分点⊖。这是一个平均值，在某些年温莎做得好得多，某几年又不尽理想，这其中分红起了举足轻重的作用。如果没有高达约 2 个百分点的股息率贡献，温莎基金和标准普尔 500 相比，年回报率就只有超过 1.15% 的优势了。从温莎的投资记录可以看出一个值得注意的特点，那就是投资组合中股票的总分红平均每年都有增加。

低市盈率和高股息率通常不可分割，两者就像同一张唱片的 AB 两面，这就使得分红（每股收益的一个组成部分）和股价高度相关。正如表 7-2 所示，低市盈率常常意味着高股息率，高市盈率往往暗示了低股息率。

表 7-2　股息率对比

	低市盈率	高市盈率
股价（美元）	20.00	50.00
每股收益（美元）	2.00	2.00
分红（美元）	0.50	0.50
市盈率	10 : 1	25 : 1
股息率（%）	2.5	1

我至今没有弄明白为什么一只年增长率 15%、股息率 1% 的股票价格会是一只年增长率 11%、股息率 5% 的股票价格的 2 倍。当然其中还有税收的差别，虽然养老金、捐赠金和其他非营利实体的投资收入是不纳税的。公

⊖　这个百分比已经扣除了基金的经营开支，未扣除开支则为 3.5%。这个数据不仅反映了温莎优异的投资表现，同时也反映了温莎向投资者索取的管理成本极低。

司的收益除非以红利的形式发放，否则也是不需纳税的。但是即使考虑税收，高分红投资者还是要更赚一筹。

7.3.2 分红是零成本的收入

因为股价的形成总是建立在预期收益增长率的基础上，所以股东获得的分红相当于是免费的，分红前后对股价的影响也是极其轻微的。这种优势年复一年逐渐累积，因为大多数投资者、华尔街的分析师还有媒体在作价格比较的时候是不会把分红考虑在内的。只有股东才能收获这种好处，分红增长是一种"白捡的便宜"，是一种投资者最初期望之外的收获。

本·富兰克林说过一句充满机智的话："等待财富降临的人永远不能保证晚餐。"这应用到股市分红也有类似之处。在我看来，慷慨的分红至少可以让你在等待主餐之前先行享用开胃的甜点。

但是到了牛市，历史高股息率就会随着股价的上升而降低。虽然如此，但即使在股市最红火的 1998 年和 1999 年，机会也不曾完全消失。不动产投资信托（REITs）的投资者可以获得 7% 的股息率——而同期标准普尔 500 的平均股息率只有 1.4%，可以说是天壤之别了。世界第一大包装公司皇冠柯克西尔（CrownCork & Seal）支付的分红代表了 3.4% 的收入。老克莱斯勒在和德国汽车制造商戴姆勒奔驰合并之前的股息率也高达 5%。

有几家稳健经营的银行股同样发放有吸引力的高分红。美国银行和第一联合银行（First Union）1997 年的收益率为 9% ~ 10% 左右，并且处在增长中，其股息率超过了 3%——和市场平均股息率相比超出了接近 2 个百分点。

7.3.3 分红并非必不可少

温莎并非时时刻刻强调分红。我们注重分红，因此把一大批股票拒之门外，但是这并不妨碍我们偶尔买卖完全不分红的股票。虽然我们的投资组

合相对乏味、沉闷、保守，但我们也保留自由的权利，比如捕捉增长率达
12% ～ 15% 但很少分红或者根本没有分红的低知名度成长股。

英特尔公司不分红，但它对于我们就是一个不错的机会，我们对它进行
了两次分开的投资。它是一家可以创造奇迹的高成长性公司，它代表了这
个国家的许多最优秀的内容。我们在 1988 年后期以大约每股 10 美元的价
格买入，在 1989 年以大约每股 18 美元的价格卖出。在 1994 年后期又以 57
美元的价格买入，这个价格只相当于 1995 年预期收益的 8 倍。增长率很明
显要开始减慢，不过我们认为这么一家不同凡响的公司财务状况非常之好，
获得 15% 的成长还是不成问题。英特尔为美国几乎所有办公室的个人电脑、
笔记本和工作站生产微处理器，不过我的办公室除外。

我们如何能够一边购买低分红和不分红的股票，一边仍然使长期分红收
入不断增长呢？答案是这样的，如果经我们判断，我们的资金可以在一个
更加激动人心的市场发挥更好的作用，或者我们需要放宽基金投资组合的
多样性，那么我们宁可在一两年的时间内损失一部分分红收入。而且，一
家高成长性公司虽然暂时不分红，但是它的收入增长是有继承性的，我们
永远不该忘记这一点。这里最值得一说的就是福特汽车，我们曾经重仓持
有过这只股票，它在短短 6 个月时间内分红增加了 60%。

此外，我们采取了一种循环投资的成功方法。当一只股票分红很好的时
候我们开始买进，然后它在市场中演化和走向成熟，股息率也会变得更加趋
近于平均水平，这时我们就把它们卖出，并重新用新的高分红股票替代它们。
从特征上来说，我们买进时股票的股息率一般要比卖出时的股息率高 200%。

7.4　总回报率相对于支付的市盈率两者关系绝佳

根据温莎给总回报率下的定义，"总回报率"描述的是一种成长预期：

收益增长率加上股息率。如果没有成长预期，不管是真实的还是想象的，理性投资者（我们自认为自己是理性投资者）就不会去买股票了。所以说，温莎基金一旦购买股票，总回报率就有效地代表了我们的所得。

这种想象的高回报率是我们战胜同行的一个法宝，另一个法宝就是低市盈率。为了衡量投资的每一个美元是否值得，我们把总回报率除以市盈率，由此得到一个简洁明了的参考标准。但是我们不知道起一个怎样的名字好，最后只能定为总报酬率（total return ratio）。

学者可能不会赞成这种衡量标准，以他们的眼光看这未免有点儿天真。但是除了这个标准，我实在找不到能够衡量总回报率和需要为此支付的价钱之间的参数。

温莎的选股方法很简单：总回报率除以市盈率得到的参数明显和行业或市场标准不成一线。但是一个成长的股票折价一半就必然会成就许多人。所以我们打算另辟蹊径，那些总回报率除以市盈率得到的数值超过市场平均值两倍的股票就是我们的首选。

1984 年货运行业的股价被极度贬低，这让我们怦然心动。一个叫作耶路货运（Yellow Freight）的公司引起了我们的注意。通过计算其总回报率和市盈率的比率，我们得到了表 7-3 中的数据。

表 7-3

	收益增长率（%）	股息率（%）	总回报率（%）	市盈率	总回报率/市盈率
耶路货运	12	3.5	15.5	6 倍	2.6

很多年来，温莎一直在搜寻市盈率数值是总回报率数值一半的股票。在 20 世纪 90 年代的牛市中，这类股票变得极难寻找。1999 年上半年，标准普尔 500 的长期收益增长率为 8%，加上平均 1.1% 的股利，得到的总回报率是 9.1%。同时，市盈率却扶摇直上，达到了平均 27 倍的高度，如表 7-4 所示。

表　7-4

	收益增长率（%）	股息率（%）	总回报率（%）	市盈率	总回报率 / 市盈率
1999 年市场平均	8	1.5	9.5	27 倍	0.35

然而现在的问题是，股票的市盈率似乎和公司的增长率脱离了关系，变得撒野起来，温莎以前的选股标准也越来越难以实现了。但是投资者仍然可以采用温莎的办法而获得相对优势。一只股票如果总报酬率超过 0.7 就相当于符合了温莎的传统标准。

笨蛋，问题是价值

标准普尔 500 的总回报率已经微乎其微，1999 年 1 月，我在《巴伦周刊》上进行了猛烈的抨击。投资者们到底肯为这微乎其微的增长率支付多少？难道是天价，完全失控了，不管以什么标准衡量。

痴迷于成长性大公司的投资者无畏高价。我提醒他们说是基本面推动价格，而不是对永远上涨的市场的迷信。文章中我篡改了 1992 年总统竞选时克林顿的一句口号，很直白地表达了我的看法：“笨蛋，问题是价值！” ⊖

牛市不会抹杀低市盈率选股的优越之处，以我的愚见看来这正好激发了体现价值的迫切性。追高买入高市盈率的股票结果必然是失望，即使不马上下跌，一旦增长率跟不上，市场还是会恍然大悟。一旦那种情况发生，低市盈率股的估值优势就会得到体现，在之后的反弹中也会更加强劲。如果市场普遍认为低市盈率投资不合时宜，那么投资低市盈率股反而具有更大的相对优势。

7.5　除非从低市盈率得到补偿，否则不买周期性股票

周期性股票一般占温莎基金 1/3 以上的仓位，其中汽车制造商、化工公

⊖　1992 年总统选举时，美国经济正好陷入低谷。克林顿的竞选总部曾经张贴出一句非常著名的标语：“笨蛋，问题是经济！”（“It's the economy, stupid!”）。——译者注

司和铝业公司一次又一次给了我们赚钱的机会。投资者们对周期股一阵子冷淡，一阵子狂热，这样的股价巨幅波动对于我们这样的低市盈率猎手是抵抗不了的。投资者希望成长股每年收入都能稳步增长，周期股则与此不同，投资者需要一定的技巧并能够在最好的时机进入——也就是在前一个经济周期让股价滑落了深谷，又正好在大家都意识到公司收入开始回升之前。温莎基金也有这样的追求，在低谷买入，在高点坚决卖出。

在评价周期股价值的时候，我们首先必须看清在最好的经济环境下这些周期股的收益波动。对于周期公司，我们不采用五年平均增长率的指标，而是参考公司的正常收益。正常收益是指公司在行业周期最景气时期的估计收益。其他的投资者当然也采取这一套方法，但是他们都不愿意做出头椽子，于是被我们温莎基金获得了先机。当华尔街的证券经纪公司建议它们的客户观望时，我们便抢先开始建立仓位了。

周期行业的这种固有属性不断地诱导我们屡次购买同一家公司，低买高卖。例如，在我管理温莎期间，我们总共在六个不同时期，分别六次购买了石油巨擘大西洋富田公司的股票。

永远不要在收入高峰期投资

关于周期股有一个关键点必须要强调：天花板市盈率很难继续推高。对于成长股，只要预期的收益有大幅增长，它们的市盈率能够随股价越涨越高。周期股则不然，随着行业高峰的到来，市场不会继续让市盈率继续上浮过多，因为大家都知道离衰退期已经不远了。

时机的把握就是一切。没有人能够确凿地预言行业的高峰和低谷，一些周期也会比另外一些周期更持久。我们对此采取的保护措施是，只购买那些预计市盈率就要跌到底部的周期股。市盈率盈久必亏，即使我们没能把握好节奏，那些错误的投资也能收回大部分成本。我们早早上船，一旦我们对了，就能收获最大上涨空间带来的超额利润。

采用低市盈率策略购买周期公司一般在公司报道收入增长的 6 ～ 9 个月之后获利最大。要很好地预测这个最高点，需要投资者理解相关行业的内在运行机制并能够结合宏观经济走势。

1997 年的大陆房产公司（Continental Homes）就是典型的例子。那时房产公司不被投资者看好，大陆房产也不能独善其身。但是接下来住房需求开始增长，利率水平也正在下调，毫无疑问在我眼前的正是一顿美餐。然而很多投资者仍然缩手缩脚，非要等看到业绩明显增长的确凿证据公诸天下。我们不等，我们买了这只股票，等价格翻了三番后出手了。

7.6　成长行业中的稳健公司

温莎看中的典型股票都有着稳固的市场地位和巨大的上涨空间。但是，它们处在市场的聚光灯之外，也比美国的大型公司更易于受到市场的打击。这就是我们喜欢的类型。由于这个原因，在公司管理层看来我们是好股东。因为在市场最萎靡的时候我们却在使劲儿买股。只要公司业务依然完好，策略计划依然到位，充足的资源依然能够抵御困境，我们就会关照它们，让它们的股价返回合理的价格区间。

虽然温莎最喜欢的是未被充分认识的成长性公司，但有时最上层的大公司也会误打误撞走进我们的视野。坏消息总是让好消息黯然失色，即使是最不可一世的公司，一旦投资者产生了一丝的不安，也会惨遭不幸。多亏了人性喜怒的波荡，在我投资的 31 年中，温莎买遍了几乎全美所有行业所有等级的股票，它们或早或晚都进入了一种我们可以接受的低市盈率状态。

1978 年我们开始重仓 ABC 电视（ABC Television），原因还包括 ABC 是该行业的龙头。根据我们的分析，ABC 是当时表现最突出的广播公司，它的业绩甚至超越了广为人知的黄金时期的成就。我们注意到公司在各个项目上都有重要进展，特别是高盈利的白天时段业务已经可以和 CBS 平起平坐。除了网络资产，ABC 还拥有该行业最能盈利的几个电视台和广播台设施。

最重要的是，ABC 在广播行业中市盈率是最低的，股价差不多只是 1978 年每股收益的 5 倍。不得不提的是，我们认为这一年的收入都属于主营业务的优质收入。节目规划成本非常之高，这提供了很好的成本弹性，可以抵消最后的网络收益。所以，我们对 ABC 在下一个周期中的表现抱有信心，我们也期望凭借其表现让市盈率快步上升。从稍长的时间角度看，我们希望看到 ABC 的现有业务能有 9% 的增长率，和广播行业保持一致。由于其稳健的现金流，我们还希望看到 ABC 的增长率能额外提高 2 个百分点。如果不提高分红（由于收入增加看起来也应该增加分红了）股息率约为 4%，总回报率约为 15%。我们对 ABC 的目标市盈率是 14 倍，行业平均为 12 倍。ABC 接下来的表现真该让它获得突出成就艾美奖（Emmy）。我们 1979 年从 ABC 获得的投资收益高达 85%。

1982 年中期，看到市场一片狼藉，许多有价值的股票被人抛弃，我们开始到处寻找便宜货。两年前还被热情追捧的石油股在那个时候大部分投资者却避之唯恐不及。这种情况引起了温莎的注意，但是我们还必须去粗取精，淘汰无所作为的弱小公司，而把有底气、有内涵的稳健公司留下。

钻探利润

在这样的市场环境下，油田服务供应商哈利伯顿公司（Halliburton）走进了我们的视野，它完全符合温莎近似苛刻的投资标准。公司在油气井钻探、注水泥固井和油气井增产领域具有首屈一指的地位。虽然竞争者众多，但哈利伯顿在油气井配套服务这个重要领域却占据了最大的份额。哈利伯顿接近 85% 的收入来自这个经营领域，公司能够满足客户独特而又随时可能发生的各种服务要求。

哈利伯顿服务质量优秀，从不向客户漫天要价，这可以说是它的优良传统。不过在这个行业中，价格欺诈现象的确非常普遍。我们相信国内油气井的钻井进尺虽然速度会有所减缓，但仍然可以继续增加，而哈利伯顿也将因为在自然性市场中的渗透性增强和本身钻井深度的增加而获得更高的年收入。公司拥有两家施工子公司，1982 年，这两家子公司为哈利伯顿贡献了总收益的 15%，而且业绩开始随着整个行业强劲反弹。据我们观察，哈利伯顿就是一家年增长率 16%，股息率高达 5% 的公司，而股价连每股收益的 5 倍还不到。

结果：这是一口喷油井。哈利伯顿在 1983 年中期给我们带来的收益名列投资组合内各股票榜首。

波音公司可以说是航空这个成长行业中所谓的稳健的化身。虽然 1986 年温莎买进了它，但它却不完全符合温莎的苛刻标准。它的魅力来自于以下两个方面：①我们以前从未买过它；②虽然不值得大惊小怪，但市场上对它一致的敌对情绪已经把该股股价腐蚀得面目全非。而实质上，波音公司是一家资本雄厚，财务状况良好的公司，除了在某些基本的防御性行业中有着举足轻重的地位外，它还占据了整个航空业的半壁江山。它 1986 年的收入可能降低 25% 左右，主要原因是高盈利的波音 747 飞机销量暂时性减少，同时，另外的一个原因是公司正在防御性行业中尝试新业务建设，因此增加了开支。

而且，公司最近收购了加拿大德哈维兰（De Haviland）小型飞机制造公司，这次收购让公司遭受了难以控制的损失，结果让公司压力进一步加大。不过，公司的会计方法和财务管理都非常保守。我们认为，波音的盈利即将出现一次不小的爆发，不仅在 1988 年可以恢复到 1986 年的水平，而且在 1989 年春季还将获得进一步增长。我们做出这个预测的前提条件是公司属于长程型 400 系列的新型波音 747 飞机订单显著增多（接近 1987 年的两倍）。这个机型虽然会受到欧洲航空集团新开发的空中客车 320 和不久即将推出的空中客车 340 的竞争，从而导致利润下降，但我们觉得波音具有明显的相对优势。此外，弱势美元[⊖]的支撑作用也使其在日益激烈的国际竞争中处于有利地位。该股股息率只有大约 3%，但财务优秀，收入预期良好，以此看来，提高分红似乎也值得期待。

结果：波音按时起飞。它为温莎贡献了 68% 的投资回报，而同期航空指数上涨 24%，标准普尔则上浮 11%。

7.7 基本面好

分析基本面的方法很多，但此处篇幅有限，因此，我只能就我认为最有价值的方法进行简要探讨。

为了做出买进股票的决定，光看单个基本面，或者两三个基本面的指标是远远不够的。你需要在大量的数字和在事实中勘察，搜寻相互验证和相互矛盾的地方。其目的就是为了发现那些低市盈率的公司或者行业是否具有坚实可靠的发展前景。基本面分析大致就是评估一个公司在特定行业和市场背景下的优越之处。如果基本面和平均标准接近，而市盈率却很低，那么只能说明公司的价值未被充分认识；如果基本面欠佳，那么较低的市盈率将受到扩增的限制。买卖决策取决于基本面的导向。在股市中，传统观念和先入为主的思想不停地摧残着一批又一批的股票，但它们同样不停地

⊖ 弱势美元（weak dollar），即美元贬值，本国货币贬值对国外买家是很好的交易。——译者注

创造着机遇。

就我分析股票的风格而言，我一般先看盈利和销售情况：因为①只有盈利增长才能推动市盈率和股价上涨；②红利也来自于公司的盈利。而归根到底，增长的盈利又只能由增加的销售创造。如果公司从一美元的销售额中挤出了更高的利润（称之为"利润率的改善"），那么它或许是一项好的投资，不过，利润率不会飞上天。最终，有吸引力的公司必须依靠销售量的增加获得发展。

按照规定，上市公司每个季度都要公布销售量和利润水平。我首先会查看销售额和销售量之间的关系。通常情况下，我偏好销售额这个指标。因为利润是以美元计算，而不是以产品数量计算。此两者关系很重要，因为它传递了产品定价的信息。如果销售额的增长速度超过销售量的增长速度，则说明单位产品或者服务的价格正在上涨，这让利润增长如虎添翼。低市盈率的产品制造商一旦其产品价格有上涨的倾向，那么在二级市场上对它的投资一般会产生立竿见影的回报。

类似地，对货品交付亦不可失之大意。如果一家公司的交货速度赶不上接到订单的速度，则暗示着隐患已经产生。1998 年的时候，波音公司的生产装配线来不及和订单保持同步，结果股价深受其害。从另一个角度看，如果产品整体的需求大于供应，公司通常可以提价。**低市盈率投资者们必须严加分辨的是，公司的收入是否会恢复到正常水平以及公司的变化会引起市场怎样的反应。**

你必须搞清楚导致订单积压的原因，其中的三个生产障碍分别是原材料短缺、熟练操作工短缺以及本身技术没过关。如果是原材料短缺或者技术上的原因，则很容易快速得到解决和恢复，但如果是因为缺乏大量的熟练技术工人，那么很难有快捷的方法来填补过大的缺口。反正问题的严重程度取决于市盈率恢复到正常水平的时间和速度。

7.7.1 现金流

现在这个时代流行着各类有关收入的计算方式，却似乎反而更不足信，这其中，现金流量的指标扮演了越来越重要的角色。当然我不会像某些证券分析师那样夸张地吹嘘它的功用。对于我而言，现金流由留存收益[⊖]和工厂设备的折旧费组成——所谓折旧，是采用会计方法衡量的建筑或者机器因磨损和消耗而造成的减值处理。上市公司必须把折旧费摊到各年的财务报表中。

有些投资者喜欢更为精确的统计方法，于是便有了比 EBITD 更进一步的 EBITDA，它是"earnings before interest, taxes, depreciation, and amortization"的缩写，即"扣除利息、税项、折旧及摊销前盈余"，它们的读音和拼写类似。杠杆收购[⊜]前对被收购公司的评估一般采用 EBITDA 的指标，因为该指标可以反映保持自身正常经营所能承受的最高负债。就我而言，留存收益合并折旧就足以完美地代表整体现金流了。手上有了这个数据之后，你还需要把它和另外两项资本需求数据进行对比：①营运资金（working capital）[⊜]；②资本开支（capital expenditures）[⊗]。任何现金流的不足都必须给出财务上的解释。过多的现金流有助于为增加分红、股票回购、收购或者再投资提供更多资金。

⊖ 留存收益指扣除红利和其他方式分付的费用之后剩余的净利润部分。

⊜ 杠杆收购一词在英语中为 Leveraged Buyouts，一般缩写为 LBOS，这种收购战略曾于 20 世纪 80 年代风行美国。杠杆收购是指收购者用自己很少的本钱为基础，然后从投资银行或其他金融机构筹集、借贷大量足够的资金进行收购活动。收购后公司的收入（包括拍卖资产的营业利益）刚好支付因收购而产生的高比例负债，这样能达到以很少的资金赚取高额利润的目的。总的来看，杠杆收购可以分为三步来进行：第一步：集资；第二步：购入、拆卖；第三步：重组、上市。以上三步概括了杠杆收购的基本程序，又被称为"杠杆收购三部曲"。——译者注

⊜ working capital，营运资金，估值标准之一，计算方法为流动资产减流动负债。——译者注

⊗ capital expenditures：资本开支，指企业为购买机器、厂房等固定资产或生产所需的原物料而支出的费用。——译者注

华盛顿邮报公司作为新闻媒体公司，它的各项财务指标都无可挑剔。新闻报纸业务的收益主要来自《华盛顿邮报》本身，它代表了公司收益的40%；《新闻周刊》业务带来 30% 的利润，另外《新闻周刊》的电视和广播站业务贡献剩余的 30% 利润。由于《邮报》和广播业务拥有良好的市场，公司这些业务可以得到继承性增长，除此以外，新创刊的《新闻周刊》也体现了公司开拓创新的能力，这项新业务使公司每年都获得了稳定而又真实的过剩现金流。

结果： 12 个月之后温莎提交了 45% 的投资收益。

在另外一个例子中，也是现金流主导了我们整个评估。1988 年年末，我们把石油生产提炼商阿美拉达赫斯公司（Amerada Hess）加到了投资组合中。那个时候它还是一个家族式企业，大部分权力握在来恩·赫斯（Leon Hess）家族手中。这家公司在石油的提炼和市场销售方面成就不大，勘探方面的表现似乎相对好一些，尤其值得注意的是靠近英国的北海的石油勘探。可能这家公司真正被明显低估的地方不在于传统上的收益，而是它所控制的丰富石油含储量，不过我们也相信这家公司最终会实现令人满意的利润水平。我们花了 26 美元一股的价钱，而我们的目标价是 40 美元，即相对1989 年预期每股现金流量的 5 倍不到一点。

结果： 在一年不到的时间里赫斯上涨了 50%，我们择机获利了结。

7.7.2 净资产收益率

如果要衡量一家公司经营的净资产部分产生了多大的效益，那么净资产收益率（ROE）提供了最好的单一标尺。净资产收益率是每股净收入和普通股的每股净资产（value of common stock）之比。通过使用这个基准，在

1981 年我们为温莎网罗到了一家非常优秀的财产和意外险保险公司。

克拉姆福斯特公司（Crum & Forster）是一家财产和意外险保险公司，它在工人工资领域有着举足轻重的地位。1981 年的时候，这家公司的净资产收益率在该行业中名列前茅，这使得每股净资产快速增长，也支持了我们对公司增长率的乐观估计。

结果： 我们在这只股票上收获巨大，完全符合我们的预期。不过因为施乐公司当时打算向金融服务领域进军，我们为假象所惑，试探性地买了不少，可谁知施乐的尝试注定要遭受厄运。我们在克拉姆福斯特公司上赚了把快钱，却不幸输在了股价连续下跌的施乐公司之上。

7.7.3 保证顺利脱逃的犯错极限？

营业利润率（operating margin）强调销售额和销售额扣除成本后剩余部分的关系。一个行业的属性从根本上决定了利润率：成功的软件公司可以实现超过 40% 的营业利润率；超市则满足于为了像刀片一样微薄的利润率而整日繁忙。通过营业利润率可以衡量不良意外事件对盈利的影响程度。如果正常的利润率是 20%，某次突发事件击垮 5 个百分点，那么仍然剩余相当部分的利润率。在低市盈率板块中（出现的反常现象可能招致坏消息），由于营业利润率较高，所以就有了一道防范负面意外事件的有力保障。

税前利润率（pretax margin）则要更进一步。它强调销售额和除税费外所有成本之间的关系。它比营业利润率更具说服力，**因为它揭示了和销售额不相关的各项成本是否会阻碍整个业务的前景。** 作为一个投资者，这是一项衡量容错能力的更为细致周到的指标。

★　★　★

　　总而言之，寻找低市盈率股票的所有技巧都是为了一个目标：计算公司业绩好转之后的股价区间。温莎买进的任何股票都是为了卖出。如果其他投资者看不到你一直在试图让别人看到的公司的闪光点，那么你永远无法实现期待中的回报。你准备卖出一只股票的时候这只股票的价格是否会如你所愿？谁也无法保证，但是采取低市盈率策略至少能够让概率的天平倾向你那一侧。

| 第 8 章 |

地下廉价商场

投资过程和所有事情一样，总有一个迈出第一步的起始点。对于我而言，每一条直达成功阶梯的基石都架设在豪华商场内那一爿爿里邋里邋遢的旧货店铺中，在这里，每天都有廉价股票陈列出来。

8.1　每日低价股跟踪任务

时时监视价格创新低的股票，并把它们放在一个动态用户板块中，每日进行更新。道琼斯工业平均指数收盘首度冲上 10 000 点大关两天后，纽约股票交易所却有 185 家公司的股票深跌到了 52 周以来的最低点。纳斯达克市场上也有 148 只股票创新低。

低价股不见得就一定是买进的信号，而且永远不应该是买进的唯一信号。对其中一些公司而言，未来还有更多的苦日子。但在我的职业生涯中，基本上不会有哪一天说创新低板块中没有一两家值得一探究竟的稳健公司。

我们的目标是找到业绩增长，并且能够在市场环境好转之后引起市场注意的股票。

投资者应该浏览股票行情表，从中寻找正在以 52 周以来的最低价附近的价格交易的股票。一些报纸定期刊登主要交易所大部分股票的交易资讯，并列示过去一年的价格波动范围，投资者应该注意价格是否正从低价附近迅速上扬，还是仍在低点处低迷不振，并且找出其中的原因。这是一块丰沃的草地，但并不是每一位投资者的快乐猎场，事实上，其中的任何人都很难随随便便就如愿以偿。道理很简单，因为其中许多公司业绩很差，但少数几家公司可能符合低市盈率标准。它们看起来单调乏味，但在以后的日子里却可能光辉夺目，就像是沾满了灰尘的一颗颗珍珠。

8.2 惊讶中的机遇

各类股市新闻通常会罗列出和上一交易日相比表现得最差的 20 只股票。一般来说，它们可能会下跌 8% ～ 30%。犀利的目光扫过之处，偶尔你会见到某个熟悉的名字——一家你略知一二的公司。有些名字是我不曾想到会在这类名单上碰面的，这时难免会惊讶地喊出声来，"呀，"困惑中带着疑问的声调："这只股票是否值得调查一下？"

倘若并无某些基本面缺陷的证据或是众所周知的论调，我必将对这类股票琢磨一番，看它能否经受我们低市盈率的衡量标尺。即使暂时不能榫卯相配，但下次再度跃入眼帘时，我岂不比别人多了一分胜算。

8.3 坏消息带来好消息

利空消息总是引起我的注意。就在专家宣称低市盈率没有未来、当天强势的个股会永远支配一切之际，反转点可能已经正在逼近。1991 年 2 月，《福布斯》（*Forbes*）以温莎 1990 年表现不佳为话题发挥了一把，写就一篇报道，题为《光辉不再》（*Tarnished Glory*）[⊖]。

谁知几个月之后柳暗花明。《华尔街日报》的"华尔街听闻"（Heard on the Street）专栏以《有型选股策略东山再起》（*Stock Picking Style Returns to Success*）[⊜]为标题，转而认为："以'价值'为核心的传统稳健投资风格已摆脱阴霾，如今卷土重来，投资者急需了解这些前沿低价股猎手正在往投资组合中填塞些什么。"1999 年年初，同样的情形再度显现。在几份重量级刊物宣称价值投资濒临没落之后不久，价值投资却再度展现锋芒。7 月间，《华尔街日报》登载了 7 家死而后生的共同基金管理公司的列表，美其名曰"回头少年"。[⊛]其中温莎冠名榜首，排名第二和第三的两只基金和温莎一样，也都是大型价值型基金的代表。

由于觉察到流行的观念总是如此脆弱，轻微的扰动都要飘忽变化，所以凡我阅读新闻之时，总会对那些正处于困境中的公司或行业多留一个心眼儿。一旦有幸遇到一家，**我的首要任务必定是确定它的经营业务是否在本质上还安然无恙，投资者是否杞人忧天**。温莎时常持有与一般看法相左的意见，并从中赚取可观的利润。在来势汹汹的各类环境责任问题有淹没保险业之虞时[⊗]，我们坚持相反的立场，最后的演变极具戏剧性。20 世纪 80 年代末的这种悲观情绪迅速蔓延，数目众多的财产及灾害保险公司遭人抛弃，

⊖ Richard Phalon and Michael Fritz, "Tarnished Glory," *Forbes*, February 4, 1991.

⊜ John R. Dorfman, "Inside the Value Investors' Portfolio," *The Wall Street Journal*, May 22, 1991.

⊛ Pui-Wing Tam, "Seven Mutual Funds that Went from Loser to Winner," *The Wall Street Journal*, July 23, 1999 p. C1; Fund rankings by Morningstar Inc.

⊗ 环境责任保险属于责任保险的一种。责任保险 19 世纪初期发源于法国，目前特别在欧美等国发展较快。在美国，对有毒物质和废弃物的处理、处置可能引发的损害赔偿责任就建立了强制保险制度，并规定投保的额度因突发性事故或非突发性事故而有区别。——译者注

却被温莎纳入囊中，其中信诺保险公司是我们的最爱。

华尔街上所有的分析师都认可这样的预测，即排放的有毒物质和环境责任将导致保险行业近 5000 亿美元的赔偿义务，持反对意见的唯有我们一家。如果这种情况真的发生，这个行业还能不能生存下来将打上一个大大的问号。华尔街群体观念的倾向更是强化了这种悲观预期。卖方分析师们开始彼此互传耳语，基本没人愿意伸出脖子去英勇地承担风险。因为一旦猜错很可能会丢掉饭碗，所以当然没理由非要充当英雄不可。可以把华尔街上的心理思潮总结如下：期待最好的情况发生，迎接最糟的情况到来。与此同时，尽量不把自己的脖子往外伸。

早在垃圾掩埋场造成污染的问题浮现之前，石棉的处理问题就曾触动了华尔街的过敏神经。但投资者想象中的情况并未完全应验，被认为会受石棉影响的股票价格都回升了。想到这个前例，我们便敢于在环境责任这个问题上和专家意见唱反调。我们没有把注意力放在如果成本升至预估的程度，保险业的命运将会如何的担心之上，我们一直在猜想的是：一旦过度反应焕然冰释，保险业公司的股价将会是如何一番热闹的场面。

与此同时，让人望而却步的环境责任问题掩盖了信诺经营出色的管理型医疗业务[⊖]。为了应付将来可能的环境恶化问题导致成本剧增，信诺承担的当期成本和预拨的准备金增加了，但信诺仍把持得很稳，原因就在于管理型医疗业务的盈利十分强劲。

就是因为这样，况且市盈率又被如此践踏，信诺让我们感到非常值得期待。事后看来，实际上保险公司有必要预拨的准备金只是耸人听闻的审判日估计开支的一个微小零头。显然，信诺在这个环境保险问题上所占的比重肯定不轻，但以它的雄厚财务资产来看，应付起来绰绰有余。

⊖ managed care，管理型医疗保健没有一个统一的定义，它是不断发展的，以医疗卫生保健服务质量和费用监控及全方位的管理为其基本特征。——译者注

结果： 1991 年环境责任险问题的影响减弱之后，信诺股价猛涨了54%，而其他财产及灾害保险公司平均上涨了 45%，同期，标准普尔 500 指数上涨了 29%。

8.4　股价越跌，前景越光明

股市上常有从前期高点飞流直下的股票，它们就是温莎的常规选择项目。表 8-1 为若干例子，其中分别对温莎的支付价格和前期的高点价格进行了比较：

表 8-1　温莎支付价格和高点价格比较

买进的股票名称 （1986 年 7 ~ 10 月）	1986 年高点后的 下跌幅度（%）	1986 年高点价格 （美元）
大西洋富田石油（Atlantic Richfield）	−25.0	21.00
信诺保险（Cigna Corp.）	−24.9	191.00
旅行者财产事故保险公司（Travelers Corp.）	−23.3	70.00
美国铝业（Aluminum Co. of America）	−23.1	111.00
克莱斯勒汽车（Chrysler Corp.）	−22.1	127.00
通用汽车（General Motors Corp.）	−19.0	36.00
标准石油（Standard Oil Corp.）	−18.6	28.00
大西部金融（Great Western Financial）	−18.4	23.00
花旗银行（Citicorp）	−17.6	33.00
IBM	−17.1	149.00
加拿大铝业（Alcan Aluminum）	−16.3	39.00
第一州际银行（First Interstate Bancorp）	−14.8	34.00
银行家信贷（Bankers Trust）	−13.7	44.00
菲利普斯石油（Phillips Petroleum）	−13.6	33.00
平均值	−18.5	—

时有凑巧，某些股票的大幅跌价诱惑着我们，我们无法无动于衷，因此偶尔也要走出我们的寻常狩猎区，到外边的危险丛林中做一些冒险尝试。

某些股票虽然市盈率不太低，但符合其他的低市盈率法则。比如，家得宝公司（Home Depot）[○]的当前市盈率高达 1985 年预期收益的 20 倍，这显然不是温莎典型的购买对象。家得宝是 DIY 大卖场的创始人，也因此使家装行业经历了一场革命性的改变。它那些商场规模很大，内部货物物美价廉，而且没有虚饰，这虽然吸引了一大批商家群起模仿，但只有家得宝一家能够盈利。

1985 年，家得宝迅速发展壮大，从 22 家商店扩张到 50 家以上。开业准备费和不断增加的间接费用让公司的利润大打折扣。丧失勇气的投资者纷纷弃船而走，导致股价下沉，谁想到却引起了我们的注意。对数据研究之后我们发现，公司对扩张的管理似乎很有诀窍。我们一般不会相信"一棵树可以拔地而起直冲云霄"，但是目前它的股价相对于 1986 年预期恢复后收益也不过 10 倍左右，况且也从高点下跌了 60%。这是一家年增长率 25% 的优秀公司，而在市场上，除了贪婪，更多的是恐惧。

结果： 1986 年第二季度我们最初买入家得宝，9 个月之后就享受到了 63% 的回报。

8.5 寻找水深火热中的股票

行业困境或者经济萧条会导致出售股票的压力增大，同样，上市公司的某些重大举措也能触发抛盘大量涌出。一家正在痛苦重塑过程中的企业，很少会有投资者对其产生同情，但温莎没有这类成见。1989 年我们开始首次建仓全球最大的玻璃纤维制造商欧文斯科宁玻璃纤维公司（Owens

---

○ 家得宝是世界最大的建材销售商，销售网络遍及全球多个国家，拥有 2116 家商店，每年为全世界数十万个家庭提供服务。公司内部实行类似军事化的管理。公司目前已经打入中国市场。——译者注

Corning Fiberglass）。

1986 年，欧文斯科宁为了防御被恶意收购的威胁而大量举债，并从股东手中回购股票。在这之后，公司重新发行了代表股东一部分原始股份的一小撮儿股票。我们就是在这一小撮儿股票中不断地捞取利润。重组进度在资产负债表上有清晰的体现，从中可以看到股东净资产从正值变成了负值，这也意味着每股股票代表的实际资产小于零。这只不过是一个会计问题，真正代表股东所持股份价值的还是市值，然而，负净资产还是吓倒了大部分投资者。

和其他以这种模式重组的公司不大一样，欧文斯科宁的这次重组可以说大获成功。成功的部分原因是公司对调节利润的各种杠杆，比如成本、生产率和产能等给予了较大关注。我们同时也有理由相信玻纤业务本身经营完好。从它在各大主要市场不断上升的市场占有率上还可以看到，公司正在推出新产品，并提供更好的服务。公司的客户群很广，包括最好的跨国蓝筹公司，许多公司都需要这类产品，用于研究和开发玻璃纤维的新用途。

由于投资者对这样的重组过程焦虑不安，导致股票的换手价格大约只有最近 12 个月收益的 5.5 倍，或者说只有该年度预期收益的 5 倍。我们预测公司主营业务增长率在 8% ～ 10% 的区间内，随着公司逐步还清巨额负债，不必继续支付的利息也将带来大量相对收入。公司目前没有红利，但是一旦每股净资产变成正值，公司财务就有了立脚点，红利的发放可能即时恢复。大部分投资者看到的是一种不熟悉的危险重组模式，而我们看到的是一家业务经营优秀、发展前景可期的高质量上市公司。

结果：温莎对科宁的投资始于 1991 年第一季度，1993 年我们抛出该股，价格是成本价的两倍。

毕哲公司是一家英国的住房建筑商和建材供应商。1991 年晚期公司股价因抛压沉重而一蹶不振。虽然公司起源于英国，但它有所萎缩的经营利润中有 60% 的利润来自美国的业务。在这次建筑行业的萧条中，上一次破费的收购行为让毕哲尝到了恶果。因此，公司正徘徊在违反各类银行合同约定的边缘。为了应付到期的负债，公司计划以公开方式出售英国的一家子业务公司，投资者哪经受得住这样的打击，纷纷丢盔弃甲、夺路而走。市场一片焦躁不安，就在这个紧要关头温莎杀了进去，价格是 4 美元一股，几个月前稍早的时候这个价格曾到过 13.75 美元的高点。

投资者在争先恐后向出口处溃逃，却对重组之后将剩下的优良资产视而不见，但到后来，他们终于看到了曙光。 自从我们拥有毕哲，才过两个月股价已经涨了 50%。

8.6 寻找基本面不断改善的公司

1978 年下半年我们介入了海湾石油（Gulf Oil），介入的原因在于我们更深刻地认识到，公司业务的主要市场还是在国内。我们希望 1978 年海湾石油 85% 的利润来自美国和加拿大，而 1973 年这个数字只有 30%。同时，一项最大胆的石油勘探项目快要开始贡献收入，为将来超过平均的增长速度铺平道路。然而，突然降临的一起铀诉讼官司给公司笼罩上了一层阴影，但是这些事实通过我们的常识来诠释，我们相信最终海湾石油会胜诉。不过脆弱的市场无法负担这个精神包袱，但伴随股价下跌的是股息率一跃而起，直达 8.0% 那样少有的高度，照此看来，在这只股票上的等待将必有所获。它的市盈率按照 1978 年的收益计算是 5.8 倍，我们期望它能够被放大到原来的两倍。

结果： 我们在石油股的饥荒期择机抛空了这只股票，这个时期，有人宣称最保守估计油价也要涨到每桶 60 美元。1979 年 11 月份抛出的股票收益率为 42%，下一个 8 月卖出的则拥有 86% 的利润率。

1975 年晚期，我们又看上了国民制酒和化工公司（National Distillers & Chemicals）。这家公司虽然最初以波旁威士忌为人知晓，但公司同时还是几类塑料和化学品生产的领导性企业。我们预测公司收入在 1975 年将下降，之后将于 1976 年回升，因为化工品需求量即将开始恢复增长，而且其铜业子公司桥港铜业（Bridgeport Brass）也迎来了行业周期的逆转点。国民制酒（之后更名为量子化学，Quantum Chemical Corp.）由于演变成了一家极其优秀的化学公司，其市盈率倍数有望大幅度扩张。国民制酒的收益率高达 7.3%，如果以 1976 年的盈利计算，乘以 9.5 倍的目标市盈率，那么它的股价已将翻倍。我们为 1976 年 6 月获得 60% 的收益率而干杯祝酒，这些股票的持股时间约为 12 个月。

8.7 寻找投资机会的后门

1985 年早期，温莎最大规模买进的单个能源股非壳牌运输贸易（Shell Transport & Trading）莫属。我们已经拥有了英荷石油（Royal Dutch Petroleum）的股票，而壳牌运输贸易正是它的产品代理公司。多亏了这种组织安排，我们得以扩充持有英荷的股份，甚至超出常规的资金限制⊖。英荷拥有壳牌集团 60% 的股权，而壳牌运输也拥有同一家公司 40% 的股权。两者唯一的区别是所在国不同：英荷总部在荷兰，壳牌运输的基地却是在英国。

⊖ 基金持有单个上市公司的比重受相关经济法律限制，但由于所持有股票在二级市场上增值或者交叉持股所致实际金额超过规定的不在限制范围内。——译者注

由于壳牌集团和壳牌运输之间有这种关系，温莎才有机会以高于监管机构许可的比重重仓持有同一家公司的股票。本例中，这一家被严重低估的公司简直把我们撑了个饱，壳牌集团就好像是为机构投资者量身定做的一般，只要油价不发生大灾难就好。我们是这样想的，**壳牌运输只有 4 倍的市盈率，回报率却叫人眼馋，异常充沛的现金流量在公司的各部门血脉中穿梭奔走，像这样有内涵的公司不能在市场上赢得更多的追随者实在让人不大敢相信。**

结果：持有壳牌运输两年不到，53% 的收益已归温莎账下。

除了在 1980 年对石油股如饥似渴，我们对这个板块中的低价机会依然保持警觉。正所谓多多益善，况且由于前期的有意所为，我们在这个板块上的投资比重还不及标准普尔 500 指数。本着这种想法，我们又揪住了一个叫作西北工业（Northwest Industries）的石油公司，以壮大我们在这个板块中的声威。事实上，我们是准备通过各种后门渠道全面打入油气田设备巨擘内部。这些公司占了标准普尔 500 的 4%，但是它们的价格也实在不算便宜。西北工业是一家业务众多的大型综合性企业，它的利润来源于整张工业地图的各个角落。据我们估计，它 1980 年将近一半的业绩将依赖于它最首要的子公司孤星钢铁公司（Lone Star Steel），不管是从成本还是利润的角度考虑。孤星钢铁的业务主要是为国内石油行业供应钻杆和套管。

20 世纪 90 年代提出的"新经济"①正激励着各大公司从本国搜寻更多的油气资源，而且不仅是强调油气井的数量，更高的追求是把这些油气井钻到更深的深度，而我们购买西北工业则使我们直接参与了进来。2414 千米以下发现的天然气的价格完全不受管制，一旦发现即有慷慨的回报。西北

---

① new economics，新经济，就是以高科技、信息、网络、知识为其重要构成部分和主要增长动力的经济。——译者注

工业的股价只是正好处于低迷时期的 1980 年收益的 5 倍多一点，它的收益率是 6.8%，而且很可能会马上上调 10%。我们要赢得这个行业的最大奖金，相比那些两位数市盈率而且基本没有分红的公司，这家公司给了我们一个更为理性的参与渠道。

结果： 一年之后我们开始清盘。温莎获得的收益范围分别从 1981 年 5 月的 68% 到 1982 年 2 月的 125%。

8.8　寻找被错误归类的公司

1990 年年末我们把拜耳公司纳入了温莎基金，它是当时的德国综合化学三巨头之一。[一]对于这么一个廉价的股票，它的产品系列未免过于让人垂涎欲滴。公司大约有 1/3 的利润来自药品生产和其他健康保健产品，8% 来自农用化学品，另有 13% 则来自照相试剂和其他专用化学品。换句话说，拜耳公司足有一半收益不受经济波动的制约。

话虽如此，但股价却已经下跌了 35%，就好像和其他产品完全暴露于行业周期之下的化学股毫无两样。即便是拜耳产品中带有周期性的部分，其中相当部分还属于非常吸引人的专业试剂用品，真正纯粹属于基本工业化学品的内容并不多。多亏了这种产品搭配，我们希望在接下来越加复杂的全球化学品公司所处环境之下，拜耳公司的业绩能够脱颖而出。它是一家完善、经营有度的公司，我们的购买价对应 6 倍略多一点的市盈率。所幸的是，喧嚣的烟雾散尽，在趋于平静的霞光照耀之下，投资者的眼光扫到了它。

○　赫斯特、巴斯夫、拜耳多年来一直被称之为三大综合化学康采恩（德语 Konzern，代表"联合企业"）。康采恩系多家企业以股份方式组成的企业集团。后来三家公司终究分道扬镳，各奔东西，各走各的专业路线。——译者注

结果： 1993 年后半年温莎开始收获高于市场平均的利润。

8.9 寻找临界值质量

对此我们有过惨痛教训。

显然，每一个类别都有它的拒不从者，美国工业公司（USI）作为对我们的警示，则表明了大型综合性企业同样没有例外。公司领导中一名叫 I. 约翰·比勒（I. John Billera）的 CEO 健谈又饶舌，他总让我想起议员在议会上信誓旦旦、振振有词的情景。美国工业公司是一家极具侵略性，并以收购为导向的集团公司，它由分布在 6 个行业中的 100 多家独立的公司组成。公司除了让人眼花缭乱的不断收购推动的外生性增长外，其内生性增长也连续 5 年在 24% 以上。回顾起来，可能很多公司都是成长过快，股价也是一路上涨，以至于我们根本找不到合适的介入点。仅此一个理由我们也应该和美国工业公司井水不犯河水。可惜我们没有。

我们没法对各家 USI 的成员公司进行仔细分析，不过我们尝试通过各类行业基本面进行整体上判断。例如，服装和服务行业的情景被认为好于整体经济。类似的，随着 1971 年相关行业背景的改善，我们最终也看到了建筑材料、建筑施工和家具行业的持续性增长。

我们估计，股价不振的原因是因为投资者对报表中富有深意的每股收益不敢确定。由于新会计准则的实施，这些数据已经被修改了一次，而且在 1971 年还面临着一次额外调整。

USI 在购买这么多公司的时候，能否按照当时的银行利率合理评估它们的价值？自那时起，公司每次收购合并的时候都会回应我们的疑问，它们的回答让当时的我们很满意。现在的投资者谈到收购就会联系首年收益影响（accretive to earnings in the first year），而 USI 声称它只购买年收益增长有能力达到 15% 的公司，条件是只要市场好转。USI 没有承担增长不顺的风险，相反，它以分期付款的方式支付出售方。如果增长率减缓，最终的价格就要进行调整。一般而言，USI 支付的现金或是股票按当前收益的 8 倍市盈率计算，并基于下一年的收益进行一些随机性补偿，正相当于对坚持不懈的管理层的奖励，而不是急于兑现收益并放任不管。当然，如果股价下跌，USI 只能发行该数量的股票以尽职责，这在环境的磨砺之下将逐渐稀释。

最后的结果没有和最初的期待情投意合，这在一定程度上是因为这位唱高调的 CEO 不能给投资者讲述完整的故事。直至最后，USI 在一个关键方面不合格：它的那些公司缺乏临界规模。由于产品和服务没能力主导市场，所以根本无法溢价出售。在 1970 年结束之前 USI 的价格曾高攀了一阵儿，之后便一路下滑，自此再也没有恢复任何向上的趋势。到了 1972 年，我们只能一点一点割掉持有份额，从此退出该股。根据最后统计，温莎亏损大约折半。

我们厉行一个原则，就是必须让持仓大的股票为我们服务。只可惜，USI 在基本面部分没能实现我们的期望。既然连它都在如火如荼的市场中便宜得要死，那么一些真正有所建树的公司或者即将异军突起的股票也会这样。

8.10 为"免费赠品"创造机遇

一旦拥有的股票超预期发挥，免费赠品就因此诞生。个人计算机出人意料地突然红火点燃了一家名为坦迪的普通小型电子产品零售商的导火索，从此一发不可收拾。大西洋富田在阿拉斯加北坡（Alaska North Slope）油田的大发现让公司潜力大增，然而我们不曾参与。兼并和收购同样也授予投资者免费赠品。**我们的挑战是增大获得免费赠品的机遇，而低市盈率投资正是我们所知道的最可信赖的方法。**如果你拥有一个负面因素众多而且臭

名昭著的股票，那么一旦出现意外好消息，其效果将被成倍放大。这正好
与另外一种情况相反，知名蓝筹成长股投资者愿意承担高价，但一旦有坏
消息的蛛丝马迹，该股可能一下子就狼狈不堪了。

8.11　从力所能及的地方开始

作为一般投资者，不会有一群专业证券分析师为你搜寻廉价股，那么只
能依靠与生俱来的自身力量。你可能有关于某个公司或者某个行业的第一
手资料，只要多加留心，廉价股可能就藏匿其中。

个人投资者经常对雇佣他们的公司和行业有着特殊的洞察力。在此我不
是指非法内部消息，我指的是在这个行业中对最好公司和最差公司的一般
认识以及其中的缘由。

**除了行业基本面的定量方面，你可能还需要注意定性方面，比如公司文
化和策略的最主要区别。**有些差别在评估过程中被夸大，因为人们总是按
照他们自己的经验对某个方面进行草率的夸大。不过，如果能把生活中的
真知灼见应用到投资之中，至少能够增加你获利的机会。但是注意，只有
那些给你慷慨回报，善待股东的公司才可放心持有，其他都不足信。你可
能从内心深处希望雇佣你的公司前程远大，但如果业务搞不好，我想你也
不会愿意看到你的投资和薪水一同鸡飞蛋打。

8.12　逛商店中的投资机会

把投资范围限制在为之服务的行业中未免太狭隘，另一个寻找投资灵感
的好去处是购物中心。逛逛本地的零售商店，听听你十几岁的孩子们讲讲
现在什么东西很火，这从来都没有什么不好，说不定从中就突然冒出"一匹

大黑马"。但仍有一言相告：不要仅仅为了一个本地零售商店拥挤的客流量或者有一个新的小玩意儿正在出售就给你的经纪人打电话。

经营管理的思路和能力是业绩优良的零售商和无所作为的零售商的决定因素。你不可能简单地从货架之间的过道上看出什么领导层经营的门道。那些零售商的经营理念可能是社会价值，或是顾客感知价值，或是依靠特有风格，但这些都不是拿来判断一只股票前景的必要因素。逛了这么多的上市零售商店，我认识到了经营管理手段的重要性，在这个过程中有些甚至付出了不小的代价。

一些嗡嗡嘤嘤的小问题对于整个销售业务是无关痛痒的。一家成功的公司拥有能知善断的客户，营业时间调度合理，售后服务到位，价格不掺水，治理有高招，而这些仍然是保证底线不见红的方法。同一家商品零售商可以打造不同风格外形、饰以不同颜色花样，并兼有大小尺寸的商品。因为分门别类、一应俱全的各色商品是商家挑逗潜在消费者的致命法宝。如果顾客老是找不到自己的尺寸，那么商家的业绩定要倒霉。温莎曾因介入一号码头（Pier One Import）而大赚特赚。或许你有幸误闯进一家"二号码头"呢！

一号码头是一家全国性的特色产品专营零售商，它销售的商品包括家具陈设、装饰品以及其他相关商品。它买卖的货品很有特色，比如有用树枝藤条编制的小型家具、篮子、枕套、地毯，还有一个系列的吉卜赛风格的长裙。它销售的货物中有80%进口自中国、印度和其他发展中国家。这些个体供应商大部分是和一号码头有着25年以上合作历史的乡村企业和农场作坊。

据我们所知，到目前为止一号码头在美国国内完全没有竞争。多少年来，这家公司也有过跌宕起伏的经历。1985年新管理层进入，构思生动的广告、升级商品供应链、建立更多诱人的分销店。成果包括更高的每店容量、更高的商品总量以及一个安排良好的扩张计划，让商店数量达到每年15%的增长速度。

我们揣度良久后终于决定买进。然而一号码头和其他人气旺盛的专营商相比，它的市盈率有点儿偏高，有点儿不合我们胃口。到了 1987 年 10 月的那个黑色星期一，股指在一天内暴挫 500 点，即 20%，这只股票的股价因此被削去了好大一截，而我们也因此获得了买进机会。

黑色星期一之后很多投资者陆续抢反弹，但他们没有谁停下来留意一号码头 1988 财政年度的每股收益将会有 47% 的增长。更夸张的是，我们预感 1989 年还将继续增长 25%。我们的购买价比 1989 年每股收益的 8 倍略低。考虑到公司业绩 20% 左右的持续增长速度，这已经是一个很吸引人的市盈率了。

结果：6 个月资金翻倍。

8.13 延长视线，扩大视野

本地零售商店不过构成了一小群投资机会，仅此而已。再想想吃东西的地方，还有你购买办公用具的商店，或者停在车库里的汽车。投资者每天都会和上市公司碰面，低市盈率股的猎寻就可以从那里开始。纽交所罗列的上市公司中很多都是大型吃喝场所，我可是研究它们的粉丝。岁月更迭，温莎不止一次从诸如麦当劳、庞德罗莎牛排馆（Ponderosa Steak Houses）抑或 Long John Silver⊖等餐饮公司收获人人称羡的成果，它们中的每一个都曾让温莎几度回眸，旧地重游。我们屡有所获，不过偶尔也会空手而归。

8.14 偶感而发，跟着感觉走

投资本来并不是一件十分复杂的事，只是人们把它复杂化了。似乎要投

⊖ Long John Silver 据说是根据著名小说《金银岛》中的独脚海盗来命名，这个美国最大的知名海鲜连锁餐厅，在全球共有 1300 多家分店。——译者注

资，你就必须一步一步先从笼统的入门知识开始，接着便是学习使用逻辑、因果和计量对个别问题探讨分析。

投资的直觉不会凭空产生，它需要投资者对一个公司或者一个行业的总体情况有所见闻和体会，或者懂得能够影响这两者的宏观经济方面。询问自己并试着回答这几个问题：

- 公司名声如何？
- 它的业务成长性怎样？
- 它是不是行业龙头？
- 所在行业的成长前景好不好？
- 管理层的领导才能和战略眼光是否令人满意？

任何系统地给出股票最新资讯的服务和信息来源都有裨益。对我而言，每周我都会把最新版的《价值线》浏览一遍。但对于股票的价值判断，我不会机械地阅读，更不会尽信其言，我更注重于研究分析其中的数据。这提供了一个不错的办法，这种办法可以把所有股票三个月内的信息一览无余，紧随价格变动和市盈率变化的关系，获知各类让我好奇之至的重要新闻。

作为投资者，如果你想睡个安稳觉，那么你不得不做些功课，但不要过于匆忙急躁。**到处打探消息而花费的大量时间最终会有用。不管在何种情况下，如果某只股票正如你相信的那样妙不可言，那么从长期来看，多花1/4美元去买它总比还没看清怎么回事就贸然行动的危害小得多。**

地下廉价商场总是充斥着赚钱的机会，但同样潜藏着风险。低市盈率投资无法回避，抓住那些最不符合标准的商品是自讨苦吃。但如果你肯下功夫，并且认真回答以上问题，就算股市再怎么落魄潦倒，你依然可以饶有兴致地去吃大餐。

第 9 章

低市盈率投资组合的维护

在低市盈率投资法中，选股是最简单的部分，坚持持有冷门股直到最后胜利却是另外一回事。倘若没有出现回升的明显迹象，极少有投资者能够鼓起勇气去买一只贫病交加的股票，因为他们害怕别人茫然的注视，而人的心理总是渴望嫉妒的目光。可是，一旦等到反转的现实变得不容置疑，机会也早已溜走。

关于建立和维护低市盈率的股票投资组合，以上描述可能听起来有点怪。投资者的心理状态在其中起了关键作用。**温莎能够成功，是因为我们不和盲目的人群凑热闹，我们敢于第一个站出来，让自己暴露于令人难堪的风险中。**

心理方面，低市盈率投资方法远没有得到应有的尊重，但它的光辉战绩永不受到影响。如果针对这个问题进行群众调查，投资者总会宣誓他们有足够的勇气，只要这是一项划算的投资，哪怕众人避之唯恐不及，他仍然敢于双手去接。做这样自信的誓言不过是出于人类天性，但他们毕竟有多少能够言行一致呢。等到行情落幕，谁都能看到那只曾经打折出售的股票，但人们还不是只能带着惋惜，吹嘘自己早已看好它。一只股票现在涨到30倍市盈率，谁不怀念它以12倍市盈率在市场上换手的美好时光？但当时的买家在哪里？大多数人还不是在当时最新报道的恐惧中退缩回避，要么就是赶搭早已人满为患的成长股高速乐队彩车，哪怕它的车轮开始在超负荷下滑落。

如果谁要是说大多数人的行为决定了基金经理人的行为，他们听了定会发火。许多自称"逆向投资者"的人，竟也宣称通用电气在市盈率高达40倍时仍值得买进，因为它是这么好的一家公司。在市场待久了，像这类的强硬陈词会不绝于耳。然而事实情况却是，通用电气确实是一家非常好的公司——一家伟大的公司，而且价格也可以涨到80倍盈利的地方。但市场有自身的运作规律，不以一群人的意志为转移，就算有例外，也是少之又少。你不能无止境地加大赌注。到头来，连最伟大公司的股票也有盛极而衰的那一天。如果你赌通用电气的股价会涨到盈利的80倍，那么你是在做小概率的投注。而在温莎，胜算和概率总是偏向我们一边。

9.1　无处不在的反转点

所有的投资趋势似乎到最后都会走过头。20世纪60年代的狂飙牛市吸引投资者竞相涌入，同时让判断力遗失殆尽。20世纪70年代初，至高无上的"漂亮50"曾经一统天下。80年代，一些专家预测油价会飞涨到每桶60美元，于是石油又好像变成了黄金，投资者奋不顾身地争抢石油股。

当不切实际的期望遇到残酷冰冷的现实，过度的狂热随即被碾碎成无法避免的悲惨结局。原本沉溺其中的人纷纷夺门而逃，于是清醒重又回到股市之中。历史书中记载着几个世纪之前就出现过类似的浩大场面，时常被人提起的就是 17 世纪荷兰发生的郁金香狂热，普普通通的郁金香球茎曾经价值千金，这已成为市场炒作的经典案例。

物极必反，趋势过了头就要回转。反转点警示一次趋势的寿终正寝，同时让市场大局彻底改观。**冷门股一旦重新得到市场的垂青，低市盈率投资者攫取可观利润的机会也正悄悄来临。**同样一场戏反复重演，股市如此桀骜不驯、张牙舞爪地哄抬股价的本领蔚为壮观。

久盘必跌，一种趋势历时过久是在孕育反转，就好像盘旋直上的油价到了力竭而衰的时候。反转可在一天之内骤然成形，如 1987 年 10 月 19 日的标准普尔 500 指数在单个交易日内暴挫 20.7%。温莎不止一次大胆地站出来，与市场最后的趋势对峙，惯性的最后发挥让温莎若有所失，不过市场就要重归理性，它明察秋毫的判断力将矫正一切屈枉。

第一段时间是优质成长股当道的"漂亮 50"时代，从 1971 年一直到 1973 年，我们的业绩累积落后于基准 26 个百分点。然而，我们在操作中始终保持头脑冷静，坚持原则，坚持原来的观点不动摇。接下来的三年中（1974～1976 年），温莎的涨幅超过标准普尔 500 指数 63 个百分点，一举补足了以前的损失，还多出了大量盈余。

由于对群体思维的反对和抗拒，1980 年我们的表现落后于市场 9.8 个百分点，但 1981 年我们再度迎头赶上。我们不仅重新站稳脚跟，还赶超了标准普尔 500 指数 21.7 个百分点。我们声名远播，因为我们一次次转败为胜，后发制人。

另一次挑战出现在爆炒科技股的新股发行狂潮中，这次热潮在 1983 年中期到达顶点。在过热期初直到 1983 年结束（包括下半年的反转后时段），温莎基金的表现和市场大致形影相随，不过超过标准普尔 500 指数约 8 个百分点。之后一年领先差距拉大——温莎高出了 13.3%。

由于所谓的专家坚持不懈地吵闹，大吹大擂，更兼妖言惑众（辅以媒体推波助澜），反转点出现的时间和强度总出乎大多数投资者的意料。但有些信号不容混淆，反转点一步步迫在眉睫，市场趋势反而动力十足；流言四起，但充满幻想和乐观情绪的投资者却置若罔闻。

虽然市场的权威和专家总爱信心十足地预测，但没有人能够真正准确地预测反转点。老在股市预言趋势的罗杰·巴布森（Roger Babson）最为著名，他确实预测过 1929 年股市将崩盘。但值得指出的是，不要忘记，他从1926 年起就不断地在预测要崩盘。

平心而论，投资管理业的开路先锋贝伯森还是有些道理的。他认为远在反转点出现之前，各类信号就已络绎不绝地显现，以此告诫投资者引起警惕。当芸芸大众和媒体的判断一边倒时，就要倍加注意了。1979 年道琼斯工业平均指数在 700 点附近屡屡弱弱的时候，《商业周刊》（*Business Week*）⊖的首页刊登了一篇经典文章，并因此引发了一个当时在华尔街上流行甚广而且叫人沮丧的话题——股票完蛋了吗？显然没有。

9.2　谨防流行观点扰乱视听

管理低市盈率投资组合需要学会判断时下盛行的观点，这并不困难。盛行观点通过报纸和华尔街日复一日地自我揭露就能看到。它代表的是大多数人的观点。随着牛市的前进，流行观点演变为不绝于耳的噪声，就像有个铜锣在不时敲打，把低市盈率的根据淹没。具有讽刺意味的是，**在热门股和热门板块风起云涌之际，低市盈率股理论最具相对估值优势。然而越是这样，投资者越是不加在意。**

就在美国和我们的盟国对伊拉克展开"沙漠风暴"行动之前，原油价格

⊖　" The Death of Equities: How Inflation Is Destroying the Stock Market, "*Business Week*, August 13, 1979, Industrial Edition 2598.

还只有 28 美元每桶。我认为那时的油价被严重高估，因为一切胡闹都要收场，最后将导致石油大量产出。随着虚夸的言辞此起彼伏、愈演愈烈，油价不觉攀高到了 32 美元。一般的观点都认为一旦我方军力登陆沙特阿拉伯半岛，为袭击伊拉克做好战略准备，石油价格就会向上飙升。传统观念就是这样认为的。可是，众所周知，我们同时从地面和空中进攻伊拉克。岂料第二天，油价直接下滑到 22 美元，石油股的遭遇可想而知。

趋势转变为狂热之后，众人便会相互应和，无法自拔。如果你不这么认为，不妨试试做这个练习：下一次看表演的时候，做第一个鼓掌的观众，或者听振奋人心的音乐会时第一个起立喝彩。大多数人能这么做都很难，但对我来说，买价格低迷的股票更难。

我和路标争论的倾向给了我很好的支点。长跑者的寂寞给出了恰如其分的描述，即使我一直是对的也无法摆脱寂寞的煎熬。当形势恶化，孤独也越发刻骨铭心。低市盈率投资者很少获得他人对他们判断的赞许，那简直是奢侈的妄想。如果你管理的是 100 亿美元资产的基金，你绝对不会缺乏批评和对你判断的责难，愤怒股东的声讨信会如同雪花般向你飞来。

如果批评者缺乏低市盈率投资的勇气，那就让他这样吧。温莎做的投资最后可以获得优异成果，他们的挑剔在于我们支付的价格。在我看来这是可接受的交易，我们不过是付出了长期的灵活机会，换取了固定的投资。通过逆向操作策略，温莎的忠实股东也享有了更高的胜算。

警告：不要因为自己的选择和别人不同就沾沾自喜。逆向投资和顽固不化之间不过只有一线之隔。

我见到买股的机会会心花怒放，但我也得承认，有些时候大部分人是对的。归根到底，要想获利，基本面必须判断正确。

温莎能有那么好的成绩，并不是靠每次都与人唱反调得来的。死不悔改、为反对而反对的反向操作者，终将招致悲惨的下场。聪明的逆向投资者思想开放，能够带着对历史的领悟挥洒投资的幽默。

在投资领域，似乎所有东西都容易走向极端，逆向投资也无法逃脱这种命运。这种损害的补偿取决于解释的诀窍，取决于最终的观察者的眼睛。有时，市盈率－股息率的方法也会出现让人不安的投资结果，所以逆向投资的身体力行者也不可能摆脱一切风险。但是逆向投资者为数众多，而且来自各行各业。虽然某些原则是一定的，但真正成功的决策还得依赖自己的判断。**任何现成的逆向投资公式都是获取投资失败的灵丹妙药。**

9.3　温莎的蓝图：衡量式参与

温莎基金的繁荣昌盛和它的投资组合策略密不可分。温莎奉行一种严格、系统的逆向操作策略，但我们的策略同时又相当灵活，这种灵活性以"衡量式参与"为运动枢纽。我刚开始管理温莎就发明了独特的"衡量式参与"投资策略。它自此成为温莎投资的金科玉律，而曾经让温莎被迫进入死胡同的传统投资组合策略则被彻底淘汰。

衡量式参与让我们摆脱了传统行业分类的弊端，给了我们观察投资组合的全新视角。它鼓励有关多样化和组合管理的新鲜思维。传统思维总是摆脱不了行业分类的局限，而衡量式参与打破了束缚，重新建立了 4 大投资类别：

- 高知名度成长股；
- 低知名度成长股；
- 慢速成长股；
- 周期成长股。

温莎参与所有这 4 个类型的股票，温莎不考虑组合中行业比重是否和市场平衡。例如，如果价值在慢速成长股中凸显，我们的资金就集中到那里。如果金融服务业在慢速成长股中最有价值，那里我们的资金密度就最高。强调行业配比平衡让许多共同基金索然无味，而我们这种投资结构放任不羁，对庸俗的限制嗤之以鼻。

温莎能够成功，因为我们有自由，也有勇气第一个吃螃蟹。没有什么可以迫使我们配备和持有所有行业的股票。而其他基金管理公司为了股市下行时投资组合稳固些，通常无不遍地插秧。如果一个行业不行了，总有另一个会救驾。

一定程度的分散投资有助于提高投资表现。天下没有如此神机妙算的投资者能够把所有鸡蛋放在一个篮子里，但是过度分散往往又对业绩产生相反作用。例如，如果林产品公司明显已经收到市场过度追捧，你明明可以马上售出获得超额利润，那么你为什么还要拥有它们？更令人费解的是，有些基金经理如果其组合中某个行业持仓量不足，那么不管这些公司股价如何之高，不管有多少泡沫存在，他们还是会去追高，目的仅仅是维持组合的行业配置平衡。照我看，这些资金管理人买进了他们本该卖出的股票。

在温莎全新投资框架中，有一个与众不同之处显而易见，那就是德高望重的蓝筹成长股在重要性等级上处于最底层——而不是和大多数典型基金公司一样处于最高层。这是很自然的结果，因为这些股票家喻户晓，已经被过度挖掘了。其他基金公司的规矩是必须拥有全部标准普尔 500 中资金规模最大的 50 家公司，而我们通常只持有一小撮，有部分时间甚至完全隔绝。

与此同时，一些单调，甚至丑陋的股票反而在温莎组合中占了突出地位，因为它们暂时不得人心，股价偏弱。只要它们的潜力允许它们有朝一日出人头地，让市盈率扩张，它们就适合我们的标准和口味。

最能凸显我们基本面选股优势的时期要数 20 世纪 70 年代早期。那个时代以高知名度成长股换成高速挡飞奔作为开端，以它们的彻底崩塌作为结束。

9.4 不要追逐高知名度成长股

股票市场上任何时期都有一批成长好、名气响的公司，它们组成了高知名度成长股板块。基本无一例外，它们能够在较长时间内保持高成长性和高知名度。消费者们对它们的名字个个耳熟能详：通用电气、吉列公司、可口可乐、辉瑞制药以及宝洁公司都是典型的代表。它们的财务表现，特别是利润水平耐力持久且不容置疑，它们的经营业务全面可靠遍及全球，而且通常占领相关领域的市场。

人人都想拥有高知名度成长股，它们一般很安全，也很少让股东难堪。但这不能构成在任何时候购买它们的理由，"漂亮 50"的历史教训已经深刻地说明了这一点。在 1971 年、1972 年及 1973 年，这些股票就好像把投资者催眠了一般，一个个全都不可自拔。

卖方研究机构宣称它们是"单向决策"的股票，也就是说任何时候都可以买入并拥有和持有它们。可这种投资策略的前提是公司的收益永无止境地增长，股票的供应一直处于短缺状态。这样，投资者普遍相信股价将永不回头地不断上涨。股东们指望分红不断增加，期待股价永不回落，但这种情况发生需要一个条件，那就是不断有更容易上当的新投资者进入股市。

投资者们为"漂亮 50"吵吵嚷嚷，甚至肯花费比不太知名的稳健成长股高几十倍的价格去拥有它们，我不禁感到惊讶。作为目睹股市奇怪现象的学生，我期待这类现象不断发生。股市的这种执着的怪癖让我为之好奇。虽然一批股票的市盈率直冲云际，但我们的低市盈率股却每况愈下。不过我从来不指望在投机色彩浓重的氛围中低市盈率股能得到应有的关照，但这真是可笑，温莎 1973 年竟然亏损 25%。

9.5 黎明之前夜最黑

那些日子真是凄惨。1973 年 11 月我完成了供股东参阅的报告，其中描绘了许多悲惨事件的详细过程，但字里行间更加震慑人心的却是用沉默来表示对低市盈率策略无比的忠诚：

> ……（我们）不把当前的股市风暴看成灾难的警报，相反，我们觉得这是难得的机遇。回顾过去，20 世纪 50 年代多少好公司的售价不过只有 4 ~ 5 倍市盈率，在之后几年却发生了翻天覆地的变化，抓住机遇的全都赚得盆满钵满。我们相信这次对优质股的低估也一样，机会就在后面。

> 作为温莎投资组合的管理人，我的观点是股市巨大的上涨行情已经为期不远。我本人也筹集了家人和亲戚的大量资产投入到这个基金中。自从 1964 年年中以来，我个人的财务和生活已经完全和温莎拴在了一起，不管好坏，我的心跳、我的呼吸已经和温莎股票的波动同步。因此，我恳求你们耐心等待温莎业绩的东山再起，并怀着和我一样坚韧的信心和殷切的期望。

高烧不退的"漂亮 50"于 1974 年崩溃，但市场并没有立即恢复理智。投资者不仅大抛特抛高知名度成长股，而且市场上能看见的一切股票都没有逃过被人抛弃的厄运，包括我们的股票。当这场不顾一切的逃难结束之时，原先肿胀的市盈率也蔫瘪了下来。"漂亮 50"现象给股市上了一堂苦涩的课，过分信仰偶像级成长股将造成多大的痛苦和危害。乐观一点儿看，即使这些罪有应得的成长股也付出了太多的代价。一些股票花了 7 年时间才得以挽回当时的损失，另外有一些则需要 20 年的漫长等待。

在"漂亮 50"的日子里，我们为高昂的股价和市盈率而与市场争辩。本质上，我和高知名度成长股之间并没有不可调和的矛盾。在机会降临的时候，温莎也曾拥有过它们中的一些股票，就像 IBM、麦当劳、家得宝、施乐，还有英特尔。因为对于高知名度成长股的市盈率，市场总有一种过度溺爱的关照，所以，再怎么持有，它们在温莎的资产比重也极少超过 8% 或 9%。

教训总是有用的，但前提是投资者必须记住它们。但股市向来有健忘的臭名，重复的历史已经给了我们明证。**虽然学术界一向鼓吹市场的有效性，但根据我的经验，市场的愚蠢从没有过收敛。**虽然乔治·桑塔亚纳（George Santayana）[⊖]有过著名的训诫，但市场的投资者依然在遗忘过去。我是多么感谢他们啊。

投资者往往自取其败，这和下面的情况类似。有两个猎手雇了架飞机带他们去加拿大荒野的驼鹿狩猎区打猎。到达目的地后，飞机驾驶员和他们约定两天后回来接他们。不过他警告，飞机只能允许每人带一只驼鹿，否则飞机引擎将不堪重负而无法顺利回家。

飞行员准时在两天之后返回。虽然他给过警告，但两个猎手依然每人猎杀了两只驼鹿。"太重了。"驾驶员说。"不过去年你也这么说。"其中一个猎人郑重地说，"忘了吗？我们每人多给了 1000 美元你就把所有 4 只驼鹿都载上了天。"虽然有些犹豫，飞行员还是答应了。飞机终于起飞，但一个小时后油就耗完了。发动机噗噗作响，一头栽了下来。两个猎手虽然

⊖ 乔治·桑塔亚纳（1863–1952），美国著名自然主义哲学家、美学家，美国美学的开创者，同时还是著名的诗人与文学批评家。他说过著名的训诫："Those who cannot remember the past are condemned to repeat it."即"忘记过去必定会重蹈覆辙。"——译者注

满眼金星，但倒没有受伤，他们从飞机残骸中爬了出来。"你知道我们在哪儿吗？"其中一个问。"不确定，"另一个说，"不过这儿和去年坠机的地方很像。"

真实例子则莫过于 1998 年和 1999 年的事件了。那个时候，投资者又开始一窝蜂地拥抱新一代的高知名度成长股。从很多方面看，这就如同尤吉·贝拉（Yogi Berra）[○]的经典名句"历史又回到从前了"，但这次风险更大。这一次，冲锋陷阵的高知名度成长股还包括一批业绩不太稳定的股票方阵。由于互联网热潮的煽风点火，投资者把高知名度高成长的花环过早地献给了缺乏业绩保障的科技公司。它们的业务还很幼稚，某些技术尚未成熟，而且，不可避免的竞争也还没有开始施加残酷的筛选作用。

请看纳斯达克 100 包含的这一篮子股票，它们在 1998 年赢得了 85% 的涨幅。到年终的时候，这些公司的总市值超过了 2 万亿美元，这着实让我感到不可思议。但更加匪夷所思的是，在纳斯达克市场交易的 2000 多只股票之中，不足 5% 的股票却控制着 60% 的市场资金以及 100% 的市场目光，尤其是媒体的目光。

这番景象让人油然而生敬畏之感。不过还有更夸张的事情，那就是纳斯达克 100 中，仅 5 家公司就代表了大约 40% 的投资总金额，也即占据了纳斯达克综合指数的 1/4，或者标准普尔 500 的 10% 左右。甚至和让人眼花缭乱的"漂亮 50"时期相比，我们也从来没有因为这么少的东西而让那么多的人付出了那么多。[○]

○ Yogi Berra，尤吉·贝拉，棒球运动最伟大的捕手。他有一句名言："The game is not over until it's over"，即"球赛没完（结束）之前就不算完（玩完）。"——译者注

○ 我得向丘吉尔说声抱歉，因为我歪曲了他赞扬空军的这句话的原意。（Never have so many paid so much for so little，第二次世界大战时期首相丘吉尔赞扬英国皇家空军飞行员："在人类战争史上，从来也没有一次像这样以如此少的兵力，取得如此大的成功，保护如此多的人民。"）

9.6　衡量低知名度成长股的可贵之处

　　大成长股的信徒在疯狂的同时，反过来又成了温莎的施恩者。他们对低知名度成长股漠不关心，结果为我们低市盈率的投资组合留下了大量候选股。这些公司的收入增长率和大成长股相比并不逊色甚至更高一筹，但由于规模较小，能见度比较差，所以只能托付给后座等待。

　　爱迪生兄弟百货（Edison Brothers）是典型的低知名度成长股，它是一家离圣路易斯（St. Louis）不远的老牌家族零售商。1974 年时，它的主营业务是各类女鞋，并形成了几个流行的知名品牌。公司努力推进业务的多样化，虽然有些笨手笨脚，但最后还是把自己打造成购物中心中的一个强大竞争对手。收益增长了，但沉湎于大型成长公司的市场不屑一顾。我们在界定低知名度板块时发现了它，继而购买了它的股票。1975 年，市场开始拥抱爱迪生兄弟百货，温莎获得了 137% 的投资收益。（不过，这家公司在20 世纪 90 年代宣布破产，这证明了向上的趋势线不能永远持续，它暗含着某种脆弱，同时，零售行业并不是一个让人放心的行业。）

　　1982 年，低知名度成长股占温莎基金的 22%，而 20 世纪 70 年代这个数字只有 5%。这之间我们一直在增加持仓。这类股票获得最高人气的时候，股价的增值超过了我们计划出售的价格。这之前，温莎有 1/3 的资金存在于这个板块中，后来又降低到 25%，之后，直到我退休之前，低知名度成长股的比重一直保持在这个水平上下。对于这样一群股票，这是一个不错的持仓比重。

　　在爱迪生兄弟百货之后，许多其他低知名度成长股又不时出现在地下廉价商场。大盘中这样的股票数以百计，只不过在高涨的道琼斯工业平均指数和纳斯达克的最好股票列表的阴影之下无人问津。

　　然而在真正买进这类股票之前，顾客一定要对所购产品进行质量检验。低知名度股票的失宠有的时候不只是投资者的过度排斥反应，而是基本面

发生了重大问题。这类股票平均每年 5 个中就有 1 个基本面出问题——虽然不总是到达破产的严重程度，但其成长性往往会损失殆尽，继而导致市盈率一路下滑，逐渐沦为普通公司。在科技公司中，虽然有一些声名显赫，但是，其中也有惊人数目的公司在 1999 年的股价不比 15 或 20 年之前更高。剩下的还有更不像话的。

我愿意第一个承认这类股票比投资组合中其他类型的股票风险更大。但是我们时刻准备着斥巨资投入这个板块，只要我们认为回报大于风险，我们愿意聪明地承担一些风险。这样的机遇需满足如下特征：

- 增长率在 12% ～ 20% 之间，并且可以预测；
- 市盈率是一位数，在 6 ～ 9 倍之间；
- 属于某个可以界定的成长性领域，而且有一定的优势地位；
- 所属行业易于理解和分析；
- 历史报表的收益增长率为两位数，且没有其他瑕疵；
- 净资产收益率要出众，这才表明管理层绩效高，更不用提金融成长的内部容积；
- 资金雄厚、净收益出色，以便引起机构投资者关注；
- 虽然不是必须，但理想状况下最好能经常有一些新闻见诸报端，为股票注入能量；
- 大多数情况下股息率在 2% ～ 3.5% 之间。

9.7 慢速成长股是投资组合中的常驻居民

慢速成长股是衡量式参与的第三个公司类别，它们涵盖面广，同时也是华尔街的智囊们频繁轻蔑的对象。这些居民包括电话公司、电力公司、银行，甚至成熟市场中给以镶饰的蓝筹股。它们有着很低的市盈率，很少以8%以上的速度成长，它们吸引我的注意。**虽然没有出类拔萃的增长率，但在市场不振时买入能够通过市盈率扩张而获得可观收益。**

除成长前景外，**慢速成长股在弱势市场中具有较强的抗跌性，这应和高于一般的股息率有关。**在分红的鼎盛时期，电力公司和电话公司支付的股利甚至超过7%。（甚至1999年4月的股息率也不寒碜：美国银行是2.6%、第一联合银行4.0%、坎登不动产信托（Camden Property Trust）7.5%、Brandywine Realty Trust 8.2%，还有福特汽车是3.4%。）综而观之，慢速成长股给付高分红，股价增值非常可靠，当转折点到来而涌现大量机会之时，这类毫无水分的干货更是难能可贵。

9.8 周期股将卷土重来

行业周期良好时，温莎参与的周期股的收益增长都能达到或者超过平均。随着周期性行业和公司间歇性地受到市场的冷落和热捧，它们的市盈率在图表上也显示为有规律的高低起伏。我们把它们分为两类，一类是基本工业品周期股，比如石油和铝的生产商；另一类是消费品生产商，比如汽车制造商、飞机制造商以及住房建筑公司。

操作周期股的关键是因时制宜。它们通常有着相同的模式，收入开始重拾升势时，投资者簇拥它们；收入快到达顶峰时，投资者抛弃它们。理想情况下，温莎一般在周期公司业绩回升的6～9个月之前购买它们，然后随着人气的高涨缓步抛售。技巧之处是猜测产品价格的增长。我们首先要研究的是行业的产能，然后对讯息和数据进行加工判断，得出需求增长的大致时间。

1981 年，纽蒙特矿业公司（Newmont Mining）进入了我们的视野。我们看好它的主要原因是铜正在从萧条的低谷中走出。实际上，铜的回暖只需要需求正常化即可，或者说由极高利率导致的库存变现结束即可。但可靠的事实还有更多，基于任何现实的基础，全世界的产能将以低于 3% 的消费增长。纽蒙特在铜行业有着显著地位，属于国内公司，而且成本相对较低。多亏了公司业务的多样性（包括黄金、石油天然气以及煤炭），甚至在铜价已经攀高的时候，我们还有机会在低位介入。

结果：几乎我们一买入股价就飞速上涨。然后下滑 40%，跌到我们初始买入价以下 15%。但基本面完好无损，所以一年后我们再次买进。1983 年年末，纽蒙特让我们获得了 61% 的收益。和往常一样，我们逢高卖出。

9.9　市场不在周期股利润高峰处兑现

这个现象已经经过反复验证，对投资者尤为关键。市场似乎通过锻炼之后获得了让人惊异的智能，这至少从一个方面有所反映：周期股的利润高峰从来不能赢得市盈率高峰。换言之，对于周期股，市盈率不会像普通成长股一样不断膨胀下去。随着产品价格的强化，虽然公司利润尚未给出明确的增长暗示，但投资者的热情已先行一步。而利润高峰到来之前，经验丰富的投资者就已经提前意识到市盈率将开始降低。

可见，投资者不可过分贪恋上方的空间。要规避这个危险，投资者必须把握公司的正常收入，也就是周期中偶然时间点的收入状况。在温莎，我们投资周期性行业的股票，首先要做的就是评估它的正常收入。我们不是百发百中，有时，我们会低估，于是犯过早卖出股票的错误。但这只是很小的一个代价，因为一旦延误脱手的时机，你将骑虎难下，股价将一直沿着山坡加速下滑。

9.10　周期股的周期性正在衰减

关于周期股还需做一说明，很多周期股正在不断丧失这种性质。比如汽车制造行业，由于采取了更加严格的成本控制，整体经济的震荡也趋于缓和，汽车行业的波动将不那么明显。由于不断推出引人注目的新产品组合，价格也更加友好，每年的收益比起以往更加稳定。你无法预知接下来的几个年头业绩是否高于普通水平，或者紧紧围绕新的基线运行。此外，兼并也能软化一家公司业绩的动荡，新开发的一个产品有时也能达到同样的效果。而对于建筑行业，银行低利率的延续一般能延长行业周期。

平均而言，周期类股票在温莎基金中的比重是 30% 略多一点，即使没有信心判断周期类股票将发生大行情，这也是一个合理的持仓水平。

9.11　不要为投资比重煞费苦心

我们判断哪个地方最有可能发生最强大的爆发，我们的资金就最乐于参与其中。 在温莎曾经管理 110 亿美元的时候，我们总共拥有 60 只股票，其中份额最大的 10 只股票的市值几乎占了整个基金的 40%。当温莎曾经投资 1/4 的资产于石油股时，3 个石油股又占了绝对优势比重。

我们从没想过去模仿市场比重，我们的资金只关注低估板块。温莎会为了在某些行业上加倍斥资而放弃很多其他行业，市场环境要求我们那么做我们就那么做。石油和石油配套在标准普尔 500 指数中占 12% 的比重，但是，在不同的时候，石油股曾经占到温莎的 1/4，也曾经不足 1%。厌恶中，我们拾起它们；眷恋中，我们献出它们。

温莎的与众不同之处是，在标准普尔中按市值排名最大的 50 只股票中，一般我们只持有其中的四五个。它们需要符合我们的各项标准，而且典型情况下，它们在温莎基金中的比重约为标准普尔的 50%。曾经有那么 1 次或是 2 次，我们手中甚至完全没有标准普尔市值前 50 的股票。又有一次，我们曾大量持有标准普尔中的股票，美国银行，它的比重占到我们所持有的全部标准普尔 500 股票的 6/7。

过分集中的持仓意味着对于某些重仓股，我们的持有比例可能会达到公司流通股的 8% ~ 9%。这带来了额外的风险，尤其是如果基本面发生不良状况时，我们最终将面临如何出售大量股份的窘境。

在衡量式参与的篱笆之内，强调的重点时时在改变。例如，在 1990 年和 1991 年，温莎聚焦的是慢速成长股。那时银行、储蓄所以及保险公司灾祸不断，它们面临大规模的商业地产不良贷款问题，于是，金融服务业的公司在温莎资产中逐渐上升到 35%。而在标准普尔中它们的比重是 10%。早在 20 世纪 80 年代，食品股消耗了温莎 8% 以上的资产，这是它们在标准普尔中比重的 4 倍。

我们公然藐视市场权重，大举持有低知名度成长股，于是夺得收益率冠军的宝座。可能是因为我童年的时候没能花足够的时间玩卡车，在 20 世纪 70 年代末期，温莎不断提高交通板块公司的持有比重，以至于远远超过了它们在标准普尔中的比重。

9.12　从上至下还是由下到上

关于投资选股应该采用从上至下还是由下到上的策略，很容易陷入不可开交的争论之中。就像字面暗示的那样，从上至下的投资首先考察宏观经济，然后寻找那些能受到有利影响的股票，而由下到上的投资方法则直接权衡一系列个股的优劣。股市专家们为了争论哪种方法更好可花了不少时间。

作为衡量式参与的创始人，我们选股操作中这两种方法都有采用。比如到了某些时候，宏观经济主题突然对石油股或者银行股产生大利好，此时我们便会埋头钻研这些行业中的佼佼者。但其他情况下，某只股票由于遭到连续打击而市盈率骤降，不经意间也会游荡到我们的雷达之上。

从上至下和由下到上投资方法的激烈争论总让我感到不知所以。**我的方法不过是密切注意经济动向，并且不断问自己这样一个问题，哪一个板块应该受到关注了？** 恰当的例子如：阿姆斯特工业公司（Amsted Industries）。

1973 年经济前景良好，商品需求的增加暗示着更多的货物有从一个地方到另一个地方的运输需求。我们想，这对于铁运行业将是一个好的征兆。于是，我们买进了阿姆斯特。阿姆斯特的业绩高峰出现在 1967 年，之后在萧条中惨淡经营。当时的环境让它不得不大幅削减分红，这个行为逃不过我们的眼睛。在正常年份中，阿姆斯特的收入主要来源于铁路设施，然而在 1971 年的财政年度中，它的铁路业务严重失利。投资者溃不成军，他们丝毫不曾想到一个有趣的事实，那就是阿姆斯特的建筑施工业务在 1972 年大放光芒，这项经营业务提供了足够的收入，以致 1972 年的收益有所恢复。由于它的建筑业务稳步成长，而且铁路业务的经营利润开始复苏，我们断定，这家公司必将魅力四射，收益大增，市盈率也将抬得更高。总而言之，35% 的投资收益目标看来切实可行。

结果： 阿姆斯特让我们欢喜了不止一回，首先，1975 年我们减持股票净套利超过 50%。之后我们做了短暂休整。最后，于 1976 年我们获得了超过 120% 的投资回报。

不管是从下至上还是由上到下，1983 年，政策的突然变动把我们引向了新成立的地方性贝尔经营公司。最初，市场对这些新创立的电话公司的适应性犹豫不定。我们不然。除了基本面的无懈可击（收入每年增长 6% ~ 7%，股息率直逼 9%）我们看到的是一家总回报率高到 15% 以上，而以 6 倍收益的价格就能获得的股市至宝。

没有任何的犹豫，我们不顾一切地买进这家公司，在集团公司解体前后都进行了买进。有一段时间，电话公司占了温莎将近 16% 的比重。这个买进机会和其他所有温莎发现的机会一样，一经发现，风卷残云，势不可挡。我们也不是百战百胜，每当我们相信自己是对的时候，若是没有冒死冲进巴士底狱的坚定决心，那么我们为了看守可怜的成果而将失去许多获利的机会。关于电话公司我们是完全正确的，两年之后我们收获可观。

9.13　学习行业运作的内在机理

温莎通过成功预测反转点而获得了众人瞩目的成就。要及时看到反转点的苗头和启动，投资者必须同时学会从上至下和由下到上的分析方法。聪明的投资者会研究一个行业，它的产品以及它的经济结构。许多有价值的行业信息在最终成为普遍共识之前，一般会在相应行业贸易杂志中进行探讨。精明的投资者总能保持与时俱进，而草率马虎的投资者等得到改变的风声之时股价一般已经经历了相应的调整。

只要有可能，就出去踢踢这个行业的轮胎[⊖]，亲自使用一下某种消费品。拜访批发商，或者实地采访工业品制造的工厂。你可以问很多问题，就好像似乎要让 CEO 为你付出半小时一般。这些可能办不到，不过大多数上市公司都设立了投资者关系部，他们至少可以回答以下基本问题：

⊖　kick the tires，踢轮胎。美国人购买一辆新汽车，在检查时一般会踢踢车的轮胎，再砰地摔车门，以此直观地检查车有无毛病。引申为实地检验。——译者注

- 这个行业的产品价格正在走高，还是降低？

- 成本如何？

- 市场龙头是哪一家？

- 有哪些竞争者支配了市场？

- 行业产能能否满足产品需求？

- 是否有新工厂正在建造？

- 哪些问题会对盈利能力造成影响？

从上至下的投资者紧盯着的是通货膨胀。**轻微而稳定的膨胀一般是友善的朋友，但如果它突然发狂，甚至达到两位数的膨胀率，那它就成了可怕的敌人。**我在温莎时共遭遇了两次严重的通货膨胀，这种情况一旦发生，任何绞尽脑汁、由下到上计算获得的好股票都会被扭曲变形。两位数的通货膨胀率会吞噬固定收益类证券市场，继而对股市造成严重损害。这是一个全新的标准。它随时变化，而你必须要面对，虽然它永恒在变，无法预测。

经济增长率通常和通货膨胀率相互匹配。它提供了一个标准，以衡量投资组合中相关行业有没有在本质上达到及格标准。换言之，你持有的公司的业绩增长至少应该和宏观经济增长保持同步。这种增长决定了你对增长率的预期以及相应的市盈率的扩张比率。

为了判断经济是否过热，我会经常关注 3 个领域的经济信号：①资本开支；②库存；③消费者信贷。

9.14　建立事实清单

为了构建投资组合，投资者对于自己看中的每一只股票，都必须对一些关键性问题进行解答，但这些东西如果简单放在脑袋中又显得过于啰唆。在温莎，我们使用一种简洁的事实清单，用它来记录和浓缩所持股票的基本背景信息。通过这种方法，我们可以在任何时间对我们的投资组合和其中的每只股票的状态心中有数。

我曾经说过投资很简单，只不过人们把它复杂化了。在这里我并不是想出尔反尔，做自相矛盾的事。实际上我现在要讲的是，投资组合管理不是可以率性而为的事情。管理个人投资组合和管理像温莎一样规模的基金不同，你可能不需要一天 24 小时全天候紧张工作。但是让我大跌眼镜的是，一些投资者甚至不愿意分析基本的数据，却指望自己的股票不断上涨。除了与生俱来的智慧和良好的判断，铅笔和纸也是重要工具，当然，使用现代化的替代物，比如电子表格也是可以的。**我们要做的主要工作是跟踪记录计算机程序提供的详尽信息。此外还可进行附加工作，比如学习行业基础，这能够增加你获得巨大回报的概率。**

事实清单是低市盈率投资的系统措施。温莎的持股按行业分门别类，每一只股票对应一张事实清单，以记载有关事实。这些事实包括：

- 股本数；

- 平均成本；

- 现价；

- 历史和目标每股收益；

- 历史和目标增长率；

- 历史和目标市盈率；

- 股息率；

- 净资产回报率；

- 基于预期收益和对应市盈率的目标价格；
- 增值潜力。

股本数、现价、历史每股收益、增长率和市盈率、股息率以及净资产回报率可采自任何公开数据源，比如报纸或者今天的网络。平均成本反映温莎的资金投入和持股数目之比。

9.15　卖出的理由

我们建立事实清单，监控最新信息，然后便生活和呼吸在对目标价格的期望之中。温莎出售股票的最终原因只有以下两条：

- 基本面变坏；
- 价格到达预定值。

我们一旦发现自己买进的股票是个错误，随后的出售将毅然决然。如果对于一只股票我们能说得最好事情是："它可能还不至于下跌吧，"那么这只股票已经进入出售倒计时了。我们持有的每一只股票必须拥有清晰明了的股价增长潜力。

基本面的失败通过两个指标衡量：预期收益和 5 年增长率。如果我们对这些基本面失去了信心，我们将全速撤离，因为和趋势对抗相比，悄然离场还不会让我们输得更惨。

举例来说，1980 年庞德罗莎牛排馆基本面下滑，我们立即删减仓位。我们原先的买入是基于对公司已经成功升级管理机构、控制手段和个人餐馆的认识。庞德罗莎几年前经历了一场收入萧条的洗礼之后，它的管理层似乎在痛苦中有所悔悟。我们猜测这家公司在经济正常发展时期以及下一个周期性挑战时期应该会繁荣昌盛，虽然下一次萧条的具体时间尚不知晓。

庞德罗莎让我们陷入了失望。顾客数量的下滑超过了可接受的边界，不仅如此，据我们观察，公司的平均利润率也大幅缩减，主要原因是公司大量进行昂贵的促销活动和广告开支。在食品成本方面比较宽松，经营成本也控制良好，可是，我们预测每股收益会急剧下降到不足 1979 年一半的水平，这和我们的预期相比是完全不可接受的，即使考虑不友好的经济环境也不足以弥补。与此同时，这股股价从其低点反弹了 25% ~ 30% 的样子，不过依然低于我们的成本约 31%。我们决定在这个关键时机果断斩仓，把回收的资金投入到更加肥沃的投资土壤中去。和庞德罗莎相比，我们所持有的其他餐饮类股票都较好地通过了测验。

不幸的是，虽然温莎的投资策略无与伦比，我们还是有灰心丧气的时候。不过每一天我们都会自我反省，调整心态。虽然某些公司表现不佳，但如果基本面没有问题，我们将一直坚持下去。我们的任务是识别出那些当前未能符合我们预期，而且在不远的将来也很难好转的害群之马，这可不是容易的事情。我们还需要把回收的失利资金转化为新的投资资金，这又给我们添加了额外的负担，不断地挑战我们的创造力。

9.16　坚守出售策略

幸运的是，温莎挑中的股票中成功者总比失败者多，这从我们的投资记录中看得一清二楚。但是，一个卓有成就的股票不会告诉你何时出售它们。温莎的出色业绩不仅依靠选择低市盈率的优质股票，此外，还必须依靠一个坚定的出售策略，两者具有同等的重要性。

只要基本面安然无恙，我们不介意持有 3 年、4 年甚至 5 年时间，但这不能阻止我们在适当时机马上获利出局。我们曾经也有持有股票不足 1 个月的情况。

最艰难的投资决定就是卖出的决定。你对一个好股潜力的判断可能无懈可击，但如果你流连忘返，结果你将一无所得。可怕的是，太多的投资者捂股的本领达到了极致，他们的理由是持股让他们有一种成就感，尤其是当他们采用了逆向操作法获得成功的时候。如果他们卖出，他们将失去夸耀的资本。

很多投资者无法忍受在股价上升途中和一家公司一刀两断，他们惧怕因为自己过早脱手而错过最大收益。他们说服自己相信他们卖出股票的第二天，他们会发现对自己是多么不公平，因为竟不曾捕获倒数第二个美元。我的表态是：吾非神仙。

爱上投资组合中的股票很容易，但我想补充一句：这是非常危险的。温莎的每一只股票都是为了卖出才拥有。在投资这行中，如果你买进的热情不能适时化作卖出的热情，那么你要么特别幸运，要么末日来临。在你想要吹嘘某只股票买得多漂亮时，也许正该卖出了。

温莎计算每一只股票的增值潜力，计算的基础是预期收益和目标市盈率。**作为一个常规战略，我们奉行"逢低买进，逢高卖出"的原则。**我们不会试图抓住最后一个美元，我们心满意足地离开，还留下一段鱼尾，让那些对优良基本面终有感悟的购买者享受最后的午餐。在股价顶部逃走不是我们的游戏法则。追求投资利润最大化将面临之后不断下跌的风险，这是让人悲痛欲绝的事情。如果有人要玩博傻游戏，那祝他们玩得高兴，同时我们很高兴能让位于他们。

典型的投资者都建立目标价格，并且在股价靠近这个价格的过程中不断卖出。这毫不新奇。温莎的平均持股时间是 3 年（差不多是一个股市周期的跨度）我们需要一个能够为新市场周期做出调整的出售策略。

为了实现这个目标，我们根据温莎的平均增值潜力专门制定了出售策略。我们对股票的期望反映对整体投资组合的期望，而后者又进一步反映对市场形势的期望。任何东西都是相对的，我们不会让纯粹的数字混淆视听。升值潜力只不过表示市场在两个不同时间点对一只股票的估值差别。时间在延续，市场在变化，对温莎基金总体升值潜力的预期也在不断变化。因此，对于我们投资组合中的任一股票，我们的期望也在不断调整。

9.17　你没必要买入并永久持有

吉诺公司是我们在 1970 年年末注意到并进行投资的一家公司。它是一家快餐专营公司，最初由巴尔的摩的三个年轻人创办，而且这家公司已经展现了非凡的成就。在它相对短促的生命中，连续 4 年的年增长率都达到了 45%。总公司拥有并管理所有的经销店（不设特许经营店），公司正以飞快的速度进行物理扩张。公司已经对北加利福尼亚的市场制定好了计划，准备大赚一把。我们预计吉诺的销售额仍将以超过 25% 的速度增长，这把公司更大的经营规模和更激烈的竞争考虑在内。它的市盈率若以我们通常的标准衡量过高，但它股价的下滑和让人想入非非的增长率说服了我们，我们为此付出了大约 24 倍市盈率的价格。因为我们对自己的投资哲学耿耿于怀，持有这样的高市盈率公司让我们如坐针毡、寝食难安。显而易见，吉诺的买进是温莎轻微的出轨行为，哪怕它的基本面有些风吹草动都让我们紧张万分。

结果：我们买进股票一个月之后，种种迹象表明公司的成长速度将不如以前，这让我们对公司一往无前的拓展能力的信心产生了动摇。在其他投资者的热情收敛之前，我们把股票悬空抛出——并且迅速赚到了 20% 的利润，不过有失光彩。股价紧随其后就栽了跟头，这似乎让我们看起来更加聪明过人。

1984 年第二季度发生了短期非典型的企业整改运动，期间我们买进并卖出了海湾石油。我们判断，如果以 65 美元的价格买进（虽然有点儿尴尬，几个月前我们以 40 美元的价格卖出了海湾石油），那么在收购加利福尼亚标准石油（Standard Oil of California）之时股价上涨到 80 美元应该不成问题。尽管美国联邦贸易委员会和议会有些惊慌失措，但我们进行了一次很好的判断，在短时间内我们快速赚到了 24% 的利润。这不是我们的常规股票交易，但风险收益比明显有利，温莎的股东为此而收获颇丰。

9.18　选择现金和债券的时候

一般情况下，我们会把股票的销售收入重新投入到前景更加光明的股票中。但是，如果市场定价过高，温莎有时会选择增持现金，比例可达 20%。（我们认为，对于一只股票型基金来说，持有更高比例的现金则有失英明。）股市发疯的时候，如果我们找不到任何值得买入的股票，那么我们只能囤积现金了。现金是股市风暴中最好的避风港。此外，如果中期美国国库券的利率说得过去，在非常时刻我们可能也会选择持有，它们的回报也不差（当前回报加上轻度的机会价格升值）。

1983 年，第二季度即将结束的时候，我们在新发行的年利率 11⅞% 的 10 年期美国政府债券上投资了 1.10 亿美元。我们判断，比起股市中的高估板块，固定收益类债券市场的吸引力并不逊色，甚至可说更胜一筹。超过 12% 的利息率，除去预计的 6% 的通胀率，结果是投资者可以获得 6% 的真实回报。相比当时的股票市场，这个回报率足可以让人欣喜满足，因此温莎视而不见是不可能的。由于股市在不断加深调整，我们对债券的临时性投资在短期内保持乐观心态。

股票投资的纯粹主义者可能会给我们的这个行为贴上未遂机会主义或者

非典型适应性的标签。可是，我们的工作是为股东服务，我们的行为只建立在自己的判断之上，不管是哪个市场，只要有利可图我们就会投入资金。温莎不是地下指数模仿者，不是被动的投资者，也不是漫无目的的股市游荡者，甚至我们的董事有时也发表了不同意见。我们希望有更多的不同意见，毕竟，正是许许多多的不同意见塑造了这个市场，这个我们跃跃欲试的市场。然而，我们请求对我们的尝试给予一些理解，我们希望自己与众不同，能和整日嘈杂的碌碌之辈截然分开，实现不同一般的优异成绩。应该回忆一下，**我们的最大成就通常发生在反转点之后。**（不过 1983 年虽然没有明显的反转点，我们却创下了更加出色的佳绩。）这是理解我们怎样和为什么在某些时候采取非传统的防御性仓位和避难于现金的关键。

　　哪里有恐慌，哪里就有机会。所以，对于 20 世纪 80 年代末的债券市场我们也进行了一番勘查。固定收益回报率在 10% 左右，所以我们想可以瞧瞧被过度压制的准股票证券（quasi-equity instrument），并选择其中年回报率 20% 或者更高的品种一直持有到期。大体而言，我们发现市场相当高效。很多公司减轻负债负担的前景遭到投资者的普遍怀疑，因此股价一跌再跌。与此相比，财务状况较好的公司受到的压力要缓和很多。不过，其中有一个叫作梅西百货（R. H. Macy）的零售公司虽然担负着不容置疑的风险因素，但似乎正遭到市场的过度抛弃。我们接纳了这个利息率为 14½% 的债券，如果按照我们的购买价计算则年平均收益率可高达 27%。

　　我们以一贯的勤奋对公司状况进行了检查。1986 年梅西百货通过杠杆收购（LBO）的方式举债收购了数十家商店。1988 年，它又相继从竞争对手联合百货公司（Federated Department Stores）手下收购了布洛克（Bullocks）和马格宁（I. Magnin）两家连锁商店。这一系列行为的结果形成了最终高度杠杆平衡的梅西，一方面净资产为负，另一方面持有大量房产贷款和受信公司贷款。除此之外，公司管理层 1990 年圣诞节的举动又引起了市场的误解。这个行业的市场非常萎靡，而临死挣扎中的联合百货近似绝望的销售情况更加剧了市场的冷清，梅西管理层正把大量存货推向这个门庭冷落的市场。

联合百货的破产已经盖棺论定，股市害怕梅西会重蹈覆辙，不过我们识别出两者之间巨大的不同。杠杆收购之前，梅西百货是美国最成功的零售商之一，而现在梅西的管理层和稳健的经营能力依然保持了当时的良好状态。随着银行负债的不断偿还，公司进行的资本投资以及新开店面都得以继续下去。公司经营产生的现金流足以应付所有负债的利息，管理层对圣诞节灾难以及之后冷淡的零售环境也做出了合理的回应，包括删减存货，改善成本控制。此外在财务上还有一个同等重要的方面，梅西的股东包括通用电气等公司，它们的口袋深得很。便捷的资金来源让梅西在后保债券恐慌中占尽优势。公司宣布向通用电气资本服务公司（GE Capital）出售其信用卡业务，此外，大股东准备注入大量新鲜资产，这使梅西可以清偿相当数量的初级债。事实上，梅西成功实行了对其繁重负债的重组，加强了公司的整体稳定性和高级次级债的稳定性。

结果：正如我们的预期，梅西生存了下来。10 个月之后我们收获了 45% 的回报。

9.19　变革的时代

自从我成为基金经理以来，世界已经发生了巨大的变化，但是投资的内在性质没有改变。只要敢于拥抱低市盈率股票，投资者依然可以获得巨大的收益。然而，群体共同心理仍然影响着投资行为。时至今日，有些方面发生了明显的不同。一方面是投资者可获得的信息如同洪水一般肆意横流；

另一方面，电子化交易的便捷又吸引了大规模的当日交易者军团，他们漫无目的地盯着电脑屏幕，却连公司主营业务的基本问题都毫不了解，对基本面的认识更是极度匮乏。

传统观点认为，对投资者来说，更多的信息是祝福，更多的竞争是诅咒。我想说反过来也是对的。**过多的信息反而让投资者无从取舍，从而遗漏了为数不多的真正重要的信息。**为了对公司做出正确的评价，投资者必须耐心地对信息进行整理加工和逻辑推理。而现在的市场上，很多交易者完全凭借交易提示和肤浅认识进行买卖，他们的人数正在急剧增长，多亏了他们，我们获利的概率得以进一步提高。这些投资者由于不能精确地对公司、行业和经济趋势作基本分析，于是成了盲目的投机者，他们哄抢的股票多是别人的残羹冷炙。一些共同基金的投资者认为他们可以通过购买最热门的基金而发财，而其实他们用来淘金的沙子也早已被别人淘洗了不知多少遍。

天真的投资者总梦想着一夜暴富，但那永远是可望而不可即的事情，对于这部分投资者，我们是最富感激之情的。我们这个国家过去是，现在是，而且很可能以后一直会是一片投机者的乐土。现在，投资者还是把股市看作一片广袤无垠的金矿母脉，其中的金子足够为每一个参与者准备。不管是什么原因，但那时的淘金热最终还是草草收场。虽然每个投机者都指望着能找到一方天然赤金，但绝大多数人都只能空手而归。

华尔街的喧嚣无法扰乱我们的节奏，低市盈率投资虽然沉闷乏味，但始终是我们坚守的阵地。我们没有什么了不起，不过是有一些眼光，能够坚持己见而已。市场的流行观点只能充当我们的参照，但绝不可动摇我们的投资决定。总而言之，如果在 2000 年 1 月给我一次重新来过的机会，我的做法还是会和原来一样。

JOHN NEFF ON INVESTING

市场流水账

在炮声隆隆中买进，在号角吹响时卖出。

——法国股谚

温莎的成功没有隐藏任何秘密，我们只是坚持不懈地实行低市盈率选股策略，非常注重公司基本面，再随便运用一些常识而已。市场环境千变万化，符合这些特征的股票此起彼伏。看看这些记录吧，温莎基金从 1970 年直到 1993 年的流水账投资日志，这其中市场出现了四次重大的拐点。日志清楚地记述了我们如何从地下廉价股票商场中寻找优质股票以及如何等到其他投资者也开始认识到这一点时卖出。如果市场波澜不惊，步履沉稳，我们则通常大步流星，一骑绝尘；如果市场兴奋过度，桀骜不驯，温莎有时反而退守一隅，表现欠佳。然而市场出现拐点之后，我们仔细挑选的冷门股总让我们获利丰厚。后面撰述中给出的投资结果说明了一切。（我担任投资组合经理期间温莎和标准普尔 500 的历年收益对比请参见附录 A。）

日月如梭，当时的市场环境不复存在，当时的衡量标准也已经改变，当时的那些公司有的成长，有的兼并，有的则消失无踪。如今的股息率这般小家子气，往昔的低市盈率而今看来离奇有趣。文中对证券的简短分析不是要投资者依样照抄，它们是让温莎欣欣向荣的一种思考过程的见证。可是它们仍然有效吗？我认为是。总回报率和市盈率的相互关系依然主导着我的投资决策，而由此得到的收益也总是能符合我的高要求。

低市盈率投资的好处无可尽述。事实告诉我们，成功的长期投资策略无须依赖一小批光彩夺目，却又风险极高的股票。从投资记录可见，我们的投资手法使用大手笔。大部分时候，除少数行业外，温莎几乎持有代表所有行业的股票，其中又有一些股票得到了我们不止一次的光顾。这当中有些投资的结果让人无比自豪，也有一些平平淡淡，不值得炫耀。偶尔我们会打出本垒打，但我们的成绩主要依赖的是基本功。我知道，每一个投资者所想要的就是：每天都作为一个赢者回家。

第 10 章

无聊的季节
（1970 ～ 1976 年）

　　20 世纪 90 年代后期的市场亢奋让人回想起 70 年代前期的 "漂亮 50" 时期。在这两个时期中，投资者都极力追捧一批魅力十足的大成长股，却以更广大股市的黯然失色作为代价。这些符合时尚的大蓝筹股股价节节攀升，以我之见，公司业绩不可能支撑如此高价。股市不断上涨，就像被眼前的景象催眠了一般，投资者完全失去了对基本面的分析能力。这些行为往往是转折点到来的前兆。我在 1999 年的《巴伦周刊》的 "圆桌"（Roundtable）栏目借用了 1992 年总统选举时克林顿的一句口号，以此揭露股市的虚伪和欺诈投资者的本质。我向投资者发出警告："笨蛋，问题是价值！" 举例来说，当时亚马逊的市值竟超过了世界上所有书店的零售总额！

　　露华浓化妆品公司（Revlon）的创始人查尔斯·朗佛迅（Charles Revson）曾说："女人买的从不是香水，她们买的是希望。" 投资者的心理又何尝不是这样。当时能引起他们注意的只有少数几只股票，他们买的从不是和价格成比例的业绩，而是股价进一步上涨的希望。1999 年 1 月，纳斯达克 100 中总市值居前的 7 只股票其市值占到了整个指数市值的一半左右，或者说其市值超过了 1 万亿美元。随着 1998 年市盈率水平的迅速膨胀，微软股价涨幅达到 115%，英特尔虽然有些迟钝，但也上涨了 69%。其他一些公司的上涨幅度是：思科（Cisco）150%；MCI 世通（MCI Worldcom）137%；戴尔 249%；甲骨文 93% 以及太阳计算机系统（Sun Microsystems）115%。我曾经历类似的股市环境，因此明白这种走势无法维持。我们把这时的市场状态和 20 世纪 70 年代早期的市场状态进行了对比，回忆了当时温莎的处置办法。这是最糟糕的时刻，但同时又孕育着最幸福的时刻。

10.1 1970 年：综合性企业和中国票据⊖

从我上任后的第一个完整年度 1965 年开始，温莎每年的业绩都超过了标准普尔 500，看起来情况非常不错。我们经历了 20 世纪 60 年代末疯狂激情市场的磨炼，这段时期我们不忍提及，许多参与短线投机的基金火爆，并在三四年的时间内获得了非常高的回报，温莎只能存在于它们的阴影之下。但是在获得了荣誉和金钱之后，许多基金不久却又突然崩塌，被市场埋葬。其他的这类基金也逐渐褪色，因为它们已经不能得到投资者的充分信任了。在一个下跌的股市中，你没法出售希望和梦想。1969 年，道琼斯指数下滑了 15%，跌到 800.36 点。进入 1970 年后，市场越发压抑，5 月 26日道琼斯指数跌到了 631.16 点，和四年前在 1000 点上下徘徊时相比下落了37%。

在其他基金一个个捶胸顿足，自我惩戒之时，温莎却兴冲冲投身进了这股市的一片惨烈废墟之中。温莎虽然在 1969 年稍微下跌了一点，但收益率

⊖　除作特别说明外，数据均按从 11 月 1 日起的财政年度计算。

还是比市场平均好差不多 5 个百分点，和挣扎中的快速获利基金公司相比则高出 10 ~ 20 个百分点。我们的投资组合中包含的公司经营稳健，市盈率低，在困难时期能够坚持下去，所以，如果股市出现更好的投资机会，我们随时可以没有损失地抽回资金并重新投资。

在这样的市场环境下，一批综合性企业引起了我们的极大关注。综合性企业在 20 世纪 60 年代后期一路壮大，大受瞩目，主要是因为市场那时大肆鼓吹"整体大于部分之和"的发展理念。它们中间有几家几乎到了家喻户晓的程度，比如美国的国际电报电话公司（ITT Corporation）、利顿工业公司（Litton Industries）、海湾西部公司（Gulf+Western）和 LTV 公司（Ling Tempco Vought），这几家是最出名的。它们的成功大多数源于高瞻远瞩的企业领袖——或者可以说是 20 多年后风风火火的企业狙击手[⊖]的先行者。他们采用的方法类似，但个性却彼此迥异。ITT 的哈罗德·杰宁（Harold Geneen）是一个满脑子数字、纯粹由理性主宰的人。不管一家公司制造的是汽车还是鱼钩，经营的底线告诉他经营方法都一样。海湾西部公司的创始人查尔斯·布鲁登（Charles Bluhdorn）更像是一个鲁莽的赌徒。LTV 公司的总指挥吉米·林（Jimmy Ling）建立他的公司使用的方法则和大多数人玩大富翁（Monopoly™）游戏差不多：掷骰子在棋盘上一圈一圈的巡游，如果来到的地盘还未被他人占有，那么赶紧把它买下。如果已经被别人占有了，那么仍然要想方设法把它买下。

这些综合性企业财务战略的核心非常简单：把市盈率不断推高到投资者可以接受的最高高度，然后用自己的股份去购买相对低估值的资产，这些股票后来被叫作"中国票据"。由于高市盈率的缘故企业收益大幅增加，于是整体的价值就大于部分之和了——这种资本游戏会不断进行下去，当然最终会到达一个极限。每次当投资者失去自制力的时候，危险也就到了。某

⊖ 专门瞄准其他公司进行吞并的公司领导。——译者注

些类别的收益最终会无法满足预期，而在另外一些公司，合并增效的承诺可能无法兑现。于是，随着股票促销手段的加强，投资者反而开始对这样的高市盈率产生了怀疑。然后，股市开始衰落，这让这些公司遭到了致命一击。ITT、海湾西部公司和其他许多综合性企业从高峰到低谷，落差惊人。

投资者为了去那青草更绿的牧场，往往选择迫不及待地离开，过激反应使股价一落千丈。许多响当当的公司沦为地下商场的廉价货。

投资者们惊慌失措，群体心理击败了理性分析，这创造了不可多得的投资机会，温莎从 1970 年夏天起开始买进综合性企业的股票。这些股票1971 年时已经占了温莎 9% 的资产，到 1972 年时又翻了一倍。综合性企业和那时的银行或者公用事业公司一样，也是有的经营成功有的经营失败。我们认为自己购买的综合性企业股都是经受住了时间和逆境考验的佼佼者，而且我们发现，它们充分发挥了作为综合性企业的最大优势：让现金流向更赚钱的领域流动并和产品搭配。

顽固的趋势

在我们拥有的这些股票中，它们的每股收益在经济困难时期几乎无一例外获得了增长，并且在 1972 年创造历史新高。我们预计 1973 年的收益会更加引人注目，不过它们的股价仍然很颓废，还不到 1972 年每股收益的10 倍。我们没有预测到大成长股会在 1973 年大部分时间里一路高歌猛进，但是我们认为有眼光的投资者一定会注意到这些严重被低估的板块，并且随着经济的好转信心也会恢复。但是，这些股票依然一副萎靡不振的样子，我们从中得到了一个重大结论：**一只股票的高估，或者其他看似明显的慢待，可以超过人们的期望时间而维持下去。换言之，趋势一旦形成，在反转点到来之前它将一直统治下去。**

福夸工业公司（Fuqua Industries）和它的创立者 J. B. 福夸（J.B. Fuqua）

同名，是一家非常典型的综合性企业。福夸工业的经营业务繁多，包括游艇和雪地车制造、彩色电影制片、广播台、电视台以及电影院，我们预计这些业务在 1971 年和 1972 年里的经营环境会很好，所以在 1970 年年末的时候把它加进了投资组合。我们在基本面上做出了一点点妥协，但是当时的投资者对所有的综合性企业还都惊魂未定，我们认为可以对此加以利用。公司的资产负债表也不太能让我们满意，但是我们感到这家公司所有的缺陷都已经在低廉的股价中得到了体现。

结果：1971 年 2 月福夸股票获得了 89% 的涨幅，这还只是序幕。到了 7 月，这只股票给我们带来了 125% 的回报。

我们另外投资的是海湾西部公司，这项投资证实了我们的一个观点：**事实上，任何东西只要到达一定的价格就都值得购买。**1970 年，海湾西部公司的股价就下降到了那个价格。众所周知，当时这家公司在赫赫有名的查尔斯·布鲁登的指挥下，正在进行着在综合性公司这个领域中最为疯狂的一系列收购活动。我们开始对它感兴趣的时候，人们正在以每股 15 美元的价格交易，可是两年不到，它的价格却高达每股 60 美元。在股价急剧下跌的同时，公司进入了一个整固阶段，希望以此消化无节制的大量吞并造成的杂乱无章。我们查阅了公司的账面价值，仔细地核对当前的经营收入和现金流量。最后，考虑到派拉蒙电影公司以及几家金融子公司[⊖]的收入贡献将要回升，我们预计它在 1971 年的收入可能有所增长。

此外，我们猜想市场终会通过潜在的渠道理解这家公司，并重新把过低的市盈率推高到一个合理的高度。海湾西部公司和其他综合性企业一样，

⊖　通过一系列的交易，这些子公司后来自成一体，变成了一家上市公司，叫作联合第一资本（Associates First Capital）。

它当时正在出售少数股东权益（minority interests）[⊖]，这是一种值得称赞的做法，这种企业行为在今天还有着各种奇特的叫法，比如资产剥离（spin-offs）和股权削减（equity carveouts），以此突出优质资产，获得股市增值。另外投资者也会注意到，由于公司的资产价格偏低，公司开始使用多余的现金流回购股票——这种行为虽然现在很普遍，但在那时却很罕见，这其中有深远的意义。我们计算后得出，如果公司把一半的现金流用于股票回购，那么海湾西部公司可以在不到五年时间内买回所有流通股。

> **结果：** 1972 年 1～2 月间的回报率超过 80%——大概为同期道琼斯工业平均指数涨幅的四倍。而后，到 1976 年前期，股价随着大盘几番潮起潮落，我们最终获得的资本增值收益达到了 130%，而同期道琼斯工业平均指数的上涨幅度不到 40%。

股票市场的记忆力似乎总是很短暂，我对这种现象的好奇从不曾削减，相比之下，我自己的记忆力要好许多。成功需要的不仅仅是好的记忆力，我们通过长期的决策最终给温莎的股东带来了丰厚回报。个人投资者如果没有对股市的一点理性认识，他们根本无法评估风险，更不用说去聪明地承担风险；相反，他们只能任凭市场的流行热点摆布。这样的惨痛教训总是太容易被忘却，即使我们中的那些传道者们也未能除外。道琼斯工业平均指数在 1969 年 5 月下跌到了最低点，当时一片恐慌，就像天要塌下来一般，可是才过去 9 个月，人们对一个能吞噬资金的市场就已彻底失忆。温莎在这次大跌中也至少有一部分资金化为乌有，留下的只是历史给予我们的一个教训，而且，历史还将重演。作为投资者，当然不能因为历史的记忆而束手束脚，但至少应该进行深刻的自我反省。

⊖ 在编制合并报表时，子公司股东权益中不属于母公司直接或间接持有的部分，称为少数股东权益。——译者注

10.2　1971 年：漫步在危险丛林

温莎跨步闯进 1971 年。短短 6 个月内，股市从 1970 年 5 月的低点向上猛冲了 40%。在这么短的时间里，投资者的投资欲望经历了典型的演化过程，起初他们关心股票质地，而后就放弃了原则，投机的痕迹越发明显。我们经常可以感觉到这种改变的发生，我们不会去买的那些股票会在越来越高的价位上活跃换手。出现这种情况，主要是因为资产市场的参与者增加了，新进入市场的机构投资者们相互激烈竞争，这导致很容易发生慌乱的买卖行为。由于逆向操作有其优越性，所以我们试图让所持有的股票在这样的市场环境下达到收益最大化。这看起来是容易办到，因为市场一路欢快地奔跑，股价都已经脱离了基本面支撑，投资者已经全然忘记了股票的内在价值。

能够描述这个时期，或者整个 1971 年的最好的一个词可能就是"自相矛盾"。虽然我们获得了可观的收益股利和不菲的资本收益，可是我们的净资产增加却显得过于缓慢。虽然获得了这些收入，可是到 1971 年会计年度末的时候，在我担任投资组合经理期间温莎基金的净资产增加第一次落在了标准普尔 500 的后面，相差 5 个百分点。我们发现这样一个现象，我们根据自己的基本面模型选择的低市盈率公司如果实现或者超过了预期的增长，市场通常并不给予我们应得的奖赏。相反，如果实际每股收益不如预期，市场对它们的惩罚却经常毫不仁慈。

1970 ～ 1971 年的股市恢复和历史上所有的股市快速恢复一样，都遵循一个共有的模式：市场持续好转，而公司业绩的恢复要滞后 6 个月左右。1971 年上半年的时候，市场回暖已经 9 个月了，接下来的三四个月要证明这种回升是否具有持久性。看来公司年底收入获得大幅增长是众望所归。虽然大家都这么盼望，可是一个问题产生了：市场是否会有足够的耐心，是否能坚持一个季度或者更多个季度，继续忍受那些公司暗淡的业绩，或者等待收入的增长？我相信赶紧撤出要相对安全许多。温莎的买卖记录很清楚地反映了这个判断；股票的卖出量远远超过了买入量，两者之比达到3∶1。

股市继续好转，温莎更加落后——这对于我来说是一种全新的体验。如果要我就这个时期的不完美表现做出解释，我只能重申我们不能拿股东的钱去做愚蠢的冒险，市场再怎么疯狂也不能那么干。从之后几年就可以看出，我们的力量总是来自我们的谨慎，而我们的对手却决然要以身试险。随着1971年渐行渐远，我们以最快的速度闪到一旁，我们需要规避巨大的风险，等待更适宜的投资时机。由于我们采取了这种措施，再加上投资组合中那些"固有成员"也表现不佳，我们被热情高涨的市场甩得很远。

这就是低市盈率投资者必须面临的困难处境。我们很少能在市场拐点出现之前大放异彩，我们只是希望在拐点出现之后能够幸存，所以根本不打算在最后的疯狂中火中取栗。

微妙的平衡

投资决策的具体制定过程很难进行精确分析，但是这个过程给我们的投资指示了投资方向，并且经常使我们能够在恰当时机买进好公司的股票。我经常试图找到一种平衡，希望能通过创造性的方法以规避潜在风险。我想怀特汽车公司（White Motor Company）的股票就是一个好例子。怀特汽车公司是一家重型卡车制造商。我们对它的投资具有明显的投机色彩：1970年它经营亏损1400万美元，账面损失接近1500万美元，不过它根深蒂固的市场优势地位还是抵住了行业和公司萧条的冲击。在1971年上半年购买这只股票时，我们没有幻想行业马上出现向好趋势。不过俯瞰整个行业，可以发现汽车行业的整体扩容和更换周期即将到来，我们得出结论，

1972 年的汽车行业值得期待。

怀特最主要的问题在于秩序混乱的农用设备领域，1970 年的全部损失差不多都源于此。管理层采取了促进零售和减轻库存积压的措施，凭我的直觉，1971 年它的农机业务将扭转亏损局面。如果我对 1972 年的业绩预测没有问题，那么公司该年总收入能够攀高到每股 2.50 ～ 3.00 美元之间，也就是前期收入高峰的一半。

结果： 1971 年 8 月和 9 月温莎获得了超过 43% 的投资收益。同期道琼斯工业平均指数实际上下跌了几个百分点。

10.3　1972 年：如果摩根觉得好……

1972 年是温莎面临生存危机的一年。市场对少数成长股（"漂亮 50"）似乎有着贪得无厌的好胃口，而我们对其公然藐视，嗤之以鼻，并一意孤行，要走自己的路。在"衡量式参与"的背景之下，我们那些低知名度成长股、慢速成长股以及周期成长股样样都好，唯独缺乏魅力，吸引不了人气。在快速获利年代的那些激情燃烧的日子里，我们是明显的落后者，在某些观察家看来，温莎已经完全和市场脱节。但是我认为，温莎并没有和市场脱节，而是市场和现实脱节了。现在这么说对当时那段经历并不公平。回顾往昔，现在每个人都承认"漂亮 50"现象是注定要爆发的。只是那时，原本冷静的理智投资者也都相信，即无限的收益增长和有限的股票供给意味着股价将永无止境地上涨。

无聊的季节就此展开。温莎惨遭不幸，百无聊赖，痛苦让时间变慢，这个季节似乎将要永远继续下去。摩根信托保证银行（Morgan Guaranty）是这个时候最春风得意的，它漫不经心，快快活活地购买着那些出众的成长性公司，价格看都不看一下。你可以清楚地听到周围的投资者们都在郑重其事地宣称："如果摩根觉得好，我也觉得好。"

1972 年早期，被市场奉若神明的成长股继续自蚀老本，透支未来，股价似乎永不知足地得寸进尺。温莎忧心忡忡，1 月份我们卖出的股票是买入股票的 2 倍。很遗憾，我们没有能力从这个天花乱坠的股市中赚取大把利润后出来，因为我们只持有其中的唯一一只受到市场顶礼膜拜的成长股，那就是 IBM。**我们持有它是因为觉得它的估值相对其他蓝筹尚属合理，实际上它是唯一一只价格没被夸大其词的大成长股，所以我们还敢对它下手。**

虽然我们尽了最大努力，但就统计数据而言，到 1972 年年中时温莎的表现还是十分糟糕。我们持仓的大部分股票都得到了越来越确切的基本面支撑，但是市场依然我行我素，对这些确凿的证据置若罔闻。不过话说回来，我们也有值得高兴的地方，由于经济增长的原因，我们得以抬高部分股票 1972 年的盈利预期。虽然市场让人恼火，但是没有什么可以动摇我的信念，市场不可能一直这样走下去，一直这样如此一致地对我们持有的低估股票视而不见。

"漂亮 50"继续狂舞，我们的失望无以复加，惨痛的教训难以下咽。比如，一家叫作布鲁克威玻璃（Brockway Glass）的公司就让我们蒙受了巨大损失。为了参与到玻璃容器这个行业中，我们从 1971 年 10 月开始买进这只股票。不过来年 1 月，我们就开始了相反的操作，价格基本和买入时相同。这本是个有绅士作风的普通行业，不过我们很快发现这个公司的产品定价不能满足我们的投资模型。现实击碎了我们对公司 1972 年获得稳定收益增加的期望，1971 年过去了，公司毫无起色，我们一无所获。我们注重的不仅是公司的价值本身，同时，我们还注重公司让市场认识到自身价值的渠道。布鲁克威缺少的就是这个渠道，市场很难认识到它的价值。

虽然拐点不可避免必将发生，但我们也不可能干等着数指头玩儿，所以我们必须继续寻找那些拥有出色基本面和极低市盈率的公司，特别是在自古以来就不受欢迎的周期类公司中寻找。

出售 IBM

我来到温莎之后，第一次开始出售 IBM 这只股票。IBM 是我们持有的唯一一只高知名度成长股，因此，它也是我们利用市场对大蓝筹的狂热获得股价大幅增值的唯一机会。我们出售 IBM 并不是没有经过反复深思，只是它的股价已经慢慢靠近预期每股收益 10.75 美元的 38 倍。回想起来，在华尔街还认为 38 倍的市盈率和 10.75 美元的每股收益是不现实的时候，我们却在不断地买入 IBM 以维持最大的持仓量。多亏了这种深谋远虑，再加上股价增值，这只股票占有温莎的资产比重超过了 6%，不过因为特殊需求的缘故，我们又把它削减到了 4%。此时"漂亮 50"现象才进行了一半，IBM 的换手价和大多数大成长股的极高估值相比还处在相对合理范围，但是像我们这样头脑清醒的投资者却深知，一旦成长股的狂热遭遇现实的业绩泼来的冷水，漂亮将变成丑陋，所有这类股票也都将要面临价值的重估，IBM 也是一样。

1972 年 11 月 14 日，是值得纪念的一天。在这一天，道琼斯工业平均指数第一次站到了 1000 点之上。

"道琼斯工业平均指数有史以来第一次收在了 1000 点上方"，11 月 17 日的《华尔街日报》这样报道，同时该报宣称道琼斯在几周内会有所回调。文中记述说，"和平反弹（Peace Rally）[⊖]、尼克松再次当选、经济好转、企业获得发展以及对 1973 年通货膨胀、税收和其他不确定性的恐惧逐渐平缓，所有这些利好共同推动道琼斯踏平了 1000 点这个大关。"

股市评论员只注意了两只股票对市场的影响，IBM 和 AT&T，它们的

⊖　指备受争议的越战将要结束的预期引起了股市反弹。

高成长预期提供了进一步的上涨动力。"在这些龙头股的带领之下,市场的上涨趋势有望延续。"⊖

10.4 1973年:神奇的坦迪

不减的热情让1973年开了个好头,轻浮的股市让人为之目眩,虽然创了新高,但市场的维持急需各方支援。水门事件、得不到控制的通货膨胀、自然资源的严重匮乏、对越战不满情绪的不断升级以及利率的升高,从在一个投资者的立场来看,这些都是1973年股市难以逾越的巨大障碍。结果,1月还没走到头,道琼斯就跌回了1000点下方,而且直到1976年3月之前再没有突破这个里程碑式的关键点。接下来的股市不断下滑,并在1974年12月跌到了577点的最低点。

市场正在酝酿一场灾难。触觉敏锐的投资者开始转移阵地,大多数人选择了看起来可靠且又没有不良历史记录,平时却被撂在一边的公司,比如某些食品公司、能源公司以及公用事业公司。华尔街的研究也支持这种观点。投资者来到了安全的避风港,但一般来说,这个避风港是研究者们早已设定下的,投资者实际上是在带领之下集结到这里的。我们也在寻找根基扎实的公司,但我们不希望它们显而易见。

农产品,尤其是经济作物领域在美国经济中占有重要地位。我们分析,这个行业除了依靠风调雨顺的天气和富饶肥沃的土壤之外,性能可靠的高效率农用机械也不可或缺,而迪尔机械(John Deere & Company)正是我们要找的这样一家公司。

由于这家公司周期性过强,很多投资者都会跳过不予考虑,但它其实是

⊖ Vartanig G. Vartan, "Dow Finishes Above 1000," *The Wall Street Journal*, November 17, 1972, p. 1.

一家出类拔萃的农机制造商，不仅在国内，甚至在国际市场上都不容小觑。迪尔虽然不被投资者所喜爱，但它正在努力筹建新项目，以满足农机市场不断增长的需求。此外，它的产品开始进一步从农场转移到郊区。公司的收入情况过去一直随着经济周期而波动，而且以后还是会不断波动，但是我判断，周期性没有传统上认为的那样要紧。迪尔除了农用机械方面的业务，不断加强参与的建筑和家用产品的开发制造也贡献了 1/4 的销售额。这是一家发展行业中的优质公司，给予 12 倍的目标市盈率不算过分，以此计算，我们这项投资的增值潜力可以达到 29%。

让我高兴的是，迪尔的表现超过了我们的期望。才几个月之后，也就是到了 1973 年 9 月，我们开始逐步降低仓位。通过不断出售，我们获得了超过 40% 的回报。之后，1975 年的 11 月和 12 月我们再次卖出，从中我们获得了 22% ～ 32% 的利润，这样的成绩和一蹶不振的工业平均指数形成了鲜明的对比。

10.4.1 蓝色地平线之外

一大批高知名度成长股继续消耗着市场的能量。"蓝色恐慌"笼罩了所有的股票，其中低知名度成长股受害最深。比如，一些风险稍高的公司就遭到了毁灭性的打击，但同时也创造了巨大的上涨机会。我们判断此时投资它们是明智的行为，因此把来自我们股东的资金分配到了这些值得期待的地方。

在这些股票中，恐怕没有哪一只能比坦迪更值得一提。坦迪是家胆识过人的小公司，我管理温莎期间从单只股票上获得的最惊人收益就来自于这家公司。我常把自己看作技巧型击球手，我经常能够顺利到垒，甚至能够偷垒成功。在我退休后继任温莎投资组合经理的查克·弗里曼（Chuck Freeman）对这个公司做了出色的研究，我得特别感谢他一下，我们都认为投资坦迪不会错。可是，我们并没有奢望全垒打。

我们发现坦迪时，它是美国新崛起的专卖店零售概念的先行者和最成功的实践者。我们先在 1973 年 5 月试探性地买入了 50 000 股。到了年底，温莎的持股数上升到了 165 000 股。

这家公司的产生源自一个叫作查尔斯·坦迪（Charles Tandy）的得克萨斯零售商的最初设想。查尔斯特立独行，《财富》杂志这样描述他，"他是一个管理风格远离正统，发号施令犹如马拉松赛跑的家伙。如果突然想到了什么销售点子，即使是在凌晨，他也会立马打电话把熟睡中的主管人员吵醒。他这是出了名的"。㊀他的风格虽然诡异，可却是成功的。"短短 15 年时间中，他魔术般地把几个病恹恹的叫作无线电小屋（Radio Shack）的连锁商店变成了利润极其丰厚且拥有 7000 多处零售店面的全球连锁零售商店。"

温莎开始注意坦迪的零售理念时，坦迪公司管理层的策略是向外开拓，快速建立足够多的专营店，并挖掘这种销售形式的成长潜力，获得战略先机。我们觉得无线电小屋真是富有传奇色彩。它以前只是一家经营不善的低端电子产品的地方连锁店，而到了 1973 年，它却基本上能给坦迪贡献 3/4 的利润。无线电小屋早在 20 世纪 60 年代前期就被收购了，通过坦迪的精心培育，最后发展成为国内最大的消费电子产品零售商。随后，由于坦迪的零售连锁店提供很多包罗万象的新奇玩意儿，比如瓷砖、针线以及其他手工艺品，这吸引了一大批特殊业余爱好者和喜欢自己动手的消费者。通过这种方式，坦迪不断发展壮大并获得了巨大成功，此外坦迪还经营一家利润可观的皮革销售公司。如果要说有缺陷，那么我们所能发现坦迪的唯一瑕疵就是它不属于蓝筹股板块。如果说它和我们常规方法选出的股票相比风险略大，那么同时，不管以其他任何标准评判，在我们看来它值得

㊀ Irwin Ross, "Charles Tandy's Ghost Can Rest Easy," *Fortune magazine*, November 19, 1979, p. 114.

我们期待的地方也更多。如果说它风险略大，也不过是因为它不分红，就是说万一我们分析错了可能得不到其他补偿。公司的盈利连续 13 年增长，近 4 年的复合增长率达到 16%。我们设定长期的预期增长率为 12% ～ 15%，并给以 15 倍的市盈率，像这样的公司足以支撑这个市盈率。分析归分析，可当时坦迪的换手价格明显低于两年前达到的最高价。

根据我们对预期盈利和预期市盈率所做的模型，我们计算得出坦迪的增值潜力为 80%。这个分析还没有把当时火爆登场的个人计算机以及硅芯片驱动的全部电子消费产品考虑在内。坦迪是个人电脑革命的先驱，这个业务后来获得了我们前所未有的戏剧性大发展，我把这叫作坦迪股票的"免费奖品"（free plus）。那时的电脑实际上很原始，内存容量还不及今天的一张软盘，可当时的轰动效应非比寻常。消费者蜂拥而至，来到出售 TRS80 电脑的商店，而投资者蜂拥而至股票市场。

10.4.2 累积免费奖品头彩

自从我们买入坦迪，意外的惊喜一个一个接踵而来。它给我们的股东带来了源源不断的高回报，而我忙不迭地盈利统计竟不曾停歇。在持有坦迪[⊖]、抛出坦迪，再买进、再抛出的过程中，温莎获得了一系列惊人的收益：1975 年 11 月达到 157%；1976 年 1 月达到 348%；1976 年 2 月达到 520%，这简直让人喘不过气来。

能够在股市的喧嚣中站在正确的一边是件值得庆幸的事，不过，能够在恰当的时候离开更加可以让人引以为豪。我们的最后一股坦迪大约在 1980 年卖出。15 年之后，我们可以用相同的价格把它再买回来。

然而 1973 年坦迪并没有让我们获得任何好处。股市行情越来越糟，别

⊖　不去管坦迪剥离了两家很赚钱的子公司，坦迪手工艺品（Tandycrafts）和坦迪品牌服饰（Tandy Brands）。

说什么免费奖品，恰恰相反，经济形势给我们的礼物是水门丑闻，还有引发了石油危机的中东冲突。持续的混乱让有心的投资者无法潜心研究股票，也不去股市寻找低估股票。与此相反，他们的投资方式开始变得表面化、简单化，类似膝跳反应。希望似乎很渺茫，其他的投资经理也不能指望和我们想法一致。他们所能做的就是面对激烈变化的市场价格做出反应，任何股票在这个时候稍有起色，他们就让它熄火。

10.4.3　耐心是金

1973 年年底将近，股市的下跌开始加速。像这种毁灭性的迅猛下跌在我观察市场的 20 年中都是绝无仅有的。11 月以道琼斯工业平均指数高于 948 点开始，而以低于 823 点结束，跌幅 13%。市场开始盲目杀跌，任何的业绩支撑都完全失效，我从没有参与过这样的市场，若在以前，优良的业绩总可以让好公司在跌市中免遭狂轰滥炸。

"不管什么价格都要卖出"，市场开始恐慌性抛售，我们的整个投资组合不住地亏损，我们在往常熊市中能够保住的业绩底线也不再起作用。温莎基金 1/4 的账面净值在 1973 年灰飞烟灭——温莎基金的股东们不应当受到市场如此不公正的待遇。1962 年，温莎也曾遭受过类似的重创，结果威灵顿重新雇了个基金经理。可能是我对别人的抱怨有点儿漫不经心，不过我倒从没觉得会丢了工作。我有一种来自性格上的自信，我坚信市场迟早要承认，并拥抱我们手中的优质公司，希望能够快一点儿，在我们的年度报告中，我引用了富兰克林的一段可以让人消除疑虑的话：

> 我们诚实，不懈地劳作；我们有耐心，勇气可嘉，依靠自己；我们充满雄心壮志，勤勤恳恳；我们有毅力、能力和判断力；我们展望未来，想象无限。

10.5 1974 年：回到现实

很久之后，高知名度股票终于暴露在了沉重的卖压之下。如果压力持续，那么这些脱离了内在价值的泡沫必将破裂。我希望下跌能把那些一路随行的投机倒把者和其他短线投资者从藏匿处赶出，他们在这个地方招摇撞骗已经有一段时间了。再见，"漂亮 50"。除了那些没头脑的赌徒之外，你的时代的离去对所有人而言都预示着更好的明天。因为：①蓝筹倒台，长久以来在它们阴影之下的其他地方就阳光普照；②被埋没的和应该得到奖赏的股票将要重见天日。

温莎为这次转变做好了充分的准备。风水轮流转，为了公平起见，我们希望市场关注的重心因此而转移到更广泛的其他板块上，比如我们大量持有的短缺工业品生产商、银行以及创业板中的低知名度成长公司。蓝筹僵化股市的魔咒已被解除，现在，其他那些有吸引力领域的优势变得更加明显。形势的演变最终开始对我们的业绩产生显著影响。1973 年我们落后于标准普尔 10% 左右，然而，1974 年一开始我们就重新收回了 90% 的亏损。与此形成鲜明对比的是，那些占了标准普尔将近一半市值的大蓝筹和石油股却正在接受它们应有的惩罚。我们有意尽量减少在这两个领域中的投资，结果因此而大受裨益。

然而，因为我是一个价格敏感的渐进主义者，所以我想这两个领域的估值如果能够更加合理些，那么对它们进行一些代表性的投资也是我们的荣誉所在。于是，我们在原来持有的高知名度股票的基础上，又为投资组合新增了阿拉美达赫斯石油的可转换优先股和宾州石油两个成员。

进入 1974 年后，有一批优秀的成长股被市场来回打压，我们面临的一个挑战就是如何确定买点。这个时期，这些股票一旦估值升高，作为代偿性的惩罚，随后必然伴随有一波下跌，这在当时几乎成了一个惯例。

10.5.1 长时间的失意

进入 1974 年的第二季度，温莎在和其他基金的德比马赛（the Derby，一年一度在英国萨里郡埃普索姆镇举行的德比马赛）中继续表现良好。我们的表现很好地映射了主要商品供应商引人注目的业绩增长，我们在这些行业中的资金投入占了温莎总资产的 1/4。这其中，让我们收获不大的股票主要集中在铝、铜、化学品、水泥、锌和糖等行业中，但它们都是价格上涨的潜在受益者。当时市场的不利因素除了通货膨胀问题外，还有水门事件可能威胁到尼克松的总统连任。此外，短期利率戏剧性的反弹也是始料未及的，股市也因此奋力挣扎，但不得摆脱。我们很难想象有什么办法可以使这些巨大阻碍一下子烟消云散，但从各种变化来看，似乎暗示着未来的方向将是积极的。农产品的价格已从前期高点急剧下滑了下来，这给食品商生产成本的稳定带来了希望。同时，快速跳升的世界油价似乎也开始趋稳，在未来下跌有望。

股市风云莫测，春季临近结束，温莎的成绩已经开始亏损。自从联合爱迪生公司宣布取消分红后，慢速成长股就开始面临着一发不可收拾的抛压。当然了，这是矫枉过正，我们紧紧抓牢自己的投资原则。可是，下跌趋势影响到的不仅仅是电力和电话这样的公用事业公司，投资者的担忧把无辜的银行也一同拖下了水。一切来得毫无征兆。我们曾预测银行股的基本面将保持向好趋势，实际上也正是如此，可市场似乎在说，"问题肯定是存在的，只是任何人现在还无法看到"。虽然铜铝价格开始上涨，可是顽固的市场一概拒绝给予它们任何奖赏，温莎可是在这两个领域投入了 10% 的资金。

尽管如此，为了我们股东的利益，我们觉得是让温莎的每一分钱加入战斗的时候了。根据我们估计，当时的股价水平代表了 20 年来购买普通股的最好时机。我们不是唯一做这样估计的人，但我们还是少数。大多数资金管理人由于担心进一步的股市混乱，纷纷选择了巨额现金及现金等价物，而他们本应该抓住这个罕见的机遇。

10.5.2 无处藏身

到 1974 年夏季，虽然我们基本全仓股票，但当时的成绩却非常漂亮，而整个市场一片凄惨，除了现金这个明显的例外，股市中恐怕再没有真正安全的避风港。面临最大压力的依然是高知名度成长股板块，不过我们在这个板块的持仓比重很小。可是，这个板块不可避免的大出血竟逐步蔓延，一直影响到了整个股市。恐慌情绪不可遏制，非流动性才是身家性命。判断失去了理性的指导，跟风和杀跌是绝大多数人的伎俩，也是趋势短命的推动剂。有责任心、有正义感的人不禁要问："这一切何时才能到头？"我那时和大部分人一样，对这个问题的答案一片茫然。然而，每个人总是认为自己的投资组合是最好的，面对手中似是而非的公司事实还会偷着沾沾自喜，我又何尝不是。

整个市场处在一个荒芜的大环境中，其中点缀着工业品的短缺以及尼克松总统 8 月 4 日的辞职信。可是后来，消费者开始认识到世界末日还不会到来。我们找不到有什么理由可以让消费者的开销低于可支配收入的 92%（历史水平），再说，1975 年人均可支配收入的增长趋势也能够帮助和怂恿居民去消费。

在这样一个动荡的背景之下，荒诞的情形发生了。温莎投资组合的平均股息率达到了 6.7%，但平均市盈率只有 5.2 倍。然而，我们的投资组合中一批主要成员给我们带来的红利却在继续增长，这继续让我们感到欣慰和满足。仅七八月份宣布增加分红的公司就占了我们投资组合的 21%。最少的通用电话（General Telephone）增加 4.7%，而最多的是雷诺兹金属（Reynolds Metals），它的分红增加了整整一倍。另外的 13 家公司平均增加分红 16%，其中包括 AT&T、摩托罗拉、肯尼科特铜业（Kennecott Copper）、联合货运（Consolidated Freightways）以及西夫韦百货（Safeway Stores）。温莎 1971 ～ 1982 年的投资变化情况见图 10-1。

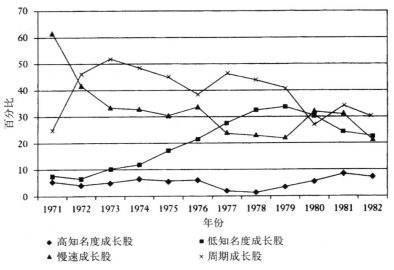

图 10-1　温莎基金衡量式参与的投资变化图（1971 ～ 1982 年）

这些分红的增加不是表面文章，它们是实实在在的，股东从中获得了可观的分红回报。此外，有许多证据都可以证明我们的投资组合质量上乘，不只是公司收入增加，更重要的是，它们稳健的财务状况让这些公司的董事会敢于向股东派发更高比例的分红。可是，温莎的这个优秀投资组合却只有 5.2 倍的平均市盈率，对应的净收益率[⊖]接近 20%。陷入悲观和绝望的投资者可能会说，"这些事实再怎么言之凿凿，在一个心灰意懒的市场中也不会有任何优势"。然而最终，其他投资者们认识到了天不会塌下来，而此

　　⊖　净收益率（earnings yield）每股股价 / 每股盈利，即市盈率的倒数。

时，我们注重财务稳健性的优良投资组合已经给温莎的股东们带来了巨大优势。

我们来到了 1974 年最后一个季度，温莎的成绩谈不上出色，但至少维持了一份端庄体面。虽然投资头寸占据了全部资金，可是我们和市场平均或者其他基金相比依然保持了领先。我们之所以采取全仓战略，一是因为此时市场已经凸显许多宝贵的投资机会，二是大跌之后的反弹将不可避免，提前布局坐享其成也是顺应自然。而且，经济的变化趋势也更加坚定了我们的信心。福特总统发起的各项抑制通货膨胀的措施也开始产生效果，而且投资者也都开始注意到了这些变化。强劲反弹一触即发。

不过到了 1974 年 10 月下旬，温莎的表现还是让人扫兴，传统成长股似乎又在死灰复燃。那些前期匆匆忙忙撤出的参与者又在匆匆忙忙地返回股市，大肆动用他们积攒起来的现金头寸，以一种类似膝跳反射的方式再次聚焦同一个花名册上的高知名度成长股。看来有些股票销路就是好。11 月则不那么让人难受，节奏、逻辑和理性开始在股市中重聚力量，活跃的板块开始增多，基本面的关注程度开始提高。我们欢迎这样的股市环境，同时也希望温莎的股东们（温莎的股东即温莎基金的持有人）能够因此受益。

布朗宁－费里斯（Browning Ferris）是普普通通的小型低知名度成长公司，可是根据我们的判断，它成长性突出，市盈率也比较适中。从性质上看，这家公司其实是一个垃圾收集中转站，委婉一点儿说，是一家固体废弃物处理公司。虽然这个行业枯燥乏味且令人不快，可这个行业在我们的社会中却极为重要，发挥了不可或缺的社会服务作用。布朗宁－费里斯在失去上帝恩宠之前，威灵顿的成长驱动投资组合就曾持有过它的股票，而且买进价格比 1974 年 11 月份高很多。根据我们的判断，在这个需要大量资金投入和技术支持，命运多舛的行业中，从运营状况看这家公司依然是佼佼者。公司报表记录显示，过去四年的年收益增长率为 17%，而且可以充分证明公司有能力维持 15% 的年增长率。此外，公司的股息率也高达 3% 左右。按照 1975 年会计年度预期每股收益 5.7 倍的价格，这显然是一个值得持有的股票。

结果： 我们的投入实质上在两年多一点的时间里翻了一番（约比市场平均高 40%）。尽管如果投资该行业另外一家公司，即废弃物回收管理公司（Waste Management），我们获得的投资收益将更好。

我们对 1975 年自己的表现信心十足，然而最让我感到烦恼的是，汽车的销售完全陷入了低谷。这倒没有直接影响我们，我们已经提前清空了汽车股。可是，它的触角伸到了许多配件供应行业中。如果我们对 1975 年满怀希望的展望要顺利实现，国内市场的汽车销售必须恢复旺盛才行。

不仅是汽车行业了无生趣，而且，似乎任何东西都被沾染了紧缺综合征：石油、纸、照相胶卷、蔗糖以及使用蔗糖替代物的减肥软饮料。有一阵子，甚至连厕所手纸都到了供应紧张的地步。不管这些资源的匮乏是否真实存在还是人为捣鬼，反正最终，随着这些现象逐步缓解，同步发生的存货损耗（inventory shrinkage）现象虽然进行的迅速而又随意，不过对市场定价有一个缓冲作用。我们预测到 1975 年一季度之前物价会返回正常运行轨道，但这需要一个前提，那就是消费者的购买力必须能够得到保持，包括汽车销售也需要得到一定程度的恢复。如果两者都发生，那么我们据此可以认为，虽然 1975 年前半年受到了很大压力，但其经济活跃度和 1974 年相比仍然不会有实质性的倒退。

在这五年时间的艰苦过程中，温莎自始至终都在和单个高估值市场板块的无聊反弹做不懈抗争。1974 年结束时，温莎伤痕累累，但是毫不屈服。我们对低市盈率投资哲学的忠诚没有丝毫改变，马上就要证明我们是多么正确了。

10.6　1975 年：温莎的凯旋

记得 20 年之前，我搭便车去纽约寻找工作，结果却是徒劳，而现在，我的事业正在取得无可争议的进展。"漂亮 50"让我们狼狈不堪但我们没有被打倒，温莎就要脱颖而出，成为共同基金行业的中流砥柱。与此同时，由衡量式参与和低市盈率选股组合起来的果断投资策略，也慢慢成为应对恶劣市场环境的公式和法宝。虽然 1974 年随着"漂亮 50"倒台我们却没有得到市场原本意料之中的慷慨施与，但是，我们仍将以踌躇满志的心态和不容扼杀的乐观迎接 1975 年的到来。我们动态地调整投资组合，其中主要包括根基扎实的高分红缓慢成长型公司。

新的一年开始了，业绩不如预期的高市盈率成长股继续愁云笼罩。对比之下，具有实质价值的股票得到了更好的认可，有想象空间的领域也开始了恢复的步伐，比如二线成长股。需要提请注意的是，不管是 1974 年还是 1975 年，温莎对基金业绩进行比较所用的首要比照都是标准普尔 500 指数。如果我们能够领先于标准普尔（1972 年和 1973 年的无聊季节不能包括在内，因为那段时间大成长股的股价由非自然力量推动，属于不正常的市场行为），我们就能够战胜主要的竞争对手。我们在 1974 年赢回了 10 个百分点，但如果我们对无聊季节本质的判断没有差错，我们希望能够充分恢复，让五年累计业绩记录一举夺魁。

我们的投资组合有着牢固的基石，其常住居民主要包括缓慢成长公司和周期类成长公司。其中，后者占领了温莎投资组合一半的领地。1975 年，不管是股市还是整个经济，我们探求能够从 1973 年和 1974 年的废墟中获得重生。现在，市场上的公司有着可持续的利润水平，有着确切的光明前景，我们找不到任何理由去放弃这个市场。另外，《退休金改革法案》的颁布让管理退休金资产的基金经理必须采取更加理性和谨慎的操作策略，我们无法预测这个法案会产生多大的影响，但我们期待它会给市场的投资实践起到好的作用。我们希望证券市场重整旗鼓，但这一次，投资的热点应是优良的财务状况、完善的结构规模、较高的市场占有率以及相对比较容易理解的业务属性。

我们强烈地感觉到，这次股市的恢复行情将会超越投资者曾经顶礼膜拜的"漂亮 50"成长股，这次已经包括进了慢速成长股和有着额外诱人股息率的周期成长股。我们的投资组合里边有很多这类股票：其中包括西夫韦百货、美国电话电报公司、哥伦比亚广播公司（CBS）、迪尔机械、肯尼科特铜业、优质银行、联合碳化物公司以及孟山都公司（Monsanto）等。必须承认，我们另外持有一些拥有想象空间但风险也更高的股票，它们甚至拥有 3 ～ 4 倍的增值潜力。和它们相比，上述的大部分股票上涨潜力可能略逊一筹。可是，为了一个更有保障的结果，在目标上退守一步也无可厚非，而且在现在这个情况下，这些低市盈率的优质主导领域似乎拥有了更多可以探索、可以挖掘的潜力。1975 年早期，我们好像就看到了胜利的曙光。

第一季度渐至尾声，1974 年承受的 16.8% 的巨大损失几乎完全得到弥补。**我们获得这些业绩增长主要得归功于：①全仓股市；②略含机会主义色彩的低知名度成长股涨势良好；③一些价值股呈现强势，其中尤以银行股为代表。**

股市快速上涨，而经济的好转还有待观察，股市似乎没和经济状况步调一致，然而 1975 年最先几个月我们也见识了股市不合常理的大跌。股市不受传统观念的左右，从某个角度来看，既然下跌可以惊天动地，那么上涨当然也可以让人目瞪口呆。

10.6.1 甜美的成功

我们对工业消费品和农业相关产品持乐观态度，在对这类公司投资过程中，A.E.Staley 公司的基本面把我们强烈吸引住了。这家公司生产高果玉米糖浆，是国内仅有的两家生产这种蔗糖替代物的上市公司之一。市场上蔗糖价格正在像豆芽一般上冲，而玉米糖浆相信对于蔗糖消费的大户——那些软饮料、糕点以及许多其他的食品生产商来说，似乎都要比蔗糖更有味道一点。甚至在蔗糖价格急剧下跌而再回到相对正常的水平之后，果糖仍然是一种非常经济的替代品。后来蔗糖价格的进一步下跌对果糖价格产生了一些影响，但是市场对果糖的认知度已经有所提高，这刺激了果糖的消费，并且可以维持公司的利润。为了满足市场增长的需求，A.E.Staley 公司正在扩大生产能，利润也随之大幅攀升。1974 年它的每股收益是 6 美元，我们预计到了 1975 年它的每股收益能够迅速膨胀到 15 美元。这个业绩的实现似乎放在多年之后的鼎盛时期才比较现实，并且也要等到产能持续放大，大豆加工业务得到较大发展之后。但是，我们已经被一个刚诞生的全新行业吸引住了，而 A.E.Staley 公司正在这个行业的前沿冲锋陷阵。我们以大约为当年每股收益 3.5 倍的价格买入股票，并且认为以它的行业背景和发展速度，可以以对应 10 倍市盈率的价格卖出，所以上涨空间极为广阔。

结果：事实证明，A. E. Staley 公司带领下的甜味剂行业确实具有良好的盈利能力和顽强的耐受力。虽然它是在一个冷淡的市场中，但我们依然获得了 50% 的投资收益。

到 1975 年中途点附近，似乎可以确切地断定，我们已经从一个低估的市场中很容易地赚到了钱。从 12 月份的月底开始，道琼斯工业平均指数已经反弹了 38%，现在站在了 800 点之上，我们希望指数缓步慢行。带着这种看似现实的想法，作为买入一方我们稍稍把脚搬离了油门。我们不是担心股市的点位，而是我们对股市急功近利的快速恢复保持了一份应有的警觉。况且，我们要为将来出现的单只股票或者某个行业的买进等待机会，甚至要为大盘转弱时出现的买进机会做好准备，所以我们留出了适度的现金头寸（约为温莎总资产的 7.5%）。此时，对于某些我们大量持有而且大获成功的领域，我们选择了逐步抛出、实现利润的策略。然后，**我们又把这些回收的资金重新投入到经营稳健、风险更小、预期总回报更高的领域之中。**

与此同时，对于部分涨幅巨大的大赢家股票我们继续获利抛售，其中包括哥伦比亚广播公司、联合碳化物公司以及西夫韦百货。事实上，我们的收获比正在成功复苏的市场收获更多，该时期市场对某些优质股票发挥了特殊的想象力，这不仅体现在友好的低知名度股票上，甚至还包括了综合性公司，比如海湾西部公司、沃特基德公司以及怀特联合公司（White Consolidated）等。

我们抛售规模最大的股票包括吉姆沃特公司（Jim Walter Corp），它是一家风险高于平均的中间商公司，自温莎持有以来，它已经给出了出色的业绩。我们在 1972 年夏季首次买入这个房建公司的股票，在下一年春季又进行了增仓。它的股价已经有了 50% 的涨幅，是同期大盘涨幅的两倍。不管是按公司发行在外的流通股本计算还是按温莎的资金规模计算，我们在这只股票上的持仓量都很大。现在既然达到了目的收益，我们当然选择市场人气正旺的时候逐步抛出。而另外的投资者则才对建筑行业的恢复前景和公司前途有望的煤炭业务如梦方醒。依照温莎的传统习惯，我们会利用高涨的市场热情这股力量，来兑现我们因先人一步的成功分析而获得的投资收益。

　　我们慢慢地把市场和竞争对手抛在了后头，也不停地为自己装饰胜利者的花环，不过实际上也并非尽善尽美，比如伊顿公司（Eaton Corporation）。该公司是重型卡车传动装置和轮轴的一家主要生产商，并且还参与其他工业领域。不过不能说它是一场灾难，我们自 1973 年中期买进该股后，一开始它的表现并不比大市差。但 1973 年，一直到 1974 年公司的业绩始终没有达到我们设定的目标。考虑到 1975 年中期的经济背景比较苛刻，重型卡车的市场环境又异常艰难（这种情况可能一直从 1975 年中期后持续到 1976年），而且叉式升降机业务的订单也不断萎缩，总而言之，伊顿的业绩比1974 年的历史收益倒退了许多。在这样严峻的形势之下，我们更喜欢姑且退出，不过和往常一样，我们保留半年或者 1 年后回来再战的权利。

　　我们此时开始关注被投资者遗弃的能源相关类股票，其中得克萨斯东部输运公司（Texas Eastern Transmission）让我们眼睛一亮。得克萨斯东部输运是一家管道运输公司，是不列颠北海（British North Sea）石油发现的主要参与者。早在几年前，这家公司的股票曾受到过热情追捧，在 1972 年和 1973 年它的股价一直维持在 60 美元以上。从那以后，公司收益基本保持以 7% 的年增长率递增。此外，北海新发现的油田为公司 1976 年和之后的收入增加做出了突出贡献，我们希望三四年之后该项业务能为公司增加1.00 ～ 1.50 美元的每股收益。

　　而且公司的其他业务也正稳步增长，我们预计收入增长率有望提高 10%或者更高，至少几年之内没有太大疑义。公司当前股息率高达 6%，而且在下半年应有更好的期待，同时目前的市盈率只有 7 倍多一点点。随着北海石油的发现又重新点燃了石油配套服务公司的热情，我们觉察到了这只股票拥有的巨大增值潜力。我们在这项投资中获得的回报虽然不足以引以为傲，但和市场平均相比则大大领先了。直到 1977 年我们卖出股票，我们获得的回报率接近 58%，而同期道琼斯工业平均指数下滑到了 850 点之下，跌幅为 15%。

市场环境有了较大改观，它恢复了部分理性的思考和想象，也悄悄地唤醒了前期跌幅较大的股票。在这样的环境之中，我们维持了很好的竞争优势。市场上，大成长股已经不再笼统地一起涨跌，而是根据各自的优缺点出现分化的走势。这样一种尊重事实的市场为温莎营造了更加友好的环境，我们的优越性也将获得更加充分地发挥。

10.6.2 投资收益的兑现

我们继续减少买股，出售量和新购买的股票数量之比超出了 2 : 1。我们并不担心市场会掉头向下，但我们需要警惕太快的上升步伐。带着这样的观点，我们一方面继续收获利润，一方面寻找其他的投资机会，顺便挑战自己的选股能力。

市场似乎是要竭力返回历史高点，温莎则大量抛售股票，这些股票包括吉姆沃特（+40%）、哥伦比亚广播公司（+35%）、孟山都（+60%）、宾夕法尼亚科隆保险（Colonial Penn Group，+100%）以及西夫韦百货（+40%）。另外，我们对坦迪（+150%）和阿姆斯特工业（+74%）进行的投资获得了巨大成功，此时也进入了收获的季节。坦迪恐怕是我们最为成功的较大规模投资。我们在 1973 年夏天开始买入，整个购买过程一直延续到 1974 年年末，持仓平均成本 16 美元，总持仓量达到 30 万股。现在的价格已经比买入价翻了三番，比 1974 年的低点翻了五番，我们的目标价格已经实现，所以选择及时兑现。

我们的投资组合在 1975 年半年度时的预期收益率在 10% 以上，由于上市公司整体业绩下降了 15% ～ 20%，并且估计 1976 年会有 20% 的增长，因此我们发现市场不大容易转跌。虽然我们承认出现了通货膨胀的许多征兆，这令人气馁，不过我们猜测物价水平只会有微小的失常，消费者物价指数（CPI）上涨到 6% 还是不现实的。我们对即将到来的两位数的通货膨胀率还一无所知。最具说服力的事实是，1975 年 8 月温莎基金的价格仅仅是 1975 年每股收益的 7 倍多一点，是 1976 年预计收益的 6 倍。

1975 年分红的增加也强调了温莎良好的健康状态。在我们的投资组合中，40% 的公司都增加了分红，而只有一家公司削减了分红。

10.7 1976 年：股票的乐趣

温莎战胜了 90 多家竞争对手，一路顺风地来到了 1976 年。在资金量超过 1 亿美元的大型基金公司中，我们 54.5% 的收益率比最接近我们的基金高了几乎 5 个百分点，而和标准普尔相比则高出了 17.4 个百分点。

温莎赢得了非比寻常的回报，同时也赢得了被夸耀的权利。前几年席卷股市的成长股热潮风驰电掣，我们不幸坠落这一列歇斯底里的班车，而今日的成绩完全给予了弥补，让那衣衫褴褛的几年一笔勾销。据我们的记录显示，我们的五年跟踪累积收益率刚好让我们紧跟在基金平均表现后面，和标准普尔相比也低一点点。这两个对比都暗淡无光。但是在非自然状态的连续几年中，我们坚持了下来，更为重要的是，我们不但站稳了脚跟，而且在 1976 年竟能一跃而居前列。同时从最为关键的 10 年累积成绩看，我们是遥遥领先的。在 10 年的时间跨度中，温莎的收益率达到了 80.3%，比最接近我们的基金公司高了 5 个百分点，比季军高了 20 个百分点，而且，温莎的这个成绩相当于基金平均成绩的两倍。

10.7.1 圆桌的日子

1976 年 1 月，我第一次参加了《巴伦周刊》的圆桌栏目。这个月中市场的活力给人留下了深刻印象，道琼斯工业平均指数从 858 点一直上攻到 975 点，涨幅达到 14%。在市场稳步上行的过程中，很难判定什么时候市场的欢呼雀跃会变成焦虑不安以至于最后变成恐惧惊慌。1月过去，2月又开了头，股市最初有些忘乎所以，就像是灌了点儿烈酒之后鲁莽任性，但是我们并不为股市或者温莎持有的股票感到神经紧张，因为它们当前的股价仅为1976年收益的7.5倍。可是和往常一样，我们很为股市疾风骤雨的错乱步调感到惊奇，看来流动性搜寻者又被激起了狂热的本性。我们认为暴食之后必然会消化不良，某种调整可能就在眼前。

我们的策略有一个重要组成元素，那就是继续实行已经证明有效的做法：把从获利抛售或者纠正错误得到的资金循环到股市聚光灯之外被低估的普通股中。在1976年前期，国内石油股由于其高分红和合理的市盈率引起了我们的兴趣。对能源的新需求确保了石油价格的上涨，石油价格的底线也将得到抬高。其他投资者由于对国内原油和天然气的政策调控诚惶诚恐，依然不敢轻举妄动。而我们认为这个价格是货真价实的，也是连续四年业绩跟踪得出的理想价格，更不用提石油股在标准普尔500中占有巨大比重（大约15%）了。如果市场高烧不退，我们随时准备把石油股卖出重新换回现金，反正它或早或晚将给我们的股东带来巨大的切实利益。由于我们的成本低廉，两个月之后这些投资就得到了巨额的增值。

与此同时，华尔街对温莎的股票胃口大开，而这些股票在以前却是被人鄙弃的对象。我们很高兴能处在这么一个市场中。坦迪，自然一马当先；其他股票紧随其后，温莎的价值股方阵大多数都成功吸引了市场的注意。想象力、创造力以及愿意多做一点功课的立场决心，便能不断从浩渺股海中网罗到更多"宝贝"。是时，迪尔机械、通用电话和电子（General Telephone & Electric）、怀特联合公司以及美国鞋业公司（U.S. Shoe Corp）等股票的获利抛售也已经着手实施。

然而美国无线电公司（RCA）虽然只获得15%的利润，我们就已经开始了清仓，因为我们的原始分析中有两项预测至少在短期内无法实现。首先，虽然消费者购买力水平的提高已经在各行业的市场中表现显著，但是彩色电视机市场没有得到分享，虽然最终似乎还是要受到一点推动作用。其次，也是更重要的一点，在广播网络行业中，国家广播公司（NBC，RCA 的子公司）始终甘居行业龙头（CBS）下风，而且目前有恶化趋势。这可能在短期业绩中表现不出来，但是却让我们最初分析中高质量的评价失去了存在依据。这不仅玷污了我们对公司的底线评测，还侵犯了我们设定的目标市盈率。有趣的是，或多或少让人扫兴的是，我们把这只股票从温莎基金中剔除出去后，它却开始了大幅上涨。让它去吧。我们必须按照业绩预期的模型进行操作，其他就只能顺其自然，听从上帝发落了。

10.7.2 擦拭和漂洗时间

我们深知"擦拭和漂洗时间"意义重大，那些带来失望的股票我们会不留情面地将其扫地出门。不管是为了补充现金或者用于再投资，我们总在不断地把市场热情转化为我们投资收获。为此，我们进一步增持了国内石油股，大约达到了温莎资产的 10%，如果算上各种各样的勘探和开发石油及天然气的公司，这个比重将达到 14%。

这个行业 5 月份的销售较为冷淡，这些公司甚至出现了轻度赤字，不过，展望该行业的前景，我们仍然对中短期发展保持乐观。我们认为 5 月份的赤字只是个小偏离，虽然我们并不擅长预测市场运行的轨道，但我们认为平均线还朝上运行。可能更为重要的是，我们正处在一个有价值的投资组合总能获得优厚回报的时代。在这样的市场氛围下，我们当然对才 7 倍多市盈率的股票百般放心了。

同时，温莎在反弹行情中的成绩在 106 家基金公司中排名第二。不谈业绩，使我吃惊的是竟有那么多基金在选择投资那些苟延残喘的行业。再次获得优等成绩让我们感到分外自豪，要知道，传统观念和群众智慧（对于这个情况多半是对的）认为，一个基金最多风光一年，下一年多半会混同俗物。

市场越来越倾心于美国的"巨大烟囱"⊖，我们则继续卸载负荷，或者更准确地说，把部分周期性股票抛给它们背负，以换回自己的工钱。比如我们抛售的铝业板块和化工板块，它们都经历了大幅上涨，当然，股息率和总回报率也就随其下降。我们在这个领域维持了较大的持仓比重，大约占整个基金的38%（虽然财政年度末持有更高的45%，1975年8月份则达到48%）。这样的比例可能在旁观者看来永远不堪称完美。除这部分周期类股外，我们一方面减持了部分基本工业品领域（主要为化工类）的股票，另一方面继续重仓持有耐用工业品和工业设施服务领域的股票。分析1977年的总体趋势后，我们判断这是一块资本增值的肥沃土壤。这种趋势主要在我们持有的综合性企业中已经慢慢显现，它们包括斯图贝克（Studebaker Worthington）、海湾西部公司、沃特基德以及怀特联合。

10.7.3 温莎之荣耀

关于投资，获利之后快速鞠躬离场总是明智的。1970～1976年，温莎的投资收益率为83.2%，相比标准普尔只有57%，这确实让人惊叹。仅在1976年，温莎46.4%的投资回报率就大幅超越了标准普尔，标准普尔该年回报率只有26.8%。但是不确定性总是猝不及防。窄幅来回震荡是贯穿1976年的市场特色。

道琼斯工业平均指数到达了932点的高度，但我们判断和相信市场的支柱依然稳固，这从公司增长的利润、调高的分红、缓和的银行利率可以得到确证。然而，进入秋季以来的消化调整似乎反映了人们的担忧，这些担忧主要集中在两个方面：①担心经济快速增长的预期中途夭折；②担心吉

⊖ 即重工业，随经济波动起伏而盈利周期性波动的公司。——译者注

米·卡特赢得总统大选的可能性加大。我们禁止让对政治活动的任何预测影响到我们中期或者长期投资的决策，而且在我们看来，相当明显，商业活动的停顿不过只是停顿而已。但更确凿的证据的出现还需要等待，等到消费者重新获得消费他们不断增长的现金储备的信心，等到企业领导者重新动用大额资金扩建基础工程设施。

在我们眼里，证据已经足够强大了，不管是根据历史观点来说还是根据市场表现推断：向好的趋势将超越短期行为而不断延伸。相应的，我们看好1977 年的企业收益，并且认为由于没有发生金融过度（financial excess），这为 1978 年继续保持增长潜力提供了良好的背景。基于这些乐观的估计，我们希望看到一个不断发展的，更加富有魅力、充满想象力、更加值得挖掘的市场环境，一个非常适合温莎的市场环境。

|第 11 章|

快四码扬尘回[⊖]
（1977 ~ 1981 年）

随着下一个转折点的到来，利率、油价和继而发生的工业品短缺抓住了市场的脉搏。低知名度成长股在后"漂亮 50"时期神采飞扬，这一次，我们决定依赖更多类型的公司和行业。银行、综合性企业、耐用消费品、复合保险以及电力行业，所有这些公司都给温莎的股东带来了丰厚的回报。[⊖]

11.1 1977 年：调整部署，新的开始

我们不久就对投资组合结构进行了大刀阔斧的调整。为了给周期性的汽车股腾出空间，我们出售了大量 IBM 的股票，这让我们的高知名度成长股所占比重下降了一半。AT&T 股票的去除也减轻了慢速成长股的比重。同时，我们加大了低知名度成长股的持仓，我们还是认为该板块是最有增值潜力和获利机会的。市场似乎绕了个大圈，现在开始转而看重股息率而对

⊖ Four yards and a cloud of dust，橄榄球的一种技术和作战风格。——译者注

成长性不加在意了。这种渴求，正和 20 世纪 70 年代早期一样的迫不及待、一样的一意孤行，而方向正好倒了个个儿。虽然我们在出售 IBM，但我们仍在继续从高知名度成长股板块中搜寻被误解的公司。

温莎把从出售 IBM 和 AT&T 获得的等量资金用于购买通用汽车和福特汽车，这是我们资金配置上的一种重大转变。原则上，在标准普尔中占了其市值将近一半的前 50 强中，温莎通常只持有 7 ～ 8 只这样的股票。我们不是和前 50 强不共戴天，只是它们常常有一大批追随者并被反复地研究，于是乎，也常常被过多的人炒卖，被过度的高估。与此同时我们发现，偏见无所不在，包括这类股票也会遭人抛弃。不过我们总是小心谨慎地对待这类大市值的公司，而不会孤注一掷。

举例来说，1975 年后期和 1976 年前期我们踊跃买入国内石油股，而且仍然大比例持有壳牌石油、大西洋富田以及印第安纳标准石油（Standard Oil of Indiana），这三只股票都名列标准普尔前 50 强。另外，几年来我们持有的 AT&T 和 IBM 一直分别都占了 6% 左右的比重。我们认为这两只股票在各自所属的行业中都属于低估的股票，AT&T 是我们投资组合的固有成员，而 IBM 在高知名度成长板块中表现孤傲。从中期表现看，两者都表现不俗。它们的优秀不只相对市场平均而言，即使在和自己同属的股票板块中也是胜人一筹，尤其是 IBM。

然而现在的问题是，这两个公司的中期利润增长面临着萎缩。AT&T 由于良好的政策调控环境，它的利润已经跃升到了较高水平。而 IBM 的股价已经变得极端冒进，并且让人不解的是，它的租金和服务收入的增长变得非常平缓。我们没有必要把这背后的细枝末节弄得水落石出，单单看 IBM 14% 的预期增长率我们就不得不怀疑它在投资组合中存在的理由，因为这个时候我们投资组合的整体增长潜力实际上达到了这个大蓝筹的两倍。

11.1.1　我的四轮情结

在我们准备把出售股票回收的资金投入到汽车行业中时，通用汽车和福特汽车的交易价分别是各自每股收益的 6 倍和 4 倍左右，两者的股息率则分别为 9% 和 7%。很明显，市场是认为 1976 年和 1977 年这两年过好的汽车销售使这些公司的每股收益和股息率带有了泡沫的特征。我们反对这种普遍观点。10 多年来，汽车的改进主要是在外观设计上，而现在新开发了一种更加省油的汽车，这必然促进新老汽车的更新换代。这无疑为汽车制造商开辟了一个很好的替代市场。新款汽车除了节省燃油，还有其他的优点，比如更加安全，拥有维持传统的设计改进等。不过，我们没有预测到银行利率的上升和经济萧条会对消费者的购买欲产生不良的综合影响。虽然我们对四轮物体的衷心最终换回了丰厚回报，但开始时却受到了一番挫折。

在第二个财务会计季度，我们继续保持了良好的增长势头。温莎基金4.4% 的增长差不多比标准普尔高了 3%，比基金平均则高了整整 3%。这其中，缓慢成长公司做出了巨大贡献。此外，低知名度成长股也功不可没，尤其是我们投机取巧买进的必胜客，它和百事可乐的兼并计划助了我们一臂之力。实际上，我们持有的有想象空间的板块中也诞生了两个大赢家和若干强劲品种。

投资组合的设立就如同交响乐的变奏，风险板块让我们取得投机收益，但稳定的表现依然需要一步一个脚印。来自投资组合管理的挑战并非高深莫测，但没有人能够真正洞悉和理解某只股票短期走势的前因后果和来龙去脉。因此，如果投资种类有足够的分散性，有一点儿评估潜在低估值状况的技巧，我们的股东就应该能够从中获利。

我们并不是没有失望的时候，然而，失望也可以被其他高涨的股票吸收。即使市场处于压抑状态，亦即理论上我们持有的高风险潜力板块也被压垮，我们依然可以取得理想的结果，所以失望总是让位于信心。这种无伤大雅的打击反而预示了更好的未来，特别是当市场变得乐观的时候。

夏天过去一半之前，虽然我们仍然感到低估值的股票机会很大，但整个市场却倦怠无力。我们把所有显然的不利因素进行分析，然而似乎积极因素（分红的大幅增加，缓和亦不过热的经济增长，行业需求的宏观规划）超过了所能料想的全部不利因素。

11.1.2　价值的再确认

1978 年的第一次失意更加凸显了温莎投资组合的价值。我们注意到，我们投资组合的市盈率按照 1978 年的收益计算为 6.1 倍，对照 9.5% 的增长率和当前 4.9% 的股息率，或者预计 1978 年 5.5% 的股息率，这样的估值显然过低。我们的投资组合 1977 年的收益率几乎达到了 19%，可以预期，在新一年中我们的收益率可以超过 11%。事实上，不管以何种标准衡量，我们的投资组合都显得前途有望，凭借这么低的市盈率，可观的收益随时有可能实现。我们继续慢慢加大低知名度股票的持仓量，同时也逐渐把主要以 AT&T 为代表的慢速成长股换成主要为汽车股的周期性成长股。这并不是说我们要大规模折返美国的"巨大烟囱"，而是这个领域已经经受了巨大的价格厄难，其中我们主要选择了钢铁、化工、炼铜、造纸以及机械制造板块。

11.1.3　大型石油公司

我们的投资组合又有了一个新成员，埃克森石油，我们持有它的比重接近 1%。它是世界上最大的石油公司，以其 1977 年 3.8% 的权重，它的市值在标准普尔 500 中排名第三。**我们一向都对标准普尔的权重股密切监视，**

并且，如有潜在的低估现象在这里出现，我们经常也要主动出击迎接挑战。
我们很少进行对冲平衡操作（hedged），而埃克森同样不会让我们产生什么顾虑。相反，我们很在意它在标准普尔中的权重影响，并且我们也注意到阿拉斯加北坡的石油发现带来的利好影响，全球的新石油生产基地埃克森基本上都要插上一脚，这里当然也不例外。根据我们的计算，这些方面将给埃克森带来至少 8% 的年收益增长以及 5.9% 的高股息率。分开看，两个特征中的每一个都让人蠢蠢欲动，放到一起，则有一个强调规避风险的市场不可能忽视过久。我们的目标是股价上涨 88%，这相对于温莎整体投资组合的 116% 显得宽容而不苛求。其实，有两个事实不能不加考虑：①它的相对风险更小；②它的增值空间虽然低于温莎平均，但是据我们判断要高于市场平均，而且比起我们正在卖出的股票要好 20%。为了最大化投资组合的收益，有关上涨空间的这条标准恐怕是所能容忍的终极标准了。

　　结果：埃克森实现了我们对于一个大型石油公司的防御性中期预期。它超出市场平均 2%。算上优厚的股息报酬后，这个数字还要大许多。

　　我们断定股市将在 900 点左右探底，结果到了 1977 年 8 月，我们却发现股市到了接近 850 点的地方，而且仍然在往下寻找支撑。我们的严重失误，不可否认，我们那时的判断确实有欠斟酌，更谈不上什么专业。若按 1978 年的预期收益计算，我们的股息率可到了 6%，我们的投资组合似乎已经到了无法继续下跌的界值点。

　　市场落入了困境，这也影响到了温莎。1977 年财政年度的最后三个月我们的资产下跌了 3.6%，然而，这一年我们的相对优势愈加突出。我们又一次以绝对优势战胜了所有竞争对手。尽管我们不断增仓低知名度成长股，然而我们仍然在一个弱势市场中取得了好成绩，这让我们格外高兴。

温莎继续慢慢增仓低知名度成长类股票，不过这只是使该季度的表现要相对好看些，而对于年度报表却作用甚微。该季度我们对投资组合进行的另一个大调整是增持周期类股票。和往常一样，市场下跌时我们有了一次大手笔。不加区分的集体下挫再一次让我们有了可乘之机，于是，我们趁此时机增持基本工业股，它们的经营毫发未损，而且 1978 年的利润有望继续增长。我们对内在价值有着敏锐的嗅觉，这总让我们比其他投资机构快三拍。一方面，我们开始迅速抢购化肥股，另一方面，我们又积极买进因产能限制而遭受打击的铝业和玻璃容器制造公司。我们期待生产运作效率和产品价格都能有所提高。

与此同时，我们开始享受必胜客的美味。百事公司收购必胜客让这只股票净升值 100%。必胜客让人惊讶的价格增幅表明：如果你的判断是对的，那么即使专业投资者都纷纷撤离，市场还是会找到一种回报你的方法。

11.2　1978 年：乐观者俱乐部

市场跟跟跄跄来到了 1978 年，让大部分的参与者灰心丧气。然而，就像乐观的波莉安娜[⊖]一样，我们选择多关注事情的积极方面：收入的增长、红利的提高、合理的定价以及收购和兼并。当机构投资者畏缩不前时，公司便以折价回购股份，让弱市中溢价买进而心力交瘁的投资者减轻痛苦。

温莎投资组合的平均市盈率是 5.6 倍，对应的收益回报率为 17.9%。我们的股东预计可以享受 9.7% 的增长率和 5.5% 的股息率，即超过 15% 的总回报率。这意味着即使市盈率停滞不前，我们仍然可以在未来为股东带来 15% 的年回报。如果市盈率提高，我想这没有太大问题，那么这个回报率

⊖　影片《小天使》（*Pollyanna*）的主人公，后该词用来形容盲目乐观的人。——译者注

和一般股票的回报率相比将会显示出令人吃惊的巨大优势。即使市场遇上了麻烦和压力，比如在过去了的 5 年、10 年和 15 年时间里，温莎的年回报率分别达到了 7.7%、7.4% 和 10.4%，这期间市场无所作为，能取得这样的成绩我们也已经无须愧疚了。

作为我们的策略，我们把出售高知名度慢速成长股获得的资金用来购买低知名度成长股，其中国内石油股又重新激起了我们的兴趣。大西洋富田以及 Sohio 两者都是阿拉斯加北坡石油发现的受益者，而且不管是短期、中期和长期都可以从中获得源源不断的利润。

在 1978 年前期的股票交易中，我们对 IBM 的进一步抛售比较突出。我们把 IBM 作为资金的一个简便来源，直到它基本上从我们的投资组合中彻底消失。到 1978 年，它一直是一个高度耐用、质地优良、高度可预测的高质量证券投资，而且和它的同胞兄弟相比，即在高知名度成长公司中，它的表现依然卓尔不群。

在这个过程中，IBM 逐渐从最开始的极度低估状态走出来，慢慢演化，逐渐变成了一个估值合理，或者夸张一点，估值稍高的股票。总而言之，在"漂亮 50"崩塌的 4 年时间里，高知名度成长股仍然无法通过温莎苛刻的筛子，虽然凯马特（Kmart）和麦当劳已经接近我们的标准。而且我注意到 IBM 的增长开始趋缓，对它比较重要的租赁服务的利润只有一位数的增长率，这个指标基本可以决定 IBM 的最终业绩表现，看来，这个大蓝筹已经在靠出售资产自蚀老本了。

温莎继续保持着绝对和相对的优异表现。我们以 12.8% 的收益率和第二名相比高了差不多 4 个百分点，和标准普尔相比还要稍微更好一点儿。其中对业绩贡献较大的包括福特汽车、银行大盘股、电视广播公司、某些综合性公司、刚买入不久的保险行业、制铝行业、专营零售行业的股票以及其他几个低知名度成长股。

11.2.1　激情迸发

在长期的低落之后，市场在 1978 年 4 月开始点燃爆发的导火索。提前确切地指出股市的转折点很难，或者说基本上毫无可能。不过 4 月中旬我正好出差去了欧洲，我们要和伦敦、苏黎世以及法兰克福的投资团体进行沟通、交往和切磋。这个时候，似乎每个人都已经拜倒在市场脚下，每个稍有自信的人都在拿美元投入市场。那股强大的后继推力到底来自欧洲还是有其他渊源我至今仍然不得而知。但是导火索一旦点燃，手里拿着超额流动性资金的投资机构原本就正在策划一场市场的爆发，现在正好匆忙出手，顺水推舟。4 月 13 日星期四、4 月 14 日星期五和 4 月 17 日星期一的那几次疯狂推升便是这个假设的佐证。仅仅三个交易日，道琼斯工业平均指数上冲了接近 6%。随后便产生了一个疑难问题：由于钟摆摆出后必将摆回，那么这次回调幅度会有多大？值得注意的是，经济状况、财务状况以及货币政策背景没有多大改变，但是随着威廉·米勒（G. William Miller）被任命为美国联邦储备局的主席，以及卡特当局的改革，这无疑在心理层面上起到了推动作用。

市场喜不自胜，我们则放缓了购买的力度，我们宁可为以后更加沸腾的股市预留资金。自然情况下，我们会把收回的资金循环到被市场冷落的板块中，但它们必须符合我们的投资标准。我们准备同时实施这两种策略，一方面我们获利抛售的股票卖了个好价钱，另一方面我们的再投资策略也非常成功。此外，几周后随着我们的现金流愈加充沛，我们也开始随波逐流地买了些投机概念股。这次的股市行情不是火山爆发，只是春日的冰雪消融。

11.2.2　新的地平线

我们欢迎出现的新机会，愿意面对新的投资地平线。除了传统的投资类型，我们开始为温莎引入新名字。有一些股票在当时比低知名度的股票还要单调乏味，但随着市场变得更加火爆，我们也不得不更加谨慎。

我们对安泰人寿和意外保险（Aetna Life and Casualty）进行了投资，这个公司给了我们一个新的思考领域，即复合保险公司（multiline insurance companies）。回顾起来，我们刚好在公司的业绩爆发点介入并留在了那里。先前我们对保险业的投资只局限于宾夕法尼亚科隆保险，这是家更注重区域发展的公司，期间我们对各类保险公司的研究和评估从没有停止过。安泰在不到一年的时间里分红突然加倍，一次性提高了83%，我们从中认识到它在1977年获得的创历史纪录的收益具有顽强生命力，这次增加分红就是很好的证据。这不仅为安泰创造了6.4%的诱人股息率（再加上10%的增长率和仅仅略高于4倍的市盈率），同时也给了竞争者不小的压力。

我们找不到任何说保险业正在进入行业衰退周期的理由，我们也不要求公司下一年获得比1977年更好的业绩。安泰和旅行者财产事故保险公司的意外事故和人寿保险业务都有着良好的收入，而且投资业务的可靠引擎获得的利润似乎也总有着两位数的增长率。这让公司的成长预期更加确切，同时公司有着诱人的低市盈率，更不用提将来分红的继续增加。如果1977年真的是保险业的行业顶峰，那么我们仍然希望看到两位数的分红增加。

结果： 1982年前期我们获得了71%的回报率，我们的股东可以心满意足了。

11.2.3　虚幻的危险

事实证明这次上涨并不像某些观察者担心的那样脆弱和经不起考验，但是自4月中旬的低点之后也经历了多次挫折。高知名度成长股在沉睡了四年多之后终于复苏，不仅是它们，一些更具投机性的公司也像打了兴奋剂一般活跃起来。这些公司引起了机构投资者的极大关注，因为他们突然发现手上的现金太多了。他们重又投入到那些熟悉的、传统的、交易高度活跃的板块中，比如人所共知的成长股。而那些规模小一些、但想象力也更丰富的机构则会选中交易更活跃、更具投机性的公司。

当这许多耳熟能详的成长股大涨特涨之时，我们又在干吗呢？我想这是个很正当的问题，因为我们曾经夸口说我们可以在任何时间点评估任何行业领域的公司并选出有投资价值的公司。我感觉我们唯一需要感到愧疚的是上涨了 129% 的波音公司。温莎公司有积极敏锐的股市洞察机制，我不应该错过它。同时，我猜测我们也错过了史克必成（SmithKline Beecham Corp.），一家坐落在费城外缘，或者说就如同在我们自家后院的公司，可叹可惜。但对于这个公司，作为辩解，我倒有一个狡辩的借口，因为对我来说，一个新药就能贡献 1979 年一半收益的妄想无论如何都是非常怪诞的。

根据衡量式参与的原则，温莎一方面继续增持慢速成长股，使用的是现金。另一方面，我们开始抛出部分低知名度成长股，比如股价已有两位数涨幅且岌岌可危的高位股票。作为它们的替代者，温莎买进了增长更加缓慢的公司，比如大西洋富田、欧文斯科宁、美国鞋业以及增长还要更加缓慢的安泰人寿和意外保险公司和旅行者财产事故保险公司。我们的分析也考虑到了上冲之后的担忧，也充分考虑到了个人投资者持续膨胀的投机行为。因为大西洋城（Atlantic City）[○]的赌博股正在暴涨。

温莎三季度的买进卖出基本保持平衡，换句话说，我们基本采取了传统的保守操作模式。进入 20 世纪 70 年代后，我们曾一度极大地改变了这种模式，不是因为我们变了，而是因为新的市场机遇连续显现，尤其是在低

○ 美国新泽西州的一个城市，以赌博著称。——译者注

知名度成长股中。它们的市盈率都很低，而且除了欧文斯科宁外，它们的股息率也都很高。

11.2.4 微小的差距

1978 年财政年度的最后一季喜忧参半。标准普尔下滑了 2.7%，而我们还要稍微更落后一点。而年初到当前，或者最近 12 个月的比较要好一些，但是由于这个落后，我们的预定目标没能达成。

我们的良好预期被现实粉碎，温莎失望又惭愧。我们预计到了需要获利抛售，尤其对于低市盈率成长股，然后把获得的资金重新调配到投资组合的固定成员中，即同时拥有高股息率和低市盈率双重属性的股票，同时也获得部分流动性。在 1978 年 10 月的最后两个星期，市场重新夺走了我们的一部分投资收益。然而，道琼斯工业平均指数不是回落 5% ～ 7%，就像是锯齿状上升的典型方式，事实上，指数的波动是这个区间的两倍。道琼斯跌去了 110 点，到达 792 点。

虽然我们小心部署计划，但却依然遭遇了过多的搁浅。我们和竞争对手的比较可能还勉强说得过去，但是和标准普尔相比就过分低调了。在这恐怖的两个星期内，我们失去了 4% 的领先性。就像以前充分证明了的，我们又一次认识到似乎我们在混乱的市场中无法施展拳脚。我们买入的股票总是需要孕育、停顿和沉思，一般不会买入就大涨。

11.3 1979 年：短暂的停留时间

对结果进行总结，尤其是短期结果总是强人所难。因为市场总在不断接受着好消息和坏消息的润滑和侵蚀，这些消息主要是宏观经济、资金供应、利率水平以及美元和国际关系发展。市场对这些消息进行诠释，继而演绎，时而汹涌，时而俯冲，每个星期都是这样。受此影响，很多投资机构都没有足够的停留时间，因此无法潜下心来研究被市场忽略、误解和遗弃的公司。换言之，人们似乎只是在意市场的短期基调，揣测市场接下来可能的变化，并及时调整买卖计划：这就是所谓的市场时机选择（market timing）。

由于我们的公司往往需要市场进行特殊的理解和冷静的思考才能彰显其鲜为人知的优秀品质，所以它们继续被放逐和遗忘。这番解释当然是我过度简单化了的词，甚至会被人认作油嘴滑舌，因为某些我们持有的板块，主要是国内石油类的公司的表现依然可圈可点。可是另一方面，某些板块由于市场意气用事的大字标题抨击，或者因为经济周期退潮而导致的惊恐万状，纷纷遭受着市场的过激反应。

我们继续在股市中寻找具有真实价值的股票，与此同时，我们也不必和许多同行一样对通货膨胀和利率升降过度神经紧张。我们相信我们的力量源自价值发现，所以我们的大部分时间都用在这个地方。用其他话说，我们总是有强烈的愿望持有相对较满的投资头寸。让那些比我们高明的人选择市场时机，揣测市场动机去吧。

11.3.1 飞机和火车

运输板块引起了我们的注意。在航空板块，我们买进了大量三角洲航空公司（Delta Airlines）的股票。1967 年时温莎基金规模比现在小得多，那时这只股票就占了我们持股的最大份额。自从当年第一次抛出该股后，它的股价迄今几乎没有任何变化，而公司的每股收益、股息率、净资产却增长了 3 ～ 6 倍不等，而且面对竞争，公司在各个方面都显示了勇气和决心，包括采用极端保守的会计方法、稳步前行的资本化过程，同时也不怎么和工会有关联。简言之，它经营的各方面都质量上乘、无懈可击。虽然这个行业面临不明朗的调控预期，三角洲稳健的财务数据支持我们的较大持仓量，而且最为关键的产能需求比（capacity-to-demand）也较为紧绷，所有此行业中的竞争各方都还有发展空间。它和行业中其他公司有一个共同点，就是分红保守得可笑，但是我们预期，按照收入的 20% ～ 25%，公司的分红会有较大的提高。

结果：到 1981 年 2 月，三角洲上涨了 55%。

根据好东西总是多多益善的理论，我们继续在运输板块中增加筹码。桑塔斐工业（Santa Fe Industries）是一家铁路运输公司，经营管理得非常出色。公司和联合太平洋（Union Pacific）一样，也在西部地区拥有一大片自然资源，包括的范围从石油、森林物产到煤炭和铀产品，并开设了相应的工厂设施。由于沿线新增加了几处煤矿基地，又在俄克拉何马州新建了一处通用汽车的装配工厂，再加上自然增长，尤其是在粮食出口方面，公司的铁运收入处于良好状态。不断延伸的触角，辅以价格不断上涨的自然资源（尤其是石油产品），逐年拓展的物理规模，这些都暗示我们公司的增长率能达到 8.5% 左右。公司的股息率大约是 7%，并且有继续改善的趋势，所以买进这个市盈率只有 5 倍的股票预示着极高的总回报率。1979 年年底之前，桑塔斐股价涨到了比我们的成本高 61% 的水平。

11.3.2　回眸大成长股

我们开始从周期类成长股调出部分资金，转而投入已被长期忽略的高知名度成长股。很长时间以来，我们注意到的高成长性投资机会基本仅仅局限在低知名度成长股领域，但此时，两个高知名度成长股闯进了我们的视野，它们是凯马特和麦当劳。

虽然指数自底部上来已经有了较大的涨幅，但我们积极地认为市场还存在许多价值投资的机会。股本在 1 亿～ 4 亿范围内业绩较好的股票仍然吸引着我们。它们是兼并和收购的主要候选人，而兼并和收购依然是频繁发生的市场现象。

我们最大的收入来自国内石油股的出售，它们平均已经上涨 33%。这些数字并不惊天动地，但是它们是大盘股，我们从上一年开始已经大量持有这只股票，所以表现虽然不惊人，增值获得的收益却非常巨大。我们出售国际材料（International Minerals），这只股票也得到了 17% 的利润，另外，爱迪生兄弟百货（Edison Brothers）、马丁玛丽埃塔（Martin Marietta）和怀特联合再一次让我们赚得盆满钵满。其他卖出的股票多少都赚了点，或者刚好能收回成本。但我们在 Sambo's 这只股票上遭遇了彻底的失败，约翰 - 曼威乐（Johns-Manville）的股票也令人失望，我们把它的部分股票换成了更多的欧文斯科宁。

我们开始不断建仓博格华纳（Borg Warner）这只股票，这使温莎的股东大惑不解，"见什么鬼了，我们干吗还买第二家和汽车有关的股票？"

幸运的是，市场也是以这种眼光看待博格华纳的，所以它的股价只有 1979 年每股收益的 4.4 倍。公司实际上只有 1/4 的销售额来自客车设备，这比几年前所占的份额小了不少。公司的其他业务范围包括生产空调设备、一种高强度塑料的化学单体、汽车油泵、安全气囊以及其他运输行业的产品大杂烩。公司最初由英格索尔（Ingersoll）家族管理，后来演化为由一队专业经理人负责管理，博格华纳也变成了一家更加高效、更具竞争力的公司。公司的净资产回报率已经从 8% ～ 9% 增长到了超过 13%，这最能说明问题了。而且，股息率的上调也进入了公司的议事日程。虽然约近 1/3 的收入作为分红支付给了股东，但公司依然资金充裕，资产负债表平衡，保持了较强的潜在借款能力。

这为更多的收购铺平了道路，正如 1978 年对贝克工业（Baker Industries）的收购一样。这种扩张的巨大胃口从 Firestone 收购计划的传闻也可见一斑，如果这次收购成功，博格华纳的销售额将变成原来的 3 倍。然而，由于博格华纳不愿意支付过高的价格，最后的交易谈判没能达成一致。

结果：我们在 1980 年财政年度的第三季度里把该股喂给了食欲正旺的市场，收获了 37% 的价格收益。这超过了市场平均 5 个百分点。

11.3.3　周期性潮落

到 1979 中期，温莎的投资组合中所有类别的股票最显著的变化在于周期类股票。它们的比重增加了 2%，这比预计的要高，主要是因为我们在铝行业增持了大约 4.5% 的股票。我们发觉经济已经萧条许久，第四个季度就可能要见底回升。如果是这样，1980 年将是经济缓慢回暖，商业活动逐渐活跃的一年。

6 月，消费品制造行业开始报复性纠正错误，尤其是被石油"问题"耽搁了的汽车行业。我们和流行观点不相吻合，我们认为情绪化过去之后，消费者不会像躲避炸弹一样寻求庇护。相反，他们先前的乐观行为还是要完成，只不过步子缓一点而已。汽车库存的积压在三季度通过产量进行了强力调节，而且四季度依然会继续调整，只不过比三季度程度轻些，这些措施似乎可以保证不变美元国民生产总值（constant-dollar GNP）在这两个季度里继续有所下降。继二季度 3.3% 的下降幅度后，仅凭三季度的下降我们就可以从技术上断定经济的萧条。

如果这些预测成为现实，我们认为 1980 年从物量产出的角度看很可能和 1979 年类似或者稍微好一点点。根据这种观点，一些周期性的基础工业就形成了良好的投资背景，这些公司只要满负荷运作，会一点儿价格战术，再把生产线稍微做些扩容，业绩就能很好得到提升。铝行业可以说是完美地符合这些描述，这促使我们增持凯撒铝业（Kaiser Aluminum）的股份，并大举进驻两只股票，即雷诺兹金属和美国铝业。这三个公司的股票市价是 1979 年收益的 4 倍，按照 1980 年的也差不多一样，不仅如此，支撑股价的因素还包括高达 6% 左右的股息率、充沛的现金流和不断改善的资产总额。

虽然我们大量出售石油股，在该领域所占比重开始减轻，我们仍然把回收的部分资金投入了海湾石油。海湾石油不仅便宜（市盈率低于 5 倍）、分红多（股息率接近 8%），而且它并不像大多数人认为的那样，它本质上其实更接近于国内公司。公司刚刚签署了一份天然气的合同，这个合同包括了公司 40% 的天然气产量。经商定，此合同在 1985 ～ 1986 年之间到期，它至少会给公司增加每股 1.00 美元的收益。以此，海湾石油把锚抛到了风吹来的方向，既不影响股价向上增值，又可进行充分的防守。

结果： 到 1980 年晚些时候，温莎对海湾石油的投资获得了 88% 的收益。

11.3.4　困惑与茫然

1979 年 10 月我们的成绩遇到了下滑，这点让我感到难以完全解释清楚。我们有先见之明，抛出了一些人气过旺的股票并收回了部分流动性资金，现金在 9 月底达到了基金资产的 9%。联邦政府在 10 月 7 日的那个周末发布的缩紧政策对市场打击很厉害，我们的措施本应该至少让我们比平均水平好一些。

10 月的下一个星期，温莎严阵以待，结果我们的成绩却进一步下跌。我们感到困惑，灰心丧气。这在金融板块尤为明显，我们重仓持有这类股

票，本来还试图向市场证明某些具有先见之明的东西。不过，对于其中的
S&L，由于短期利率调高和投资者的短线行为，它们的下跌也算是公平，我
可以理解。然而，银行，尤其是我们持有的银行，这些股票作为战略品种，
而且属于国内本地银行，因此持有者的筹码应当比较稳定，所以它们应该
具备很好的抗跌性。然而，银行作为这次美联储（Fed）颁布法案的沟通者
和参与者，它们害怕产生边际紧缩问题（margin squeeze）。上一次的类似困
境投下了一条长长的阴影，正严重侵蚀着这个证券市场中的这个板块。不
仅如此，一些以前表现较好的板块也在 10 月的灾害中回吐了大部分利润。
石油股是我们有意避及的一个板块，它们占我们基金的份额比标准普尔低
得多，可它们却是该季度的突出表现者。

　　美联储 1979 年 10 月发布的措施事实上是给萧条对症下药，让经济发
展的引擎重新振作。残留的问题是经济是否会平稳着陆，还是会像战后的
典型萧条那般莽撞。我认为这次会比往常温和，虽然没有更多的原因，但
至少这一次不会像过去那样无法控制。然而许多权威人士却说，这次萧条
的影响之深将不输给战后的那次萧条，甚至还要更加厉害。

　　然而任何臆想的评定都是极其脆弱的，因为就利率水平的变化来说，
我们就像是在一个地图上没有标明的地方，谁也不能妄下断言。股票市
场遭遇浩劫，但和债券市场相比却是小巫见大巫。所罗门兄弟债券指数
（Salomon Brothers Bond Index）光在 10 月份一个月就下跌了 8.9%。这种环
境之下产生了两个好处，其一是对国际美元市场起了强烈信号作用，其二
是清除商品市场的投机泡沫。商品市场没有停顿的膨胀，几乎完全失去了
理智。投机行为先是纵情于黄金和白银，然后迅速蔓延，狂风烈火般地笼
罩了整个商品市场。这样的市场，如果不是粮食和工业原料市场和 1973 年
及 1974 年相比表现要好许多，定然对我软着陆的猜想是一个巨大反击。虽

───────
　⊖　30 年期债券的利率 1979 年年底刚超过 12.5%，1981 年 10 月 26 日到达 15.2% 的峰顶。

然大部分的商品市场逐步恢复理性，国际油价依然是一个难以解决的问题。在原油价格大幅跳升到接近 40 美元每桶之后，欧佩克（OPEC，石油输出国组织）的价格准则就失去了约束作用。如果不是又发生了一次伊朗危机，就好像上一次导致占领美国大使馆的伊朗危机那样，我预计油价会有所回落，然后可以伺机投入，等待更加好战和贪婪的欧佩克成员国提升油价。

投资者对石油和石油相关股票的需求提高了，温莎很好地利用了这种市场的情绪进行抛售。1979 年温莎的投资收益率接近 20%，而这一组股票为温莎创造的收入占了其中的 1/3 以上。当大部分投资者为石油欢呼雀跃的时候，我们决定先行退出，便毫不迟疑地卖出了这些股票，收获我们的报酬。石油股在高峰期占了整个温莎基金的 19%，而在我们财政年度结束的 10 月 31 日，石油股所占的份额已经不到 5%。但是我们可能高兴得太早了一点，因为从事实发展来看，石油股走的路还很长，而我们持有的其他股票却没什么动静。总体上说，1979 年是我们潜心选股的一年。

11.4　1980 年：逆风飞扬

1980 年又代表了机构群体思维统摄的一年，如果不说这种行为轻率鲁莽，那么只能说完全是石油相关股票在加油助威。诸如 Schlumberger、哈利伯顿、印第安纳标准石油、壳牌石油、联合石油（Union Oil）以及联合太平洋等的石油股票相互扯平后价格都翻了一倍。其中前两个是名副其实的高成长公司，但其他几家一般认为是较为普通的公司，今后可能面临大幅回落的报应。但是，1979 年并非只有那六家公司经历了暴涨行情，只不过它们最为人们喜闻乐见。它们毕竟占了整个标准普尔 10% 以上的市值。

像我们这样的到处寻找者，走一条和这个趋势抗衡的道路确实需要吃苦耐劳。但让我们惊奇的是，事实证明我们竟做得一样好，我们持有的股票属于完全不同的类型，包括银行、保险公司、财管公司、食品生产以及其他利率敏感类公司。

温莎绞尽脑汁独自钻研，不仅和标准普尔反着干，而且和我们的竞争者也各有不同。这种不同点简言之就是能源。我们在这个领域的投入总体来说低于平均，而且仅限于两家公司，其中持有的埃克森股票到达了限制上限，海湾石油的股票也进行了大量持有。但有一例外，这个领域中我们完全没有参与纯属国内的石油公司、石油配套服务公司，或者所称的石油衍生类公司。Missouri Pacific 是一家石油运输公司，它和联合太平洋石油公司具有联动效应，股价只能受制于人。像这样的半能源公司有许许多多，这家公司只是其中之一。

11.4.1 持久的倦怠

换句话说，市场一味地选择资产隙（asset plays）[⊖]，而这又以狂热的石油股为首领。因为固定收益证券（fixed-income securities）和消费类产品股票（consumer stocks）[⊜]等各类股票均受到了利率调整的严重影响，而市场上剩下的其他大部分股票则是有气无力的样子，一个个都熄火了。不幸的是，温莎买的股票没几个属于狂热的，大多数都是气息奄奄。追溯起来，考虑到温莎传统的逆向投资策略，我觉得我们的成绩不是太好但也不能说完全出乎意料。**我们不会在大幅上涨的股票（石油股）中垂涎最后一个美元，相反，我们试图让被低估的股票变成充分估值的股票，我们把剩余的机会留给那些博傻者们。**

⊖　估值不当的股票，其合并资产价值高于总市值，从而具有吸引力。——译者注
⊜　固定收益证券主要指债券，消费类产品股票指生产面向消费者的产品的公司，比如食品、饮料和药物。——译者注

我们预计公司平均收入可能会下降 5% ～ 10%，所以我们又把资金转移到业绩更加稳定的公司股票中。由此，**我们选中了支付较高红利且具有很低市盈率的慢速成长公司。与此同时，我们砍去了很多业绩较难预测的周期性股票。**虽然我们的策略是对的，但效果却不是立竿见影。石油股有资产隙优势，并且可以防御通货膨胀，它们吸引了市场的想象力，而它们也属于周期性的行业。

我想似乎没有必要再次证明那些被市场忽视的行业价值，比如银行、零售、服装、交通和汽车。在这些领域中，我们已经投入了非常规数量的资金，因此，我们在不断去除周期性股票（主要是和石油及铝有关的股票）的同时，还必须寻找另外的投资机会。

第二季度，股票价格的运动开始倾向于对我们有利。发生这种变化最主要的原因是短期利率骤降，长期利率也一样，只是程度稍轻。在利率空前不断地上调之后，利率的下调幅度同样创下纪录应当也是合情合理的，也是自然而然的。然而我们不敢过早的庆贺，在这个关键点，经济的总形势还不容乐观，我们预感到利率的快速下降可能还是太急躁、太突然了。但不管怎么讲，利率水平显然已经到顶了。

温莎这次充分享受到了市场的躁动，多亏我们巨资投入了利率敏感的板块，即主要是银行、金融公司和保险公司。第二波上涨由降低利率激发，我们也从中获得了不少好处，食品、零售、建筑，可能还有服装行业的股价都是上升的主导者。这些第二产业的股票表现出色，只是利率下降后不久又丧失了动力。最后，市场开始对我们的策略刮目相看，**我们投资策略的建立要素包括可预测的高盈利能力和维持能力，低市盈率、高分红、财务报表良好，并且对利率敏感。**没有人知道这种策略的有效性能持续到什么时候，但是当我们看到自己的"小果园"结出了一些果子，如何能不满心欢喜呢。

11.4.2　关小油门

从 3 月开始到 8 月中旬，道琼斯工业平均指数在冲刺了 200 点后到达 966 点。长期和短期利率的下降，机构投资者不同寻常的过剩流动性自由资金以及经济从萧条的峡谷中走出的倾向，所有这些都是推动市场向上的原动力。在这个低估值的证券市场中，不管别人如何争论，我们相信它的长期价值。可是，这么强劲、这么有规律的上升，不管是不是好事，总之让我们有了一丝不安。与此同时，我们也有自己对市场研判尚有不足的自知之明。我们的脚松开了一下油门，但是只让现金的百分比到达 8%。这样，温莎证券组合的总体风险有所降低。

关于现金，温莎投资组合中有一类充满想象力的半投机股票，对于这些股票，我们必须根据市场环境及时做出取舍。前两次的失足已经让我们懊悔不已。许多股票不在传统的信托投资或者咨询许可列表（相当于权威机构的荐股列表）之上，在恶劣的市场环境之下我们必须时刻警惕高空陷阱[⊖]。另一方面，我们希望那群可爱的占了投资组合 28% 的慢速成长股以及现金等价物，能够让我们在市场遭遇不幸时不随之坠落。

11.4.3　盛衰更迭

1980 年，能源股和科技股主导的牛市行情波澜壮阔，期间利率敏感类行业的表现令人摇头叹息，而温莎第四个财务季度却没有糟糕透顶，这不免让人感到奇怪。我们持有的想象力板块，包括运输、商店、服装以及制铝，没有让我们在基金的马拉松赛跑中掉队。

钻牛角尖的人会责问我们为什么在能源和科技板块见不到我们的影子，

⊖　Air pocket，使飞机在飞行时突然坠落到气压极低的区域，这里指一种股票显而易见极其虚弱，经不起任何的考验。这和空头陷阱（bear trap）不同，空头陷阱指当股票下跌时，引起大量抛售，然后价格又上涨。——译者注

而非要抱着让人想死的利率敏感板块不放。关于这一点，我想不应该急于给出"验尸报告"，还是先公布和研究一下我们的成绩单为好。不仅如此，科技领域从不是我们喜爱的狩猎场所，原因有三个：①从本身性质上讲，科技板块对我们来说太过冒险；②总回报率和为此支付的价格比率不能通过我们的筛选程序；③我们在这方面没有明显的长处，不及市场上的其他参与者来得有经验。在鱼龙混杂的科技板块中，我们从来不敢假装我们具有不同一般的专门知识技能。

在石油领域，我们已经好几次令人厌烦地阐述了我们的原因。这是一个资产衰退行业，尤其是国内石油公司，早已是老态龙钟。实际上，在伊朗和伊拉克的冲突之前[⊖]，很明显基本上各行业的库存积压对国际原油价格产生了影响。与此同时，对替代能源的保护和利用也帮助和支持了消费燃料油的下跌。然后对抗就爆发了，欧佩克中第二世界和第三世界的成员国，伊朗和伊拉克，由于连续遭受打击不得不中止石油供应。我们坚持认为交战双方最终仍将出现在石油供应方的名单上，因为交火不可避免终将告歇，因此，实在没有理由过于担心石油的供给问题。结果证明我们是对的，石油价格的高峰昙花一现之后就重续了下降趋势。

11.4.4　恼人的锯齿

长期固定利率上涨了 3 个百分点，这让利率敏感类行业措手不及。在我们的投资组合中，属于这一类的股票包括银行、金融公司以及储贷社，它们面临的问题是贷款人变得畏首畏尾。同时损害也波及了电话和公用电力服务公司，银行的高利率也让利率敏感的证券投资者不寒而栗。其他高股息率的公司同样也受到了影响。我们认为这年春季的那次利率回调幅度过大，所以现在折返一下也可以理解，反正至少可以肯定利率的波动锯齿不

　⊖　1980 年 9 月伊朗和伊拉克之间爆发了一次长时间的战争。

会回到 3 月份的利率制高点之上，也不会掉到基准利率（principal value）的最低点之下。

不幸的是，至少初看之时，证券市场似乎只对高于一定股息率的股票进行惩罚，让它们同固定收益市场一同受挫，这使得剩下的市场能够继续享受自己的自由空气。但不管怎么说，很明显长期固定收益证券信誓旦旦的高达 14% 的高利率不免让投资者动容，这确实是普通股票，而不仅是高股息率股票的一种优良替代投资品种。不幸或者可以说不公平的是，我们持有的利率敏感型股票以及高股息率股票均报告称增长率为 8% ～ 11%。这保证了非常可观、非常具有竞争力的总回报，不仅可以匹敌固定收益证券，甚至可以对抗任何其余近期表现抢眼的此类股票。

此阶段我们陆续增仓麦当劳，我们对这只股票的投入将近占了温莎基金的 4%，麦当劳是高知名度股票之中被低估最严重的一个。虽然两年之中麦当劳在现有地区没有实质增长，增加的收入主要是依靠麦当劳常规食品的价格上涨，但我们相信这头现金奶牛还活蹦乱跳着。然而，凡事总有两面。麦当劳超过一半的收入都来自特许经营商店的租金，而这些租金是基于货币量（dollar volume）的。这可能代表了一种最好地防御通货膨胀的措施。麦当劳的年增长率是 18%，再加上名义收入，因此在高知名度股票中是实实在在的折扣品了。它的股票价格对应市场平均的折扣比率约为 25%，这在麦当劳的历史上是前所未有的，同时也表明市场上许多投资者对我们怀有异议。不过，和市场反着干正是我们挣钱的秘诀。

结果： 1981 年标准普尔下滑了近 5 个百分点，而麦当劳却为我们带来了 43% 的收益。我们在 1982 年继续逐步卖出麦当劳，此时收益率是 50%，这一年标准普尔上涨了 21%。

其他比较重要的买卖包括我们巨仓持有凯马特再清仓。在我们的投资组合中，凯马特是除麦当劳之外仅有的一家高知名度公司，我们出售凯马特，为的正是把那些资金输送到麦当劳这只股票中，因为麦当劳的增值潜力更大，也能经受更加严酷的考验。换言之，我们的长期策略需要我们对投资组合求全责备，并且只要机会许可，就要优先选择那些符合我们的标准且又具有最大增值潜力的公司。

11.5　1981 年：钟摆顺势摆动

1980 年，我们顽强地抵抗群体观念的侵蚀，并终于在 1981 年给我们带来了惊喜。1980 年我们悲惨凄凉，1981 年一开头却又如此的风光。我们的成绩至少比对手们高出了 3 个百分点，而且我们 12 个月的表现几乎赶上了标准普尔。这生动地证明了市场是如何的任性和无常，也暗示了为将来的市场配置好投资组合是如何的必要。反过来说，**追求现时市场不切实际的利润最最危险，尤其是在市场失去理性、疯涨的时候，盲目追入的后果往往是自找苦吃。**

能源股和科技股和 20 世纪 70 年代早些时候与大成长股的骚乱无不相同，它们就如同是在自己脚底下放炸药一样来抬高自己，飞得越高跌得越惨，一切只不过是时间问题。投资机构的群体观念和鲁莽行为让一部分股票平地升天，到达的价位是任何有判断力的投资者都不能苟同的。虽然我们不能百分之百地预言罗马必定陷落，但是在一个到处是 camp follower⊖的市场中，1981 年再次证明，因为自己持有被老套的群体观点捧起来的股票而吹嘘或者夸耀已经不符合时尚。石油行业是一个典型的资源耗竭性行业，它唯一的驱动因素就是原油价格，而富有魅力的科技领域，也再一次被证明必须符合于行业周期率。

⊖　本身不是兵，但随军而行并出售货物和服务的人。——译者注

1980 年我们遭遇了不少苦楚，但温莎的逆向思维让我们在 1981 年占尽了先机。有一种趋势点燃了银行、零售、餐饮以及交通运输板块的激情，这些领域无不都在温莎的组合中占有一席之地。

作为趋势，不论好坏，一个成功似乎总是引起另一个成功。市场的转变让我们春风得意，与此同时我们又有坚定的决心，即一方面绝不耽误过久而错失退出的良机，另一方面又要从上市公司中尽可能获得较高的、来得容易的收益。我们此时持有的一些银行股虽然还没有达到我们的预期卖点，但由于我们的持仓比重过大，为了平衡和缓冲，我们开始提前出售它们。此外，我们又努力寻找其他的银行股投资机会，比如业绩类似但价格还相对落后的银行。

我们有一项出色的本领，在困难中的行业里筛选出表现出众的公司，然后奋力而上，直到公司的优点在市场中广为人知。三角洲航空公司是我们的这项能力的一个有力证据。航空行业由于金融危机而受害深重，这恐怕再没有几个其他行业可与之匹敌。然而三角洲管理优秀、财务稳健、会计公正，在解除管制的困难时期尤能保全自身，并获得了优良的业绩，温莎的股东们相应的也获利丰厚。这是我们第二次从三角洲获得冠军收入。

结果：年内，三角洲股价高耸入云，收益超过 75%。

第二季度我们依然春风得意，贡献者却是 1980 年让我们大失所望的成员。商店、餐饮、交通慷慨地赠予了我们收益，此外，银行、食品还有保险虽然不够大方，但我们也都沾到了光。我们还有一些特殊投资也极其引人注目，这其中最显著的得数西北工业和惠而浦（Whirlpool），我们持有西北工业不少股份，它是我们赢取油田设备领域大奖的一个入口通道。惠而浦是一家建筑业公司，它分享了房产市场的繁荣。我们持有的科技股和能源股差不多只有市场平均的一半，不过这种稀少的参与也起了重要的辅助作用。

11.5.1　猝不及防的转变

狂热过后，石油股开始了无情的下跌。转变猝不及防，究其原因，是石油价格的飞跃触发了沙特阿拉伯国家过快的开发和生产。我们把阀门开得过大，石油流得过快，结果原油的价格开始绊跤，每桶足足下滑了 5 美元。而且随着国内石油价格放开管制，市场对石油股前景的看法一下子暗淡下来。似乎就在一夜之间，本来随着储量下降而盘升的油价就开始下落，石油生产商失去了很多。至于科技股，由于经济活动比较滞后，所以还是接近供不应求。

看到机会我们毫不迟疑。石油股已经从 12 月的高点疯狂下跌了35% ～ 50%，我们对价格极为敏感的眼睛蠢蠢欲动。我们对 5 ～ 6 倍的市盈率充满激情，一切正如我们分析得完美无缺。我们把餐饮、商店和交通运输的股票抛出，使用获得的资金迫不及待地买入石油股票，累计投入接近 8000 万美元，差不多是温莎 1981 年第二季度总买入量的一半。我们原来的道路拐了个弯，我们积极地投入石油板块，踊跃地采购，最后，我们投资组合中的石油股权重和标准普尔的缺口极大地缩小了。市场冷眼观之的股票，一旦价格低到一定程度，我们就会奋勇冲锋，并乐此不疲。我们愿意承担过早行动的风险，即便预计石油公司 1981 年的收入状况不会超过1980 年。

到了 1981 年中期，我们把手中持有的石油股相互调剂、四舍五入，同时开始建仓德士古（Texaco）。在所有主要的石油公司中，德士古在当时有可能是遭遇最不幸的一家公司。它在路易斯安那州（Louisiana）的四个油田相继报告储量减少，这极大地损害了投资者对公司的看法。我们承认德士古可能不是表面经营最好的石油公司，但我们同时认为它正致力于改善经营，并且它在市场中遭受了过多的歧视。我们的成本价约为当年每股收益的 4 倍，由于公司的红利有所增加，计算得出的股息率差不多是 8%。公司的报告说明让人困惑，人们看到的都是弱点，却看不到公司优秀的资产负债表以及每年专门拨出 20 亿美元用于继续在国内勘探碳氢化合物的能力。

11.5.2 诡异的突袭

科技板块涵盖的范围很广，我们也不免产生了一点儿兴趣。这个领域在标准普尔中占有很大份额，和其他投资者相比，我们在这个领域没有什么拿得出手的特殊技巧。可是，虽然我们的方式有些拙劣，但价格在合理范围内的科技股在不经意间也激发了我们的灵感。不久之后，我们便第一次持有了 NCR 公司，这家公司以前被叫作国家收款机公司（National Cash Register，NCR）。

NCR 自 20 世纪 70 年代早期以来经历了重组、业务改换、资产注入等一系列改造过程。那个时候，NCR 试图在重重市场压力下把自己从一个机电公司改造成为一个 20 世纪的电子数据处理领域的龙头。从公司报告可以看出，公司从那时起获得了显著的进步，但是在引起市场注意方面只能说刚好及格。我们买入了这么一只股票，价格是 1981 年每股收益的 5.7 倍，股息率仅仅才有 3.8%。必须承认，公司 1981 年的业绩看似不会比 1980 年好太多，但是我们想，那些收入的质量、公司在科技领域的不懈努力以及资产负债表都非常令人满意。此外，预期公司增长率能达到 12.5%，总而言之，对我们来说这似乎是一个机会。

结果： 过了一年多一点的时候我们开始卖出，收益率为 40%，这基本上是同期道琼斯工业平均指数上涨幅度的整整两倍。

在此时刻，我们看到债券市场落后于其他大部分证券市场，我们准备用手中的现金先行购买债券，碰碰运气赚个 5%～10%，等股票市场出现好的机会再抽回资金。这个计划短期内运行不大顺畅，长期利率一步步上升到了 13.6%，这极大地削减了债券的价格。我感到古怪的是，虽然有明显证据证明通货膨胀正在缓解，批评家们一方面给予债券和美元积极的价值评价，一方面却又躲避债券市场。证券投资者仍在担心两位数的通货膨胀率，脑筋一下子转不过弯来。固定收入的传统思想让他们错过了一生才有一次的难得机遇。到 1982 年 11 月，长期债券的收益率是 10.5%。

11.5.3　难以置信的季度

第三个季度让人欢欣鼓舞。1981 年前九个月温莎的成绩领先标准普尔 500 达 18 个百分点，领先基金同行 14 个百分点。这种差距如此之大，让我们不敢相信将来这样的对比优势还能否再现。

我们持有的石油行业、电力行业以及包装材料类股票表现最为出众，另外重仓持有的美国鞋业也大展神威。事实上，我们在石油股和电力股上的持仓量不大，不过，对于我们有点不同寻常的是，我们持有的比重接近了标准普尔。持有和标准普尔比重对等的石油股是温莎近期的操作策略，我们屡次成功地抄到了底。说实话，我们在购买石油股的时机调配上有运气的成分在里边。康菲石油（Conoco）公司是一次赫赫有名的股权大战的主角，我们买入它不过是因为它的价值符合了我们的衡量标准，可结果却立即获得了高涨的享受。

我们从 1981 年 3 月开始买入康菲石油，到 5 月的时候，我们的持股量就接近 50 万股，平均成本大约是 52 美元一股。还是在 5 月，为了响应一家加拿大石油生产商多姆石油（Dome Petroleum）的股权认购招标，我们以每股 65 美元的价格出售了大约 40% 的股票。之后股价回落到 52 美元，我们觉得它的基本面仍然令人满意，所以又进行了增持操作。不久之后，由于杜邦公司和 Seagram 为了收购康菲的股份而互不相让，股价飞涨，我们趁机以 81 美元的价格全部抛空。最后 Seagram 的出价是每股 92 美元，杜邦的现金价格是每股 98 美元，虽然我们没有卖到这最后的价格，但是我们在这个公司上的交易可以让我们的股东非常满意。在这极其短暂的持有时间中，我们在这只股票上获得的收益超过了 1400 万美元。

继康菲股价的爆发之后，华尔街最喜欢的游戏开始锁定下一个目标，我们所持有的其他国内石油股转眼之间亦纷纷绽放。例如，我们买入宾夕法尼亚石油的两个月之后，我们的抛售一下子获得了 50% 的收益。

进入 1981 年以来，我们感觉到投资者开始从低知名度的成长股上转移视线，我们也因时制宜在这个板块缩减了仓位，并将收到的金额用来增持不讨人喜欢的周期成长股。由于对 1982 年收益的乐观估计，市场对周期性股票的热情开始爆发，我们却发出了一些悲观的声音。随着对良好收益的预期减弱，价格逐渐进入了我们可以接受的区域，这其中大部分属于铝行业的股票。

道琼斯工业平均指数下跌了 100 点，也即 11% 之后，我们的价格机会主义又有了运用的余地。随着固定收益类债券的市场状态不佳，导致股票市场也随同一起调整。至少我认为，通货膨胀的有效控制给债券市场带去了更大的福音，不管是长期债券还是短期债券。里根总统的降税承诺也给了经济发展一剂强心剂。债券市场不切实际的群体行为效应突出，职业悲观气氛浓重，这和资产市场周期性发生的衰落败退毫无二致。但是市场迟早会明白美联储的真实用意（保持长期稳定发展），这只不过是时间问题。而且，固定收益类债券的真实收益达到了 6%，真实收益是除去通货膨胀影响后的投资收益。像 6% 这么高的真实收益，在我的整个投资生涯中也不曾遇过第二回。

关于证券的出售方面，我们开始在我们最喜欢的聚集地大量收获利润，这些领域包括银行、商贸和运输，再加上石油，综合性大企业也做出了贡献。我们完全按照自己逢高出局的原则进行出售，实践证明这种"快四码扬尘回"的操作标准屡有成效。这次的成功比往常更加引人注目，因为资本增值率达到了令人叹为观止的 53%。

这么高的收益率我们自己也是鲜而获之，我们的出售也时常夹杂着一些失败甚至不赢利的情况。实事求是地说，1981 年第三季度我们每种情况都碰到了一些。我们的任务就是让失望缩到最小，并且及早处理，尽我们的所能保持投资组合的良好状态，做到不偏不倚，同时灵活机动。虽然获得了这么出色的成绩，但在开放思路的同时，我们依然守卫着我们的价值标准。

| 第 12 章 |

正确的选择

（1982 ～ 1988 年）

伴随着石油股遭受毁灭性的打击、银行利率的下降以及里根当局降低赋税政策的到来，市场的下一个转折点渐显端倪。这是一次看似动力源源不绝的市场繁荣的开端，但是，1987 年 10 月，股票市场有史以来最惊心动魄的单日下跌给这一切添上了肃杀的一笔。尘埃落定之后，温莎遥遥领先于标准普尔 500，而我作为温莎的投资组合经理，也进入了第 30 年的管理生涯。

12.1　1982 年：新思维

1982 年是里根时代牛市启动的一年，温莎在良好的管理之下资产增值10 亿。资产规模大了，但不会干扰我们的逆向投资策略。我们对自己特有的投资风格忠诚依旧，那就是关注和接纳不被欢迎、被忽视以及被不正确看待的股票。加上我们"逆风飞扬"的投资方法，我们始终强调这个雷打不动的投资纪律，永远拥抱低市盈率的股票。

我们对上层宏观经济的评估在 1982 年开始得到事实的验证。我们巨仓持有的银行和 AT&T 就是目击者，此外，我们在食品、餐饮、超市、公共电力、金融、保险、服装以及零售等行业的股票上都获得了可观的投资收入。我们所投资的这些公司相比支付的市盈率都拥有超额的总回报率，并且在经济困难时期仍然具有顽强的生存能力，所以对我们格外具有吸引力。与此同时，根据由下而上的方法，我们也持有一群"问题"公司，也即经营出现问题，在标准的机构证券分析中不会涉及的公司。因为问题公司在市场中的估值明显有失合理。

1982 年 1 月，银行和金属铝经受了重大的打击，而两者都是我们的重仓品种。我们对铝的下跌没有什么异议，因为当时该行业经营环境恶劣，导致最后的业绩不理想。当时的华尔街一致同意这个行业领域已经毫无魅力，所以恐慌性抛售登上了议事日程。

12.1.1 萧条装配工

银行的弱不禁风则不大好解释。萧条延续是银行挥之不去的担忧，而我们没有这样的担忧。1981 年第四季度银行的收益水平就很让人满意，红利的增长依然一如既往。不过，疲惫的经济中产生的金融逆流和贷款损失绊住了银行的脚步。1981 年的优良表现让银行现在的下跌有点儿气急败坏，我们的总体投资组合上空也弥漫了一层类同的阴影。市场的演变总是出乎很多人的意料，一时的风光，哪怕是某个时间点市场一时冲动的任性和随机行为都可以让它失魂落魄地回复本位。

我们总是按照过去的一贯原则进行交易。然而与此同时，如果我们发现其他领域价格的优势大大低于需要承担的相应风险，我们也会毫不犹豫地去尝试。

PPG 工业（PPG Industries）是一家被市场低估的公司，我们曾两度投资它并获得回报。我们此时再次买入，价格比 1981 年的高点低 45%，并且预计不到 1982 年每股收益的 5 倍，同时股息率为 7.4%。这家公司在市场上不被看好，但在业务上却很出色，它主要的经营领域很普通，包括两个方面：油漆涂料和玻璃制品，其中的玻璃制品主要用于商业和工业建筑。此外，公司还经营一般无机化学品，并开始涉足强化玻璃纤维领域，所有这些即构成了它的完整产品线。PPG 对像蜗牛一样发展的汽车行业和建筑行业的依赖性很强，尽管这样，但公司在 1981 年的报表中依然给出了稳健的收益。这释放了投资者的想象力，如果汽车和住房市场恢复，公司的业绩底线将会是多少呢。预计公司增长率为 10.5%，由于财务状况良好，管理一丝不苟，其股价的增值潜力不可小看。

结果： PPG 在 1983 年的表现好于市场平均。

市场的两极分化让我们很难在一些最喜欢的领域中发现好机会，比如那些防御性的、慢速成长的消费品制造公司。作为替代品，我们相中了萧条中的能源和周期股。由于某些能源公司因业绩倒退而到了降低分红的地步，所以投资这个板块需要严格的筛选。其中，我们着重关注天然气、石油服务以及银行，它们全都属于"禁飞区"的永久居民。

12.1.2　获利丰厚尽早退出

经历了 1981 年的兴盛，对比之下 1982 年我们仅比同行略微好一点点，这让我们失望至极。我们的雄心壮志是在任何一年，从任何角度看都要以绝对优势战胜任何一个参照标准。但是我们从来不会在黎明前倒下，也不会过久地对自己求全责备。相反，我们会尽早抓住机遇，在大部分人还弄不明白怎么回事儿之前出奇制胜。

1982 年第二个季度，我们干得很好，不是一般得好。之前萎靡不振的股票尽皆一扫颓容。一般来说，这种数量级别的成功优势足以维持我们的优秀表现，因为即使那些错误持有的股票再差，也不足以抵消这些优势。

在 1982 年我们试图接住"天上落下的刀子"时却遇到了不小的麻烦。有一些行业领域前景一般，但考虑到介入点便宜的价格我们还是介入了。这些领域主要包括石油服务、天然气输送以及分散的石油供应公司和国内石油公司。不管是因为我们本身技巧的缺乏还是市场的反应过度，我们都需要默默承受令人失望的结果，此时我们也无法证明是谁的原因。

结果： 随着标准普尔在 1983 年上涨 22% 以上，所有"刀子"全都安全着陆了，其中油田设施和服务指数上涨了 26.5%。我们的大赢家则是哈利伯顿，它的涨幅是 32%。英荷壳牌、埃克森以及海湾石油（石油中持仓量居第二、第三和第四位的公司）分别上涨了 28%、30% 和 70%。它们在 1984 年接下来的表现依然强劲，标准普尔才软绵绵地挺上 1.6%，英荷壳牌、大西洋富田以及埃克森（该年度我们持仓量居第一、第二及第三位的石油公司）相应的上涨幅度却达到了 14%、11% 和 14%。

12.1.3　急飞如矢

八月中旬之后，市场让每一个人都惊呆了。道琼斯工业平均指数在 8 月 12 日是 777 点，到 10 月 11 日，道琼斯如火箭发射般直接冲破了 1000 点的天际。短短两个月，达到了 44% 的骇人涨幅。自从 1966 年开始，道琼斯一直在 1000 点上下徘徊，并犹豫了整整 16 年，如今终于毅然冲了上去，再不自甘堕落。

所幸的是，温莎没有错过这一趟疾驰电车。在我们财政年度结尾的

10 月 31 日，我们的成绩比标准普尔略高了 1.5 个百分点，而和同行相比领先的距离则是它的 2 倍。温莎取得这个成绩极为不易，因为我们这段时间有以下三个不利条件：①我们持有的现金货币过多且还在增长；②比竞争对手持有更多的石油股；③根据我们的历史观点，每当市场中投资者的热情爆发，指数势如破竹时，我们总是反而名落孙山。

市场的突飞猛进让许多股票进入了我们的目标价，这让我们的再投资陷入了僵局。我们仔细思考，认真分析，依然无计可施。我们决定姑且隐忍不发，耐心等待机会的降临。市场的下调如期而至，10 月下旬的一个单日中，道琼斯溃退了 4%，第二次回落到 1000 点下方，我们又派出了大批资金部队加入了市场战斗。

对各个板块和个股来说，8 月上攻是持久压抑后的爆发，是所谓的"软周期"（soft cyclical）股票进行了和大盘不成比例的表演。自 1981 年开始以来，这些消费类、慢速成长、防御性股票，连同各类知名蓝筹股全都表现良好。它们的收入开始恢复，市场又对它们宠爱有加，某些原本平淡无奇的慢速成长股的股价也开始飘飘然。这可以归因为牛市的系统动力学，一方面大量流动性资金回归股市，另一方面许许多多市场参与者也在第一时间冲了进来。

从短期观点看，此时此刻投资者往往对知名的或者当时正表现卓著的股票更加留意，而对迟缓的股票避之甚远。没有什么板块能比能源股更符合这种处境了，而温莎的投资组合接近 1/3 的资产均被能源股所占据。

市场的特征就是失于鉴别有价值的股票，我们则对被践踏的股票倍加呵护，我们决定继续在石油板块中发现新机会。幸存者和伤亡者价格类似，我们就把幸存者买下来，这让我们想起了对银行股的操作方法。同一个时期，状况良好且经营稳健的地方银行往往和许多陷入困境的货币中心银行市盈率差不多，或者稍微高一点点，我们一般会选择购买前者的股票。随着 1982 年将近尾声，这个策略也结出了甜美的果实，我们选中的银行的表现同银行平均表现相比简直就是天上人间。我们希望自己持有的能源股票在 1983 年能有类似的优异表现。

12.2　1983 年：板块轮动

温莎基金在其 25 岁那一年不辱使命。**事实再一次证明，我们的低市盈率策略能为我们带来稳定的收益，也能让我们远离散播灾难的危险区域。**我们从持有的银行获得良好收益，尤其让我们满意的是位于东南部的那些银行，而被困境中的石油蓝筹羁绊的得克萨斯州的银行则是我们竭力避开的。我们也成功躲避了买后会让人痛不欲生的股票，比如华纳传播、柯达、百事可乐、德州仪器（Texas Instruments）、数字设备（Digital Equipment）以及其他类似股票，它们的下场和往昔市场的宠儿后来的遭遇如出一辙。

股票市场，用权威人士的话说，自年初开始就轮动性极强。在上涨的过程中，市场就不停地寻觅，挖掘出那些应该引起注意但又落在后头的股票。由于我们一向对被忽视、被冷落和被遗弃的股票热情接纳，在这样一个无微不至的市场环境中，我们的投资组合异常繁荣。我们在并购的公司上也花了较大力气，每一次买入，回报的价格便是购买价的两倍。

市场的特征很明显，至少一些板块显然在被过度挖掘，比如科技板块以及其他题材板块。为数众多的消费品制造板块，不管是零售还是耐用货物、非耐用消费品的生产公司，以及处在投机外延的航空公司都被过度挖掘。市场对这些证券的胃口可谓无法满足，具体表现就是没有歇息的连续上涨，并伴随着成交量的持续放大，基本上每一天都会宣布 4 ～ 5 条相关利好新闻。对于某些股票，需求方是如此强盛，以至于到临收盘的时候依然有意外的大单成交。这显然不是温莎可以应对得好的平淡市场。群股激昂，为时三个月，市场显得过于粗制滥造。

在这样的氛围下，温莎依然保持情绪冷静，甚至采取了守势。这不是激进的动态投资方法，但于我们则显示了更坚定的勇气。躲到衣柜中寻求庇护，或者模仿标准普尔制作投资组合是懦夫的行为，**我们代表的是我们的股东，选择的投资对象自然要代表最精明的投资者所做出的最精明选择，同时又不可在过度的市场中以身试险**。对于温莎的股东来说，我们和高市盈率的潮流不同步不是新闻，我们的保守策略有其两面性，优势和缺陷各占半壁江山。

不管好与坏，有必要回顾六个月前的一些基本情况。一方面，我们认为金融资产的价格被严重低估，但是随着价格的飞速上涨，另一方面我们又不敢确定公司的基本面是否也有同样幅度的好转。虽然由于我们接下来的表现不尽如人意而令人闷闷不乐，但我们尝试着，就像我们一直在做的那样，调整好温莎的投资组合，以最好的状态迎接明天的市场。我们在腾挪股东的资金时信心十足，游刃有余，一旦市场转折点显现，我们就将瞬间独占鳌头。热点在动乱中破产之后，市场的聚光灯就要照临在我们持有的股票上方。采取防守姿态，但并不忽视已然行进中的经济回暖，股市接下来的三年必定要硕果累累。

12.2.1　精神轻度紧张

在一个冒泡泡的市场中，是什么挽救了我们？是什么让我们的股东完全享受了这餐盛筵？**答案是市场的板块轮动。我们积极地挖掘低估值的板块，在操作上也不乏技巧性**。当寻寻觅觅、细致入微的市场最终发现它们时，由于我们早已占据了有利的一席之地，因此我们的股东们也会心情愉快。老实说，这样的状态让我们有一点精神紧张。但是我们时刻准备着适时出手，以完成一个投资循环，因为市场的机会总是层出不穷，正所谓东方不亮西方亮。

虽然我们努力不让手中的现金过快增长，但现金量还是有点偏高。我们决定，即使市场继续无原则地上行，我们的流动现金也不能超过 20% 的水平。我们觉得，最好的方案就是让我们的股东做选择。不过，我们的股东在首次购买温莎基金时都选择了全证券的基金类型。要知道，我们可不是把自己当作市场的专家。

我们作投资有一个特征，不惧怕等待。我们的投资者大多数都和我们共同度过了较长的时光，也都理解我们的操作策略。我们一方面保证他们充分参与向上的市场，这是我们的义务，与此同时当市场充斥着泡沫时，由于风险的考虑，我们又亏欠了他们许多现实上也许可能的机会。

他们的期待和往昔已经不同。若在以往，市场好，我们则和市场不相上下，市场开始下跌，我们则能显著抵挡。从 1975 年一直到 1982 年的后"漂亮 50"的投机时期，我们的行为也更加冒进。然而，我们认为金融资产的价格被严重低估，特别是自 1980 年开始后尤甚。有了这种判断，自然要为股东做些什么。但是 8 月开始的价格的迅猛上涨让这一切变得面目全非，我们只好收敛自己的行为。行为需要符合自己的判断，实际上我们二季度买入的股票基本全部集中在电力、石油、天然气、保险以及银行板块中。

12.2.2 灵巧的步法

1983 年的第三季度，虽然市场意兴趣浓，温莎还是处处小心，对投资品种的价格极其敏感。我们不但没有想方设法把资金全部投入，相反，我们等待它们的价格进入我们的投资区间，在狂热的市场中仓促追入不是我们的方式。

第三个季度，我们专门挑选从牛市高点下跌幅度较大的股票进行买入。

表 12-1 是几个简要例子。

表　12-1

1983 年第三季度	买入平均价格（美元）	1983 年最高价格（美元）
汉华银行（Manufacturers Hanover）	38.9	51.00
联邦公司（Federal）	24.6	30.25
达特卡夫食品（Dart & Kraft）	64.0	77.25
安泰人寿和意外保险（Aetna Life & Casualty）	39.0	43.50
信诺保险（Cigna）	41.3	51.50
旅行者财产事故保险公司（Travelers）	30.1	34.25
阿美拉达赫斯公司（Amerada Hess）	25.7	30.00
美国电话电报公司（AT&T）	64.5	70.25
诺福克南方铁路公司（Norfolk Southern）	55.0	60.25

1983 年的第四季度市场波澜不惊，温莎又一次以特有优势战胜了市场。该年最终的成绩是，温莎上升 30.1%，标准普尔上升 22.5%。

这一年中，虽然很少有公司的期末业绩不能达到预期并因此免遭股价的损失，但是整个市场没有大的进展。前一个阶段市场活跃的时候，投资者产生了太多的期望与幻想，这不仅仅体现在科技股板块中，现在，市场只不过是对狂妄进行惩罚。但这样的市场更适合于我们，因为我们总是试图站在麻烦之外。如果我们所谓的那些没有生气的股票能够争一口气，一般而言我们的表现就要异乎寻常了。

虽然市场从其高点处缓慢回落了接近 6%，但我们并没有削减太多流动性资金。这个季度买入的股票价格只略微高出卖出的股票。我们不急于重新投入，而是静静地等待某些股票的价格再次回落到我们的购买区间。我们下此断言正是基于债券市场开始释放的投资魅力，尤其是中期政府债券的收益率达到了 12%。事实上回顾起来，伴随着议会宣布提高联邦放债上限的决定，温莎还应当继续增加流动性资产才对。

对于一只股票基金来说，这不是什么值得骄傲的投资行为，股东最后收到的回报也很一般。当时我想，在接下来的几年中，股票市场的总回报率能否比 12% 高许多。比较而言，固定收益债券市场的资金竞争力不可等闲视之。毫无疑问，理论家们会说，如果年回报率可以达到真实可靠的 12%，那么股票市场的回报率必须在此基础上提高 2% ～ 3%，或者更高，以此弥补更高的风险。

12.2.3　寄希望于银行

我们在银行板块中选择性持有的货币中心银行开始似乎有萌动的倾向，这标志了先前我们对银行股投资策略的转变。以前，我们会选择地方性银行，尤其是面向零售业的银行。我们的银行策略在 1983 年实施效果良好，我们有意避免因石油相关问题背上沉重负担的得克萨斯州银行，我们的投资组合中也见不到被拉美不良贷款拖累的纽约银行的身影。这样的投资组合不是随性捏造，后两个银行板块显然都表现很差（1982 年银行指数大约下跌 7%）。虽然这样，温莎还是持有了弗吉尼亚国家银行（Virginia National）、南方中央银行（Central Bancshares of the South）、第一联合银行、Amsouth 银行以及南卡罗来纳国家银行（South Carolina National）。所有这五家银行在 1982 年都有 38% ～ 62% 之间的上涨幅度。可能看起来这些相对规模不大的银行做不了太大贡献，但是，它们加起来却占了温莎 3.5% 的资产。

我们买得最多的是摩根大通银行，这些股份加上波士顿银行（Bank of Boston）的股份占了我们 1983 年最后一季购买的所有股票的 3/4。摩根大通属于主要的货币中心银行，它有着强大的货币和贸易职能，而且显然就资产质量来说，它在纽约的银行中也保持了最好的资本头寸。此外，摩根大通牺牲了一部分 1983 年的收益，充作贷款损失和不断堆积的不良贷款的准备金，就如同将会发生什么国际性"重大事件"一般。而纽约其他的银行都没有采取类似的预防措施。

我们预见不到会有国际性事件发生，虽然我们无法全然否认这种可能性，因为作为大银行总是有卷入各种麻烦的内在倾向。我们预计银行可以渡过难关。然而，万一真有国际性事件发生，摩根稳健的收益水平和资产负债表也足以抵御各种风险。其他银行都没有采取这般未雨绸缪的措施。

市场上有一种常见现象，当某个板块集体遭受打击时，投资者往往可以很少或者不用支付相对溢价就能买到最好的公司。根据 1983 年的收益，摩根大通有一部分溢价（大约为 1 倍市盈率）存在，但是我们认为摩根收益的报表陈述采用了非常保守的会计方法。如果各大银行都能闯过难关，摩根的每股收益也不必继续为贷款损失的准备金付出代价。我们购买这只股票的价格大约是 1984 年每股收益的 5.3 倍，或者说大约只有 1983 年每股收益的 6 倍。根据我们的判断，现在 5.5% 的股息率应该能上升到 6%。

12.3　1984 年：凌厉的上涨

我们成功保住了投资表现最佳的桂冠。整个 1984 年中，温莎的投资收益只稍低于 20%，而标准普尔的增幅才到 6.2%。随着我们的名声越来越响，新资金也不断流入。自我担任温莎投资组合经理以来，温莎的资产增长了1904%。这期间标准普尔 500 的年平均增长率是 8.8%，和温莎的 12.2% 相比显然相形见绌。

我们的优秀表现有许多原因，首先是游刃有余地配置了 AT&T 及其分拆股份。在大部分投资者踯躅徘徊，不知道该怎么办的时候，我们抛掉了相当份额马贝尔公司（Ma Bell）的股份，转而急忙购入新的贝尔（Bell）运营公司的股份。别人直到 1984 年的时候才如梦方醒，而温莎的股东们早已赚足了一笔。我们大量持仓的能源板块也精神抖擞，如同银行一样。虽然市场环境不很友善，银行的收益和分红依然有所增长，这给温莎带来了不少好处，同时主要为汽车提供的耐用消费品公司也开始在逐渐转牛的市场中产生收益。

温莎到第二季度结束时已开始满仓操作，并且把中期政府债券也计为投资。**我们总是根据自己的判断做出取舍，因为我们购买的是价值，至少是经过自己观察和推理而看到的价值。**如果一种证券的价格从前期高点暴跌下来，这样的价格如果对我们有说服力，我们就会斥资挽救。

我们一方面继续买入通用汽车，一直到最大持仓量为止；另一方面，我们在低价陆续买进福特汽车，这些股票不管以何种标准衡量都只能说太便宜了。我们的成本价仅仅是 1984 年每股收益的 2.5 倍，随着我们不断买入，它们占到了温莎投资组合 2% 的份额。考虑到福特涉入这个行业的深度和提供的可靠质量，它的先天资质可能比通用好一些。正如福特在其档案中所描述的那样，在困难的时刻福特守住了业绩底线，资产负债表也得到了加强和巩固。福特主要是在欧洲的海外市场具有优势地位。福特生产的汽车质量明显得到了改善，而且，虽然存在一定的风险，但它同时又推出了最新改进的多款车型。

品位是很私人化的东西，不可能每个人都会对福特的车型有所反应，但是公司的基本面显然已经不同以往，更加重要的是，公司已经俘虏了市场挑剔的眼光。福特的重型卡车占有相对较大的比重，大约在它面向国内的汽车生产中占了 40% 的比重。公司提高了分红，股息率大致已经接近 5%。而且应该可以看到，公司在将来不断增加分红的潜力是无穷的，因为悬而未决的劳动协商即将完成，同时公司有着证明持续收入能力的明显证据。

我们推测，明年的汽车销售形势将和普通年份差不多，不大可能出现销售高峰。不过，美国对各类轮子特有的偏爱虽然有所弱化，但依然活蹦乱跳。我们估计油价会维持良好状态，大约在 2 ～ 3 美元每加仑。欧佩克放松价格管制，再加上美国国内经济的恢复，很多人对国内形势感觉良好，所有这些都暗示了油价将保持稳定。这些原因点燃了我们大单买进汽车股的激情，而福特正是一家站在行业前沿、收入更加可控的实力型公司。

结果：关于福特我们对了，从 1985 年开始温莎从福特获得良好的收益。这一年中福特的股票上涨了 85%，而同期汽车股平均只上涨了 33%，标准普尔上涨了 28.5%。

勇往直前

在机械行业、汽车行业、房产建筑行业以及交通运输行业我们继续大胆买进。为了涉及面更广，在此基础上我们又配置了较为传统的行业公司（资金通过出售部分股票而来），比如银行和电力以及近期走势不佳的保险和石油。**根据我们的哲学，虽然在这个广阔的投资领域中我们的参与面变得比以往更广，但是我们还是希望能够重仓持有某个被市场低估的板块，以此向市场证明某些东西。**

我们选中了复合保险，这个板块近期走势非常颓废，市场似乎对商业财产和人身事故保险的供应商丝毫没有兴趣。我们相信，而且也已经说了很久，保险商的自杀价不可能保持很久。一些主要的行业组成已经向我们提示，现有行业的更新换代除非达到 15% ～ 20% 的价格增幅才能被接受，否则根本不可能发生更新换代。让一个巨型航母调头总需要很多时间以及很多耐心，然而我们认为，1984 年采取的诸多措施将会在 1985 年纠正和弥补骇人听闻的资产损失和业务损失。

让我们欣喜的是，保险股的股价已经遭受了无情的摧残。据我们判断，其高分红带来的高股息率是安全的保障，而其他行业组成虽然运行得咯咯作响，但依然顺畅。我们感觉播下的是面向未来有价值的种子，但我们也得承认稍微承受了一点点风险，这对于温莎来说是不常见的。

结果：正如 1985 年我们预测的那样，复合保险公司顺利渡过了难关。我们在它身上获得了 40% 的价格增值，而同时期内标准普尔 500 只上涨了 14.3%。这还不算最好的，我们通过美国第三大保险公司信诺保险更是获得了 56% 以上的收益。

我们的股东应该感谢我们的是，我们还持有很多雷诺兹金属的股份。1983 年是金属铝的好年，而之后的 1984 年却是让金属铝生产商沮丧的一年，出货少，盈利低。雷诺兹金属的遭遇也是这样。然而我们发现，客户的铝储备量正在缩减。实际上，1984 年最后一个季度的消耗量很大，大约比同期上涨了 14%。1985 年公司收入适中，得益于宏观经济的持续向好（包括房产和汽车），而且国内的生产商还得益于弱化的美元，我们预感到铝价可能要回升到 1984 年第二季度的水平。我们的买入价是 1985 年每股收益的 4.4 倍。

结果：1983 年的大赢家雷诺兹金属，在 1985 年不卑不亢，然后在 1986 年给了我们很好的回报。股价挺进了 47%，比标准普尔多上涨了 30 个百分点。

12.4　1985 年：希望 vs 基本面

1985 年前段时候，市场似乎更多的是由人们的希望而非漂亮的基本面推动着。公司的收入水平还是不够理想，引人注目的预期增长大多未能实现。重新启动引擎是困难的。同样，利率水平也没有真从 1984 年末降下来，所以，这更像是一次自我应验的预言，其中充满着诱惑和危险。一些分析师没能预测准确，看着列车启动而自己没上车，只能抱着现金干瞪眼。

这样的市场动作当然不会让我们不知所措。我们的策略是持有价值股，等待它们从严重低估状态到达轻微低估状态，这从我们投资组合的全景可以一目了然。换言之，市场怀着某种热情，开始拥抱许多我们持有的价值股。股价涨上来了，可是获利得到的资金却找不到良好的再投资对象，可能是由于自身在这方面仍有欠缺，或者更可能的是，新的优势价格机会已经非常稀少了。市场还能比现在更加有效吗？我们惊奇不已。

虽然我们调高了萧条的能源股的盈利预期，可是等到我们准备下手的时候，这些似是而非的价值又从我们眼前消失了，因为庞大的市场参与者们已经捷足先登并推高了价格。另外一些领域，比如半导体行业，定价紊乱，单位体积又不敢恭维，所以在第四、第一和第二个季度表现凄惨。在我看来，市场的热情不仅仅是穿透了经济疲软的深谷，更是已经在幻想着之后的必然繁荣。

这个时候，许多新资金如同火山喷发一般涌入基金公司。在这一年中，我们沐浴在对我们极高赞誉的和煦阳光之中，虽是这样，但额外的资金却是挑战。可能有批评家会指责我们的传统投资标准太过僵硬，我们太过固执。确实，我们可以采用一揽子的方法，对各类股票进行全方位无遗漏的投资，以履行我们的义务。然而，我们是负责任的基金公司，我们的投资一定会有高度的选择性和价格敏感性，而这些特征正是我们相对于其他机构投资者的优势所在。

我们以前也遇到过类似的挑战。大约早在两年前，1984年的夏天，我们通过满仓操作完成了投资循环并履行了我们的职责。

在我们的记录连续8个季度击败标准普尔和其他竞争基金之后，1985年第三个季度出现了意外。**任何一样东西太多了都不是好事，过多的资金让我们无法应付，又处在这样的牛市之中，收益率自然不及人家。**实际上，我们投资组合中的任何一只股票都和标准普尔一样在往上涨。

12.4.1 重仓股的转换

在这样的市场气候下，温莎开始了最重要的调仓，对象是银行板块。由于不断地获利变现，我们在银行股的持仓量已经大幅降低，调仓差不多砍去了一半的银行股仓位。虽然这样，在 1985 年的第三个季度中我们对银行股的购买总额却出现了超过出售总额的这种颠倒的现象。银行股相对魅力的天平发生的倾斜，是由于我们一方面大力卖出地方性银行，另一方面却在买入货币中心银行（主要为纽约的银行）。换句话说，地方性银行的股价上涨之后，已经体现了相对的经营稳定性、财务稳健性、可预测性以及没有对外贷款的风险性。而对于货币中心银行，低廉的股价又反过来充分反映了对拉丁美洲提供不良贷款的破坏性。然而被市场忽视的是，有几家货币中心银行通过努力，已经相当出色地稳固了资产负债表，同时也为不良贷款筹备了充足的储备金。实质上，货币中心银行虽然肩负着繁重的坏账准备金负担，但总体收入已经开始增长。从以上分析可知，公司报表中给出的收益水平的质量实际上比一般人认为的要高。

分析到此，我们开始采取行动，最开始购买的是花旗银行和银行家信贷公司（Bankers Trust）。于是便开启了为期八年的花旗传奇，我们经历过一段曲折的道路，也曾经陷入绝望的深谷，但最终再次登上了胜利的巅峰。花旗银行和银行家信贷公司都致力于地方业务的开拓和增值，并都取得了成功。在花旗的例子中，作为一家货币中心银行，它不仅开发了自己的信用卡业务，即 Diners Club 卡，又联合开发了 Visa 卡和万事达卡（MasterCard）。随着交战规则的改变，花期变成了重型航母，总共拥有 1000 万塑料磁卡的持卡人。凭借这个基础，在可预见的未来中，它的零售银行业务大致可以保持 30% 的收益增长。从概念上说，这也是银行伸出触角的合理方法，而无须支付兼并所必需的溢价。

12.4.2 石油重新露面

1985 年年终之前，市场虽不能说过于冒进，但却有点儿欣欣然，特别是由于公司收入的持续暗淡无光，更显出市场的摇头晃脑、根底浅了。与此同时，利率水平略有下调，这一定程度上激励了市场。

我们在银行股上的增仓主要集中在花旗银行上，大约占到总资产 3% 以上的份额，我们试图用我们的重仓向市场证明一些非比寻常的东西。市场对第三季度的收益（上升 13%）多少有些悲观，但是市场没有认识到花旗的收益已经扣除了不少用作坏账准备金的部分。花旗另一个重要的迷人之处是其价格不到 1986 年预期收益的 6 倍，如果和市场平均市盈率作比较则有 50% 的折价比率，这个折价反映了市场对拉美贷款不可否认的担忧。随着油价不断下滑，这种担忧更加恶化，变成了一种恐惧，至少在墨西哥的案例中是这样。我们看到，市场忽视了 1985 年的花旗以及期盼中的 1986 年，花旗的每股收益受到了贷款损失准备金的严重拖累。这期间的准备金是 1984 年的两倍之多，换句话说，报表上的收益水平是极度保守的。

为了遏制资金进一步流入，我们决定在 1985 年停止向新投资者发行温莎基金。基金行业的性质一般是想方设法筹集尽可能多的资金，让它们处在同一个屋檐下，而我们似乎与此教义格格不入。**我们得出这样的结论，让新资金不断加入资本斗争会导致业绩下滑。**我们的任务应该是拿出最优秀的投资回报率，况且我们也不是一次两次违背传统和成见了。

12.5 1986 年：轻车行驶

1986 年的第一个季度没有获得卓越的成绩，但这并没有让我们怎么吃惊。市场如脱缰的野马，持有货币的都受到了惩罚。市场的步伐太快，我们却不想过分放纵，而且市场的前进步伐还在不断加快，而这样的速度是没有坚实的支撑的。什么时候气力会用尽，能量将耗竭，我不得而知。不过对于温莎持有高达 20% 的现金，股东们颇有微词。

市场似乎自己活跃了起来，即使突然来了一个看起来是利空的打击，它也无暇顾及，一下子又从下面往上蹿。前一天遭受打击，第二天就扶摇直上，有时高点到低点的幅度足足有 2.5%。这样的股价波动原因，据说和标准普尔 500 触发的"程序买入"和"程序卖出"有关。一般而言，经济指标在股市上都会有所反应。

从另外一方面看，至少在某种程度上，市场的强悍似乎还可归因于油价的大幅下挫。经济研究的权威人士由此站出来说，通货膨胀不会进一步恶化，他们甚至暗示通货膨胀率即将趋向缓和。利率水平的快速下调有利于通货膨胀和经济增长——两个世界都好，但我想说的是，这样乐观的估计未免过于武断。石油价格是在受挫，但是接下来会怎样，可能结果仍旧是：石油价格受挫。

12.5.1　比眼睛看到的要好

1986 年财政年度的第一个时期，温莎的成绩刚好比标准普尔差一点点，比竞争同行也只逊色 1% 不到。这可能听起来非常差劲，但是，如果考虑到我们的资产布局（或许还可以假设争论中的拐点确实就在眼前），以动态的眼光看市场，我们的表现则是可以接受的。我们此间依然持有大比例的现金，大约占了资产的 22%。更有打击性的是，我们大量持有着让人厌恶的石油股。

我们的一些主要投资领域（银行）在这样的环境中表现不差，甚至我们最新持有的银行股份，最引人注目的花旗，上涨了将近标准普尔的两倍。另一个表现卓著的领域是汽车，尤其是我们买入非常之多的福特汽车，它在温莎基金中的资产比重从 5% 上涨到了 8%，这全是由巨幅的股价增值引起。其他的生存"保镖"还包括储贷社，纽约新英格兰电话公司（NYNEX）以及，不管信不信，我们持有的两个占非常大比重的石油公司。所持有的这两家公司的股票市值占了整个基金的 10%，后来我们砍去了部分，降到 9%。我们持有的兄弟公司，英荷壳牌和壳牌运输加权平均算在一起在该年第一个月的上涨幅度也和标准普尔的两倍相等。

总而言之，1986 年的开头我们可以得到一个 B+ 的成绩。如果我们对市场风险的评测是完全正确的，那么我们理应得到一个更高的分数。

7 月 4 日之后，许多新的购买机会从各个行业慢慢显现。虽然市场在 7 月 7 日经历了一次大幅跳水（单边下跌达 3%），标准普尔的最低点也只比前期高点稍稍落后。一般而言，这样的条件之下不会有什么便宜货可拣，但是许多个股，尤其在某些特定行业中的个股，却从各自的前期高点下滑了很多，可以说和指数反映的完全不是一回事。仅仅在 7 月之中，我们就发现了不少这样的机会，其中包括：信诺保险公司，下跌了 25%；花旗银行，下跌了 18%；美国铝业，下跌了 23% 以及旅行者财产事故保险公司，下跌了 23%。

消费品生产公司的股票在标准普尔中占有接近 1/3 的份额，俯瞰这些股票的全景，我们不禁被不计其数的高估情况惊呆了，这些高估值的股票包括食品、酒类、零售、肥皂、电影以及传媒。据我们分析，这其中唯一还算估值合理的领域，就是汽车制造，这个板块占标准普尔的 4%。由于替代选择不多，我们就继续增加持有汽车股，一直到 13% 的基金资产比重（从 12% 开始增持），此时主要买入的是克莱斯勒汽车，我们认为时间选得正好。一年之后，华尔街的证券分析师把克莱斯勒评为"买入"级别，提供的理由和当初引诱我们买入的理由完全一样。既然新投资者开始拥抱克莱斯勒，我们便满足其需求，统统卖给了他们。

我们认为，金属铝行业已经到了业绩爆发的边缘，所以我们在原来的基础上又买进了两家公司，它们是美国铝业和加拿大铝业。由于买进了这两家大公司的股票，我们在这个行业中的投资比重上升到了基金规模的 4%。虽然经济在不明朗条件下又有所回落，但是该行业持续向好的财务表现证明，随着需求的增长和世界范围内产能的限制，铝价将经历一段逐渐上升的时间。除此之外，行业生产成本也有显著降低，一切都在暗示，1987 年该行业的收入增长将会让市场大跌眼镜。

结果：我们的预期如实发生了。进入 1987 年之后，温莎投资金属铝股票获得的资本利得大于 50%。

12.5.2 潮起潮又落

温莎在 1986 年最后一个季度中的成绩与标准普尔和基金同行相比，可谓只有毫厘优势。10 月是黑色的，我们的亏损不是因为我们对基本面的判断有误，相反，这纯粹是由于所持股票一时的潮涨潮落时不时地给我们的业绩施加压力。一般来说，我们热切地希望市场聪明起来，对我们选择的价值股给予一点关爱，让我们 1986 年的业绩表现能够拿得出手。可是，不管是好是坏，最后的结果怎样，只能听命运安排。

市场上不断上演的金融狂乱让投资者们无法安定下来，这可以从"每周发生一起兼并案"的速度反映出来。这有一定的好处，比如可以迫使公司管理层时刻为股东的利益着想，不敢有所懈怠，但同样也让我有所顾虑。一方面，它让我们的公司评估系统失去效用（比如针对公司的信用和其他方面），另一方面，这种趋势还会导致败坏的管理层掏空公司并借入很多负债，为自己留一条后路。从这些不利层面看，未来任何的不利转折点，比如经济萧条，都会让兼并公司的状况更加恶化。

我们买进了国民城市银行，这是温莎历史上第三次把我带回了克利夫兰的老家。国民城市银行是一家俄亥俄州的州立银行，总资产 120 亿美元，自我 25 年前离开那里之后它发展迅猛。国民城市银行经过不断的发展巩固，从各种重要的银行统计学标准来看，已经都是一个质量上乘的公司。银行承诺，如果兼并其他银行，会首先考虑股东的利益而不支付过高的溢价。

12.6　1987 年：咔，砰！

已经进入 1987 年，而市场仍然对拐点抗拒不从。市场的表现让我们迷惑不解，五个交易日下来，指数就把 2000 点的里程碑甩到了后边。"新年股市上演震撼冲锋，道琼斯昨首破 2000 点大关"，1 月 9 日的《华尔街日报》这样报道[一]。我们很是震惊，股市的表演太不切实际了。

虽然市场热情不减，经济现状却无太大改观。我们的慢速成长预期似乎没有受到目前经济趋势的妨碍。事实上美元近几个月来连续贬值。在各种后果中，美联储被迫对短期利率的调节更加谨慎，特别是和日本、德国的对应机构的微妙协商。伊万·鲍耶斯基（Ivan Boesky）事件依然恶名不消，这使得华尔街的投资银行家对非法内幕交易尤为重视。这类事件依然频频出现在《华尔街日报》的第二或者第三版面的调查报告之中。每一次的涉案人员似乎越来越多，这种报告放在头版亦不为过。其他新闻中，伊朗丑闻[二]给里根当局抹上了黑黑的一笔，它们违背了当初不给伊朗提供武器的承诺。丑闻爆出，他们却无法自圆其说，无法向我们的同盟国交代，更不用说向中立的阿拉伯国家交代。随着具体细节一层层剥开，管理当局愈加有口难

[一]　John Crudele, "Dow Tops 2000 for the First Time," *The Wall Street Journal*, January 9, 1987, p.1.

[二]　这一丑闻使里根总统在其剩余的统治时期备受折磨。

辩，无法抵赖。与此同时，在减轻联邦财政赤字方面，议会所做的努力似乎收效甚微。这帖药看来不能为股市的美好图景添彩，然而奇怪的是，股市却异常活跃，股价节节上涨。

12.6.1　采取防守阵势

温莎此时或多或少采取了防守阵势。第一个季度股票的卖出量超出了买进量，两者之比达到了 2：1。虽然心中猜疑是否会进入另一个无聊的季节，但是我们决定只保持 80% 的股票头寸。第一季度结束的时候，我们离此目标已经仅一步之遥。至此我们不能因为自己的判断而更多地兑换现金了。我们的股东选择温莎的第一时间，就已经选择了持有股票。

为了达到这个现金标准我们还要再努力往前挪进几步，同时保持充分的投资比重。我们又投资了一个新股票，比往常稍具冒险意味，这只股票是美国银行。这家银行曾经有过光辉的过去，之后在萧条时期衰落下来，饱受折磨，苦苦挣扎。我们该季度 1/4 的买入量都用在了这只股票之上。这只股票的投资反映了我们的探索性，对特殊处境的公司的深刻反思以及对传统温莎准绳的灵活变动。

美国银行正在出售某些可出售资产，这至少可以让公司生存下来。这些被清理的金融资产包括持有的查尔斯·施瓦布公司（Charles Schwab & Co.）及意大利银行（Bank d'Italia）的股份。银行已经使不良贷款的损失趋于平稳化，并且建立了充足的储备金。美国银行为准备金抽取了 20 亿资金，即银行利息收入的一半，这极大地吞噬了报表中的每股收益。一个这样规模的银行一般只会抽提 3 亿～ 4 亿美元的资金用作准备金。因为有自己的调查证据，我们相信这些准备金大部分都已属多余，再加上大刀阔斧的人员精简，我们看到不管接下来的经济环境如何变化，1989 ～ 1990 年美国银行或者能够达到 14 美元的每股收益。

结果： 美国银行 1989 年价格上涨了 63%，同期标准普尔上涨 22%，银行平均上涨 17%。而那只是 1990 年的一个序幕，在 1990 年，美国银行给我们带来了 122.5% 的资本增值，而银行平均上涨不过才 19%，标准普尔还反而倒退了 11%。

其他增持的一些防御性品种都符合温莎的传统风格，温莎接纳了 IBM、铝业公司、保险公司以及储贷社。出售方面绝大部分由获利变现组成，这些股票主要集中在石油板块，石油板块前几年由于遭到市场的冷落和排挤，我们曾经大力买入，并且在基金资产中占到了很大的份额。众所周知，欧佩克在卡特尔同业联盟国之间制定了两条协议，这极大地稳定了石油价格。最后，股价的节节推高让我们躲无可躲，毫不奇怪，我们选择把这些股票返还给市场。

12.6.2　阴和阳

1987 年的第二个季度是两极分化极为严重的一个季度，我还没想到能有什么时候使我们股票的表现差异会如此之大。前四个月，不同行业收益水平之间的差距就开始剧烈拉大。权重大的领域，比如汽车（福特汽车占 61% 以上）、铝业公司、IBM 以及石油的收益表现蔚为壮观。而所称的利率敏感类公司，比如储贷社、银行以及公共事业公司则刚好维持平衡，比现金略好一点。幸运的是，汽车板块在我们的投资组合中占了 18%，重仓持有的铝业板块则是我们在基础行业、周期行业以及工业消费品行业的投资代表，它是美元弱势的受益者。

至于石油股，由于我们正不断抛出，所以在投资组合中的比重已经低于市场权重。但和基金同行相比，我们持有的比例依然大约是他们的两倍。其他方面，我们惊奇地发现 IBM 的价格最终赶了上来。伴随着股价的一路

下滑，我们日复一日地在低点买入，就好像是往下走入死亡峡谷。但 IBM
1 月中旬到达了 116 美元的价格底部，之后开始飙升，在盲目的群体观念影
响之下，一直冲高到 167 美元。

4 月和 5 月的开头，温莎积极地参与买进，我们又一次从下跌的市场中
抢到了先机，市场当时比之前下滑了 9%。一般而言，下跌趋势总会让某些
领域的价格优势更加显现。最终市场的表现让我们感到"老成世故"，似乎
没有明显的空子可钻，但是金融中介和福特汽车依然以其突出的价值打动
了我们。

出售方面依然夹杂着不时地小量变现操作，范围涉及石油股、铝业，甚
至包括新买不久的克莱斯勒。出售让出色的投资收益化为实体，其中最引
人注目的是石油股。大约一年之前，人人都认为它们的股价要沉到地底下
去。那个时候，传统的思维观点都认为欧佩克达成一致的协议实际上是不
可能的。但是从 7 月份的低点开始，一系列代表性石油公司的股价却都获
得了翻倍，最后华尔街的分析师们又忍不住推荐起它们来。作为我们逆向
操作的特征，既然事实如此，我们就偏偏要倒着来。1986 年我们的石油股
持仓比重是 28%，之后逐步筛除，最后这个比重在 1987 年中期到达 10% 左
右。铝业公司和克莱斯勒也是自 1986 年夏天开始买入。间隔一年之后，这
些股票的价格有了 60% 左右的涨幅。由于我们的增值目标已经实现，所以
我们开始一点点售出，就好像剥笋刮鳞一般。

夏天在慢慢地流逝，温莎的表现变得有点狼狈。我们极力推介的领域，
保险、储贷社以及公用事业，比标准普尔落后了 10.5%，这让我们的业绩表
现打了对折。而基础周期类股票和某些成长股充当了当时的市场引领者。

12.6.3　迟早发生的事情

直面惨淡的业绩没有害处，不管将来可能发生什么，最终我们都将承担起

来。我不知道什么时候，但我希望市场尽快到达转折点，让最近无聊的季节刹住脚步，早点收场。因为我没有巫师的水晶球，也看不到后面清晰浮现的10月19日星期一这天的景象，所以我无法预知会发生什么，也无法预测一系列的前因后果和那些预示着拐点降临的种种迹象。然而，1987年年中的时候，我们的市场正处于充分估值的状态，一切可能的利好都被市场看作必将发生。而实际上，真实的世界不会按照人们的一厢情愿改变自己的运行方向。

说某种结果必定发生是幼稚的，因为没人知道这冲动的股市会发生何种意想不到的现象，但我们对一切意外的防御工事似乎牢不可破。我们投资组合中那些引人注目的大块头，也就是金融中介公司，已经经过了利率敏感综合征的考验，也进行了相应的调整，而市场上很多公司还未通过这些测试。我们承认，就像往常一样，所有的普通股都会受到利率波动的影响，甚至有一个研究学派说，高成长性股票比我们持有的典型高总回报率股票对利率更加敏感。

批评家们对温莎多有诋毁之词，他们说温莎基金是单调乏味、死气沉沉、低于平均、没有大作为公司的大本营。我们认为其实不然。我们的证据呢？温莎通过分析得出，这些股票积累的收益1987年可以增长21%，在1988年还能增长15%。我们不会缺乏养料，如果其他任何东西都等同，以我们看来，市场毕竟由收益驱动。

许多被忽视的公司正在以非常值得而且合理的价格回购自己的股票，这和默克公司及可口可乐公司正好形成鲜明对比。股票回购会产生神奇的效应，比如每股收益会获得增加，同时处理掉一些多余资金，以防某些股市观察家担心用于购买其他高价资产。

12.6.4 黑色星期一

市场最终在第四个季度碰了壁，采用的是我们也不曾想到的短时暴跌方式。10 月 19 日那一天的股市痉挛表现极具戏剧性，市场人士称之"黑色星期一"。如以标准普尔为参考，市场单日下跌了 20.5%，如果以道琼斯工业平均指数做参考，下跌的幅度还要更大一些。这是史无前例的大暴跌，而且出现这种现象毫无疑问，自动交易程序也作了怪，让本已严重的下跌雪上加霜，更加恶化，而这些投资组合保险程序本来是设计用来自动止损的。期待中的拐点终于成为现实。这要归功于具有较大吸引力和竞争力的利率水平，"趋势投资者"参与下显得过度兴奋的证券市场以及对里根当局减轻财政赤字的失败，名声很臭的 Robert Bork 任职最高法院的提名和几个经济领域普遍效率较低的关注。

我们的前瞻性赋予了温莎很强的防御力。我们的资产损失只有平均水平的 69%。然而，如果看到我们持有的现金占了较大比重，这个结果还是让我们感到失望。这意味着我们的持股在下跌中的表现只比市场好一点点。我们原本希望能做得更好。

温莎的策略很简单，我们准备着把"干货"部署在一个更加理性的市场。 在 10 月最后 13 个交易日中，我们采取了净买入操作，总计花费 7.51 亿美元（占总资产的 15%）用于购买普通股，黑色星期一和之后的一天让我们不能视而不见。那两天我们的调整幅度在 20% ~ 25%，之后我们闪电出击。对于标准普尔，到 10 月 19 日的星期一收盘时当天累计调整达 31%。我们把所有的现金和某些债券都部署到了股票中，随着股市恢复理性水平，我们感到自己应该为此而获得某种荣誉。

在这个关头，一个更重大的问题出现了："1988 年整个年景是否会因为股市崩溃而被破坏？"我不认为是这样。温莎估计的经济增长速度是 2%，现在这个数字正日益得到一致的认同，而实际数字可能更高。虽然利率让人有些担忧，但我坚持自己的看法。因为我想，如果股市环境发生变化，那么所有投资者的策略都要做出巨大调整，但是大街上的男男女女，那些消费者，不会像股市中的投资者一样因为市场有所变化而改变自己的购买习惯。这预示了股市阴谋必将从报纸头版和晚间新闻中消失，并逐步瓦解。毕竟，生活还将继续。作为一个良好的先兆（每个投资者都需要留意这些东西），我发现10月最后几天的汽车销量（10月19日之后）和我们的预期吻合。

到此时为止，我们投资组合中最显著的前沿变动在航空领域。我们大概已经18年没拥有过航空股，只有1979年和1980年曾少量持有了一点三角洲航空。我们开始在更加广泛的投资领域中选股，选中者我们称之为"好小伙"（good guys），并希望它们能为我们的投资组合冲锋陷阵。美国航空可能是该行业中经营最完善而且历史比较悠久的一家公司，但它在扩容方面过于激进是一个不利方面。三角洲航空论公司质量可排名老二，但糟糕的是它在暑期碰到了一系列突发事件，它们完全不像是三角洲应该犯的错误。西北航空（Northwest Airlines）在孟菲斯享有寡头垄断优势，同时又占有底特律2/3的交通份额。不幸的是，它在服务品质方面或多或少不够上乘，1986年和美国共和航空（Republic Airlines）的兼并过程也没有平滑进行。不过，我们认为管理层和工会正在致力于问题的解决，并且即将有好的可行方案出台。我们另外还投资的是全美航空（USAir），不过投入的资金量较少。通过一系列对西海岸和东部地方航空公司的收购，全美航空获得了地理分散面广的关键优势，这为在航空领域中和同行一争高下提供了充分的关键资源。

所有这些航空公司都有着优秀的财务，并都有着光辉的生存史。虽然它们的股息率不高，但价格非常便宜（价格是1988年预期每股收益的4倍），所以，我们可以在低分红上做出妥协。**和往常一样，如果某只股票的价格非常具有说服力，那么即使不符合温莎的传统标准，我们也愿意承担一些聪明的风险，而不会让机会白白溜走。**这些股票早在10月19日那个黑色的一天之前就已经连续下跌。我们买入的平均价格比1987年的高点低

37%，而这些高点和市场上很多其他股票相比，它们的牛气也要逊色许多。

12.7　1988 年：暴跌之后

股市崩溃的那一天之后我们的业绩并没有立即出现快速回升，但最终在 1988 年 1 月，温莎获得了更加拿得出手的成绩。这是我们给股东们的一份新年贺礼，我们的成绩领先标准普尔整整 7 个百分点，和同行们相比更是有 8.5 个百分点的优势。现在是应该发生反弹的时候了，尤其是 1987 年让温莎大失所望的金融中介类公司（financial intermediary）。1 月份股指名义上上升，涨幅微乎其微，不过这些金融股倒是向上拱了 13% 的样子。我们投资组合中的其他成员也都很强劲：汽车股、长期休眠的航空股（算上波音公司）还有电力股。所以实质上，各个领域我们都打了胜仗。

12.7.1　返回零售行业

差不多经过了整整 6 年，我们慢慢开始对专营零售行业产生了一定兴趣。很简单，以前一直是价格因素让我们远离这个板块。我们以前对这个板块有过关注，1979 年的时候，温莎曾投入 13.7% 的资金在专营零售业的股票上。然而，我们之后没有再踏进这个领域，只是这一次它们的价格又踏进了我们的领地。让我们打算买入它们的原因是该领域在市场上遭受的沉重打击，不仅是因为普通零售业大受欢迎，也因为我们所在的股市反复无常。很多专营零售公司的股价被腰斩，甚至跌幅超过 50%，而原因只是人们认为 10 月 19 日的黑色星期一，格林奇（Grinch）将要偷走 1987 年的圣诞节[⊖]。普遍流传的观点认为，消费者会因为理财管理人的鳄鱼眼泪而取

⊖　影片《圣诞怪杰》（*How the Grinch stole Christmas!*）讲述主人公在圣诞节偷走所有人的礼物，结果却发现人们欢声依旧的故事。——译者注

消消费计划。事实情况是，这个圣诞节虽然有点拮据，但各种商品的价格被调动起来了。我们希望那些优质专营店生意兴隆，并且恨不得1988年的圣诞节也快点来到，甚至热切到希望一进入1988年就先过圣诞节。我们对专营零售行业的看好为我们的投资开辟了新领域，让股东们投资组合的涉及面更广。

我们总共持有三家专营零售公司的股票：巡回城市百货（Circuit City Stores），在我们看来，属于消费者电子产品连锁店；一号码头进口公司是经营主要来自经济不发达国家的家具陈设等生活用品的零售商，这是该领域唯一一家全国性的公司；伯灵顿服装工厂（Burlington Coat Factory）的零售商店基本覆盖全国各地，专门销售各类款式的衣服和其他服饰，这也是唯一一家在该领域做到基本在全国经营的公司。我们已经盯了它们一段时间，甚至当其他投资者在10月下旬被一头往下栽的股市惊得缓不过神儿的时候，我和温莎的同事们就把零售商业板块翻了个遍，希望能找到最有可能成为赢家的股票。我们付出了努力，所以成功了。

结果：巡回城市百货是1988年的表演明星。它的股价上涨了115%，与此对应，标准普尔只有11%的涨幅。一号码头进口公司虽然不及它，但至少也给出了精彩的表演，它的涨幅超过了标准普尔，也超过了平均涨幅28%的一般专营零售公司。

一月份的股市明显好转，这轮行情主要由金融股的反弹带动，而我们略觉百无聊赖。我们为反弹早已做好了准备，只是市场的涨跌毫无章法，徒劳无功。我们还不能够让自己满意，我们必须承认某些不如意的地方，尤其是金融股。例如，我们认为花旗银行和银行家信贷公司被严重低估，其股价只有每股赢利的4倍多，股息率分别对应7.2%和6.1%。

复合保险行业第一季度的报表显示收入压力趋紧，只有旅行者财产事故保险公司除外，它的业绩在 1987 年最后一个季度到达底部。业绩的改善似乎是必然的，只要算上按 30% ～ 40% 的速度增长的保险费就能得出这个结论。我们承认，投资复合保险公司是一个缓慢获利的过程，它不会像某些承诺最低收入，突然宣布预增的公司一样可以获得暴利。另一方面，我们的汽车股表现比我们的乐观预计还要好一些。航空公司票价有利可图，旅客人数不断增加，而波音公司的各个项目也在有条不紊地顺利开展。

12.7.2　行情开始好转

　　三季度的结果基本令人满意，温莎基金上涨了 9%，而标准普尔只上涨了 2%，和竞争对手相比则略微好点。如果把时间跨度放长，从年初起算，我们的资产投资增长率则比标准普尔高 12% 以上，比竞争者更是高了接近 13%。我们的总增长幅度是 22%，如果说 1987 年是让人失望的一年，那么这一年是重整旗鼓的一年。这次业绩改善主要是因为我们大量持有银行股、航空股，还有波音公司，它们加起来占据了整个温莎投资组合的一半，见表 12-2。

表 12-2　温莎投资组合中部分股票的涨幅
（1987 年 12 月 31 日～ 1988 年 8 月 15 日）

公司名称	股价涨幅（%）
美国银行（Bank America）	100.0
巡回城市百货（Circuit City Stores）	97.3
波音公司（Boeing）	61.9
福特汽车（Ford）	40.4
三角洲航空（Delta）	36.0
第一州际银行（First Interstate Bancorp）	34.2
花旗银行（Citicorp）	33.3
通用汽车（General Motors）	30.8
AMR 航空	30.1

　　让人高兴的是，1987 年新进的这些领域让我们的投资组合有了好表现，

其中最落后的是复合保险行业的股票。可是，根据二季度报表中给出的收益描述，我们坚信这是一群健康的公司，尤其是信诺保险。由于华尔街永远有着一种很坏的癖好，它们总是喜欢把业绩和涨幅压缩进一个相对较短的时间段内，尤其是当拐点即将出现的时候，所以我们随时准备按现有价格抛售复合保险公司，收获可观的投资收益。

12.7.3　寻找更广泛的多样性

我们虽然丝毫不愿违背自己的选股标准，但仍然试图放宽我们的投资品种。对于某些新领域中的股票，我们准备接受低于我们投资组合平均标准的股票，但是，我们依然对市盈率和总回报率格外看重。然而，我们在寻找中没碰上好运气，不过随着 8 月中旬的股市下调，我们的机会来了。我们投资组合中现有品种的范围很窄，因此总觉得不太畅快，就此事我们和股东们也有过交流。我们从来就对指数模拟基金（closet index fund）[⊖]嗤之以鼻，但追求配置的全方位性至少还是可取的，以便我们的股东也能在承担更多风险的前提下获取更多收益，更好地制定财务计划。

投资者对整个市场的评价，永远无法做到一眼洞悉或者达到精确的地步。1988 年酷暑那几天，我猜测我们可能要在道琼斯工业平均指数接近 1900 ～ 2000 点的范围内缠绵一段时间，至少要等利率、通货膨胀和业务拓展有个长时间的消化过程才可能继续往上。我们的依据是，利率水平到了年内的较高水平，通货膨胀还在进行中，膨胀率在 4% ～ 5% 的样子，虽然业务继续缓慢拓展。看来，经济周期性的萧条还在地平线之下。但这不是普遍认为的观点，甚至在威灵顿，都有一群人认为拐点正由量变进入质变阶段，利率水平将螺旋式上升。

如果我们是对的，我们希望市场最终继续朝上，突破前期狭窄的交易价

⊖　模仿指数型基金进行配置，但管理费高得多的基金，有忽悠人之嫌。——译者注

格区间，如实地反映公司收益的增长和分红的提高。我们预计 1989 年的公司收益相对缓和，大约有 5% 的增长，虽然业务拓展速度还不够。

　　显然，第三季度真正的大宗交易要数波音公司了。我们在 1987 年开始买进该股票，大部分都在 10 月 19 日之前买入，波音公司占有温莎基金 4.5% 的比重。大约当股价从买入价开始有了 40% 的涨幅后，我们把这只股票抛给了正强劲接纳的市场，当时华尔街的航空分析师突然像发现新大陆一样关注起了波音公司。他们摆出了很多看好的依据，许多都和早在一年前我们看好它的理由一致。当时买入之后，波音公司接到了新式飞机的很多批量订单，这正验证了我们分析的准确性。

　　要获得优异的表现，你不需要拥有许许多多大获成功、规模宏大、备受推崇的公司的股票。如果你接受我们每年超过市场 4% 的业绩目标（当然是指年平均，不是真的每一年），那么占温莎 4.5% 比重的波音航空能够为整个投资组合贡献 1.8 个百分点的相对业绩优势。[○]这已基本达到我们一年目标的一半，除此之外，其余 95.5% 的股票也在为我们工作。**诀窍就是，把表现不佳的股票保持在最低仓位，如果我们最初设定的期望收益模型被打破，那么尽早收回所有资金。**

12.7.4　重返基本工业品

　　1988 年第四季度，我们新买进了周期类基本商品板块的股票，以此实现我们投资组合的多样性。我们曾经大量持有铝业公司，并且获得了成功，不过自从 1987 年清除最后一股这类股票之后，我们就基本没有再次涉足这个行业。这次我们新投资的公司包括陶氏化学公司、生产纸产品和林业产品的格雷特北尼古沙公司（Great Northern Nekoosa）、菲尔普斯·道奇公司（Phelps Dodge）、生产纸产品和林业产品的波特拉奇公司（Potlatch）和两家

　　○　40% 的股价涨幅，乘以 4.5% 的持仓比率，结果就是平均为投资组合贡献了 1.8%。

石油公司，即阿拉美达赫斯石油和 USX 公司（USX 是一家控股公司，旗下除了美国钢铁，还控股马拉松石油（Marathon Oil））。煎熬了两年之后，市场价格暗示盈利能力不具有持久性。对此流行观点我们不得不反驳，因为我们对通货膨胀的严重性估计低于市场一致的看法（现在我们的观点反倒得到了越来越多的认可）。如果事实如我们所料，那么周期类股票的价格就不会被迅速腐蚀。

与其他机构不同，虽然行业整合和收购的趋势越演越烈，但我们不会为了过多地参与到这些投机中而颠覆我们的投资组合。事实上，我们投资的驱动力依然是那不变的收益率、股息率和增长率，这种评估框架始终在我们的投资道路上指引着我们。我们不会改变初衷，转而看重一家公司的现金流量或是资产价值。**简而言之，我们是名副其实的低市盈率证券投资者，虽然有时随着机会的降临，我们也难免对某些领域觊觎一把，碰碰运气，兴许无意间中个"免费大奖"。**

其中，我们就擒住了格雷特北尼古沙这批黑马。这是一家从事造纸和经营林产品的公司，产品范围齐全，布局合理，而且公司的资产负债表正在不断改善。公司 1987 年的每股收益在 1986 年的基础上翻了一倍，我们期望 1988 年继续暴涨 74%，之后，1989 年可能稍差一些，大概增长 15%，但仍具有吸引力，也就是说，4 年中预计有接近 5 倍的业绩增长。而且，这些业绩的突飞猛进反映的是公司的内生性增长，还没有算上宏观经济增长引起的同步推动作用，但是增长的收入大部分就是简单地来自产品价格的上涨。我们认为，除新闻纸以外，大部分其他类型的纸产品至少在两年内仍将维持供求紧张局面。我们的信心就来自于此，于是我们购买了 440 万股股票，大约占了这家公司总股本的 8%。

结果：说来让我们意想不到，1989 年乔治亚太平洋公司（Georgia

Pacific）突然宣布要收购格雷特北尼古沙公司，收购的利好让股价暴涨，我们痛痛快快地赚了 63%，然后就跑路了。这个收益和标准普尔相比是 3：1，与造纸和林产品公司的平均涨幅相比是 4：1，我们别无他求。

菲尔普斯·道奇是又一家基本工业消费品领域中给我们带来大满贯的公司。虽然铜业务仍然贡献了绝大部分的收益，但公司在其他业务领域的多项收购，比如炭黑和卡车轮胎圈，显著支撑了公司的业绩增长。最大的亮点是，公司降低了铜矿的开采成本，下降幅度达到 30% ～ 40%。以此计算，它将是世界范围内所有该行业公司中成本最低的公司，而且，公司还具有极强的生产可预测性。虽然和其他工业消费品相比，接下来铜每磅 1.50 美元的价格极难维持，然而我们预计，即使在铜价掉到 1.00 美元每磅的极合理价位后，菲尔普斯在 1989 年的每股收益还是可以达到 10 美元。市场上，菲尔普斯股价强势上冲到 30 多美元，同时分红加倍，于是一下子吸引了很多人的眼球。

结果：坚持是一种美德。在 1990 年，有色金属板块平淡无奇，但菲尔普斯以其优秀表现在有色金属中脱颖而出，同时以绝对优势大胜标准普尔。菲尔普斯的股价上涨幅度达 57%，同期标准普尔上涨 30%，而有色金属板块平均仅上浮区区 13%。

1988 年温莎的成绩是 28.7%，比标准普尔高 12%。我们泰然自若地从 1987 年的市场拐点走出。如果把 1982 ～ 1988 年的业绩加在一起，温莎的业绩和标准普尔相比可能要高出 29% 或更多一点。如果从我走进温莎算起，我们的投资成果则是资产翻了 41 倍，而同期市场平均只翻了 16 倍。这得归功于低市盈率投资策略，我想这已经无需更多的证据。

|第 13 章|

"好小伙"百折不挠

（1989 ～ 1993 年）

　　我们摩拳擦掌、满怀信心地迎接 1987 年的到来。1988 年是温莎基金成立以来的第 30 个年头，我们获得了众人瞩目的成绩，收益率达到了 28.6%，或者说超越了市场 12.2%。先锋的主席约翰·博格毫不吝惜地对我们做出的努力和年度报告中取得的骄人成绩进行了一番称赞。我们的成绩的确高人一筹，他说我们取得的好成绩，"不是因为我们天资聪颖，也不是因为选择承受了额外的风险，我们的成功来自对证券的严格分析和对基本面的吹毛求疵"。我猜由于我们的立场明确清晰，博格对我们表达了充分的信心，我们感到万分欣慰。因为这之后的两年，我们的光辉有所暗淡，我们重拳出击的金融股，包括四壁受攻的花旗，让我们陷身泥淖，无法动弹。这段时期的特点是市场的不可预测性，我们的许多老朋友都遭受了沉重而又残忍的打击。狂风暴雨过后，虽然各种声称低市盈率投资已经过时的言论达到了空前高涨的地步，但是市场的又一轮冲动让温莎化险为夷，并且再一次领先于市场。这一切的完成只不过是因为市场又一次产生了转折点，并让"神经错乱"的市场快速拉回到了现实中，我们持有的"好小伙"的内在重要性和财务稳健性不容随意践踏。历经 1992 年和 1993 年，温莎的收益率是 49.8%，标准普尔是 18.5%。而实际上温莎野心勃勃的期望和目标还要更高，但在最困难的时候，就像天美时（Timex）手表的广告词[⊖]一样，温莎基金"任凭摧残，岁月依旧"。转折点之后，疯狂消弭，对公司基本面的分析和关注如若转世重生，正所谓一个萝卜一个坑，是好是坏还得对号入座。

13.1 1989 年：奋力前行

1989 年年初的市场开始迸发激情，1 月份股指的年利率上涨速度是 86%，温莎也跟上了市场的步伐。许多投资者开始热情拥抱航空股和一些我们持有的其他股票，既然他们有此渴求，我们便顺水推舟地把持有的股票兜售给了他们。同时，冰火两重天的市场亦不乏被人弃之一旁的个股，我们在这个时候也继续寻找着这些价值股。然而，出售的股票还是大大占了上风。此外，自 1985 年温莎第一次重新向个人投资者开放以来，资金进入的速度是我们原先料想的 2.5 倍。随着股票的卖出和新股东的加入，我们的现金百分比迅速攀升至温莎基金的 11%。

这种状况其实并不像听上去那样难以应付，我们的现金暂时完全没有必要去扰乱股市。股市已经在短时间内走完了我们预计整个一年会走的路程，换句话说，如果我们预计 1989 年整个股市的总回报率为 10% ～ 12% 合乎事实的话，据此看，股市在这一年剩下的时间里可能只会"上下踩水"。

英特尔是我们新买的股票，它代表了新型半导体领域的前沿力量，当然实际上就是我们所说的微处理器技术。我们对英特尔可以说是仰慕已久，

⊖ 在该广告中，天美时手表被大象踩不坏，鲨鱼啃不烂，自始至终嘀嗒不停。——译者注

但一直苦于它没能满足温莎的所有选股标准。但是，在振幅巨大的股票市场中，永远不要说"永远不会"。11月，英特尔公司发现库存中积压了大量的286和386微处理器，原因是1988年的大部分时间里库存一直在以过快的速度增加。接着就是英特尔四季度利润的严重下降。公司的股票价格从前期的37.5美元下跌到23.5美元，公告公布之时，股价更是急剧下跌。最后股价曾跌到每股20美元以下，不过在低位只维持了几天时间。

似乎一下子每个人都调低了1989年的期望，但是最终，对个人计算机、工作站以及类似产品的需求仍将以每年10%～15%的速度增长，这是极大的推动因素。于是，我们做出了大胆的预言，即不管是华尔街还是公司都会因为收入的减少而做出较大的补偿。突然之间，有着16%增长率的英特尔成了低市盈率的股票，我们无法无动于衷。

结果：市场很快恢复了知觉，我们净赚了70%。

此时，通用汽车股票有了60%的涨幅，我们循序渐进地抛出了部分股票后，又有35%～40%的相对涨幅，于是我们进一步抛出。我们在汽车股上进行了部分高抛低吸的操作，但是我们的持仓比重仍高达22%，况且福特汽车和克莱斯勒要更有吸引力的多，所以明智的做法是割去通用汽车。我们的操作完全按照温莎的手札进行，即等到通用汽车涨到预计上涨空间的70%以上时才开始抛售。尽管如此，汽车股的比重在温莎的投资组合中仍然排名第五位。

慢慢地，在春季结束之前，放缓经济的调控措施开始减轻力度。这在一定程度上减轻了通货膨胀的压力，增加了劳动力供给并降低了基本商品的定价。由于几个重要地区的湿度水平恢复正常，粮食价格缓和了许多，而且据估计冬季小麦的价格也有望降低。一些商品价格涨幅过大的地区也开始出现了好转迹象，最显而易见的是原油和铜价格的回落，甚至一些塑料和化学产品也逐渐从各自的高点开始下滑。

错误的判断

到了第三季度，经济和通货膨胀正如我们预料的那样演化和发展，两者都开始明显放缓，长期利率下降的幅度也超过了 1%。美联储由于能够及时应对而没有被动反应，因而甚至在媒体上或者采访中受到了多次嘉奖。虽然还有人担心相反的情况，但我们的判断是经济将会继续平缓发展，萧条还没有任何征兆。

我们就是这么认为的。

进入 1989 年第四个财政季度以来，温莎的业绩很差劲儿，被抛在了后面。经分析，背后的原因有 4 个：

（1）大量持仓的汽车股表现糟糕；

（2）现金比例提高；

（3）本年度大部分时间一直在持续建仓的基本商品周期股，除了一两个之外，其余股价总在买入价上下徘徊；

（4）虽然股市有激情，但我们持有的价值股因缺乏题材而无人关注。

虽然总体情况极为不利，但在某些主要板块中我们的收获依然不小，比如航空股、银行股以及储贷社的股票。除了汽车股可能确实有欠考虑之外，我觉得我们没有特别重大的过错需要专门道歉。我们依然相信市场的短视，三大汽车股定会在 1990 年交上优异的答卷，只要我们的预测基本准确，也就是小轿车和轻型卡车的销量维持和 1989 年同一个水平上。

1989 年的特点是高度安全和可预测的领域（如果你相信传统智慧），尤其是非耐用消费品领域的公司股价涨幅惊人。可是在我们看来，坦率地讲，这个行业已经被过度高估，我们躲避它如同躲避瘟疫。这是我们成绩不佳的又一个方面，但是，如果我们是对的，这也代表了许多将来的机会。市场上一致的看法是 1990 年经济将实现软着陆而不至于萧条。具有讽刺意味的是，那些周期股正好在这时表现十分低迷。我们不仅持有相同的看法，简直可以说是信仰它，但周期股却占了温莎资产的 1/3。让人进退两难的问题就是：不知道这种状况要持续多久，会不会一直到 1990 年，以及这些行业的产品定价有没有可能让公司的收入继续增加？

1989 年的最后一个季度，温莎购买的力度略略超过出售的力度。批评家可能有理由责问："既然你们要增加股票投资的比例，为什么还要大量地卖出，尤其是很多股票现在的定价非常合理？"对此我只要引述一下之后发生的情况，就可略知一二了。我们抛售 AMR 航空、数字设备、菲尔普斯·道奇、三角洲航空、IBM 以及几家储贷社的股票几周之后，它们的股价很快就从温莎当时的出售价格下挫了 15% ～ 30%。

我们建仓的目标是银行，我们对持续上升的不良房贷和建筑贷款毫不介意。因为我们本来就持有不少银行股，占了总资产的 16%，所以可能有人会控诉我们画蛇添足。但是，虽然很明显投资银行需要留意更多潜在的地雷，我们相信在企业收入不好的整体经济环境之下，银行和其他金融中介公司会有好的业绩表现。这种收入的潜在推动力，再加上虔诚的市盈率倍数和慷慨的股息率水平，银行就成为我们在预测接下来公司总体经济收入不好的环境下难能可贵的投资对象。我们猜对了一半。随着现实的展开，情况在好转之前变得更差。

由于情况持续好转，我们又重新买回了抛出不久的三角洲航空，价格比我们在该季度早些时候卖出时便宜了 17%。

13.2 1990 年：重仓股失利

1990 年开始的一段时间多少让我们有些气馁。至于我们为什么没能取得更好一点儿的成绩，这只能是难以一概而论。要知道，完全解释清楚市场的行为有时候的确是强人所难。在广泛蔓延的对建筑和商业地产贷款的恐慌情绪之下，金融中介公司有其闪光点。我们持有最多的银行股：花旗、银行家信贷和美国银行业拥有大约 9% 这样的贷款，相比之下，一般的地方性银行这类贷款的比重高达 20% ～ 30%。我们持有最多的两家储贷社分别是阿曼森储贷银行（H.F. Ahmanson）和金色西部金融公司（Golden West Financial），它们分别为客户量身定制了 1 ～ 4 种家庭的房屋贷款，这个措施的实行有利于公司在加州最差的住房局面下经营下来。我们的底线：我们认为加州的普通住房不可能有 20% 以上出现还贷的危机，这和大多数金融机构的预测不吻合。

有一些欧洲医药公司业绩优良，无奈价格不菲，但我们还是找到了省钱的介入点。Akzo 公司是一家在尼德兰注册的化学公司，生产人造纤维，同时也有医药方面的子业务。这是一家成功的公司，然而股价并不高，它是我们探索海外公司时的又一大收获。顺便提一句，我们总共持有大约 5% 国际跨国公司的股票，其中包括欧洲市值第二大的西班牙电信（Telefonica）、英国西敏寺银行（National Westminster）和英国巴克莱银行（Barclays）以及不列颠钢铁（British Steel）。（其中还没有包括占我们资产将近 5% 的加拿大铝业。加拿大铝业的总部位于加拿大，但它的业务遍布全球，温莎持有的许多其他公司也是这样。）

结果：Akzo 公司 1993 年末的股价有 63% 的增值，我们及时兑现了结。不列颠钢铁 1993 年时股价涨幅达到 151%，和一般的钢铁公司相比有 3 倍的涨幅差别，和标准普尔相比则是 14∶1。

13.2.1 反弹的迹象

1990 年温莎获得的好业绩主要由汽车股（克莱斯勒除外）和航空股带

动，甚至有色金属中的铝和铜都抬起了头，但是金融中介公司继续拖累着温莎。那个时候预测何处是底，教条主义是绝对行不通的。在大块头的美国银行、银行家信贷和较好的储贷社中，我们感觉自己已经窥到了一些探底的迹象。但是，反弹的征兆可能只是遭到重大打击之后的"膝跳反应"，终将化为泡影。

这次银行危机很容易被忘却，但是实际上却非常严重。我们持有的四家优秀大型储贷社占了整个温莎基金储贷社股份的3/4，1990年第一季度的收益平均比1989年同期增长33%。在一个公司收入整体不好的环境下，这样的收入增长趋势一般会引发超常的市场反应。可是，让人毛骨悚然的是，知名分析公司的分析家们，那些权威储贷社的分析师和影响机构行为的主要人物，竟然撤销了所有买入的建议，而不是直面之前的错误判断。市场权威人士和技术策略师，相应地也决意把它们从推荐列表中排除出去，优秀的基本面就被这样践踏了。

以我们的观点看，他们不是很专业，但这种现象很生动地描绘了他们让人费解的逻辑推理。那些有影响力的证券分析师们，其出发点实质上是应付潜在的购买者，评估他们对市场、对加州房地产未来价格的信心。这让我们惊愕不已，真是口是心非的神来之笔啊。根据经验，机遇往往就诞生在这样的环境之下，我们进行了相应的部署。在储贷社这个例子中，这些"好家伙"如果挺身而起恐怕会让人不敢相信，虽然报纸到处都是相反的头条和言论以及意见的一片混乱。

我们继续对经济形势和温莎基金自身的运作进行了思考和评判。经济软着陆是我们观点的主线。我们注意到许许多多的证据都表明，小心翼翼的消费者，只要市面上商品的价格和以前一样低，他们依然抵挡不了这种诱惑。但这并不总是让人兴奋，较低的价格通常意味着较低的利润，但同时也表明了我们的经济模型运作良好。汽车生产从一月份的停歇后开始反弹，并在二月、三月和四月接连提高产量水平。

　　一些属于基本生产资料的周期性行业产品价格趋于稳定或者略有上升。一季度的收益比较让人满意，而且，预计第二季度和第三季度的收益还要好许多。我们随时准备承认我们过高的收入预期可能全年下来不会完全实现，不过，华尔街的观点大部分也都认可这种增长。除此以外，我们希望之后的几个季度业绩能够进一步增长。这种乐观预期的策略恐怕不是赚钱的好办法，但是，我们却十分频繁地选择这条道路，用希望来激励自己。根据联邦储备委员会的工业生产指数（Federal Reserve Board Index of Industrial Production）的预测，经济活动从一月份的低点上跳了两个百分点，开工率和总体经济开始向上，同时，工厂也都开始接近满负载运转。

13.2.2　冷静应对市场

　　虽然带着这种乐观心态，但经济始终有其不确定性和风险性，特别是某些公司和经济组成部分的信贷结构正在走向极端。与此对应，经济活动中产生了很多黑洞和意想不到的潜在负面问题。根据银行在这个领域所做的统计，商业地产中办公楼的国家平均空置率达到 19%，这不能不让人担忧。事实上，随着信贷紧缩，审查机构正在某些方面落实和调整货币政策。

　　整个高息板块，即后保债券（junk bonds），经过了一轮激烈的调整。有趣的是，某些后保债券虽然备受打击，但市场很快又积极接纳了它们，显示了很好的弹性。我们从不愿意自鸣得意，但是至少这次经历表明了我们的金融系统自校正机制似乎工作良好。经济过热最终在自身的压力之下缓和了下来，但政府还没来得及完全介入。大萧条从来都是残忍的，但却能提醒人们鲁莽行为和非法活动必将受到严惩。

　　我们还剩下一些格雷特北尼古沙公司的股票，这样的操作相当成功，这里有必要再提一下：在不到一年的持有时间里，股价上涨 58%，我们大约盈利了 1.18 亿美元。在温莎处境不好的情况之下，这次成功的投资证明了价值投资或者说低市盈率投资能够通过单只股票而获得巨大收益。

虽然不免有些沮丧，但我们不懂悲伤。我们并不是没有经历过千难万阻，但最后都能迎刃而解。既然相信低市盈率的哲学能够帮助我们最终胜出，我们当然还是像从前一样毅然决然，冷静地应付桀骜不驯的市场，让其他基金不知所措去吧。

13.2.3 盲目的市场

我们的价值股依然遭受着市场的歧视，但是我们那些公司在困难时刻总能赶到前头。银行之中，美国银行和银行家信贷给出了出色的收益报表，花旗银行的客户业务也大幅增长了 20% 以上。

在这或多或少充满不确定性的时候，我们维持原来的投资组合，以不变应万变。经济没有落后于我们的期望，但这不是所有人的期望。

然而，在伊拉克占领科威特之后，一切假设就都不成立了。如果这种格局永久持续下去，那么每天 400 万桶的欧佩克石油就将完全处在不那么友好的专制统治者的控制之下了。如果每桶石油价格为 28 美元上下，美国必将陷入温和的萧条之中，4% 的通胀速度也将逐步放大到 5% 或者更高。

虽然我们的投资很多还没有获得成功，但这不能阻碍我们的出售，我们出售和买入的资金之比基本达到了 2：1。有此反差，主要是因为市场的热情和欢乐情绪似乎超越了躺在底下的基本面的状态和发展速度。在道琼斯工业平均指数上冲 3000 点的压力之下，这种趋势看起来和一些基本面状况相背离：经济形势不配合，企业利润率不足，极少有公司整合兼并以及利率居高不下。在这样的经济氛围之下，我们发现可以卖出的股票比可以买进的股票多得多，而且有些行业我们已经持有过多，除了减仓我们别无选择。换句话说，**我们擅长发现市场不能有效甄别的、被过度打击的行业，然后**

再让市场的失宠者变成最终的胜利者,由此提高我们的持仓资金比重。

13.2.4　情感投入的对象

根据我们的判断,美国银行不仅仅是暂时的赢家,凭借其为当前每股收益 5 倍的价格和相对较高的业绩确定性,不仅在折腾人的 1990 年,在接下来的 1991 年和 1992 年仍将给出引人注目的业绩。和花旗不同,美国银行提供全套的面向消费者的业务。除了在传统领域,如信用卡和分期贷款方面的竞争性优势外,这两家银行还填补了加利福尼亚死气沉沉的银行业空白,在加州,那些背负抵押贷款和住房贷款的储贷社已经濒临倒闭的边缘。

结果: 到 1993 年第二季度,温莎通过美国银行的股价增值获得了 159% 的资本回报。

花旗银行当然是我们投入大量情感的另外一个对象,我们继续维持了 5% 的持仓比例。这家公司虽然在其他的业务上管理一般,但在消费者借贷方面经营出色,至少最近开始发展良好。很多投资者由于害怕被肆意夸大的拉美不良贷款和美国房产商的不良贷款而退却了,而我们看到的是消费者业务的持续快速增长。银行为问题贷款储备了充足的准备金。了无生趣的经济环境使原本高昂的杠杆收购费用受挫,而消费者业务又需要新资金的投入。但是我们认为,随着某些业务的重新调整和重新组织,同时某些遭受打击的业务的重新好转,花旗将在消费者业务这个板块获得不菲的收入。在我们眼中看到的是一个未来大赢家。

我们购买这两只股票的资金不是来自我们的止损股,而是来自我们持有的另外两只银行股。它们是两只英国的海外股,分别为英国西敏寺银行和巴克莱银行。我们的持股时间不长,但这两只股票表现出色,我们获得了

25% 以上的利润和不错的分红。我们把来自这两只股票的资金重新又循环投入到了重重重压下的美国银行和花旗银行后，还意外地获得了英镑的帮助。我们不希望英镑跌下来，虽然当我们购买英国的银行股票时英镑下跌基本上是一致的看法，但是出乎意料的是，英镑坚挺不衰。

在我们获利抛售的各只股票中，通用汽车值得注意。我们在这只股票上的不断投入已经一年有余（1987 年 10 月 19 日之后达到最大持仓量）。通用汽车的股票价格上涨趋势良好，追求者众多，在一派欢天喜地中，我们果断出手，毫无半点忸怩和腼腆。在这之后，我们大大减轻了对汽车股的过度依赖。我们曾一度持有 20% 以上的汽车股，但减持通用汽车（卖出了 4% 的持仓量）和表现不怎么好的福特汽车以及更加差劲的克莱斯勒之后，我们的汽车股持仓比重降到了 12%。

其他的股票出售主要反映在铝业板块上。雷诺兹金属的表现虽然谈不上出类拔萃，但至少还像模像样，它的股价上涨了 24%，此外还有些一般水平的分红。这是辛勤耕耘才有的一点儿产出。加拿大铝业更不像话，才有 9% 的微小涨幅。我们觉得谨慎是勇气不可或缺的一个方面，何况我们持有的份额不少。它的每股收益没能跟得上，这和银行股及汽车股不同。我们仍旧保留了 8.6% 的资金在铝行业中，铝锭的价格最终上浮了大约 10%，这个上浮幅度只是相对这个行业的基本面所做的调整。

成功还在躲避着我们，我们就像是孤独的长跑运动员。我们正在接受严酷考验，这和 1971 ～ 1973 年的经历不同。市场，尤其是我们持有的股票，对比其基本面，股价完全像是荒唐滑稽的疯子，不仅这样，而且会随着华尔街的一张一弛而小丑一样地上蹿下跳，以取悦来自学院的专家和 ABC《夜线》（*Nightline*）分析师的洞察力。我们全然不能保证股市哪一天会折返，但是我们不希望股市走势就像是个大齿锯，更不稀罕在底部溜进去。我们要始终代表温莎最广大股东的切身利益，凭借我们的高超技艺和专业技能。

13.2.5　好小伙百折不挠

我们感到像是受到了欺骗，根据我们的观察，市场对银行、储贷社和复合保险公司的价值分辨不清，无法区分对待。我得承认，我们处在一个该领域正面临挑战的时期，尤其是面临商业房产贷款和建筑贷款的挑战。然而，我们仍然要把聚光灯打在几个百折不挠的"好小伙"身上。它们最终会起到总体经济的润滑剂作用，而且总有一天它们会出乎意料地释放让投资者们无法抗拒的魅力，我们对此胸有成竹。**这类公司中，有一些优质公司现金充足，在逆境之下仍有创造更多现金的能力，拥有最尖端、最前沿的技术，以及为将来快速发展准备的雄厚根基，然而，市场对此熟视无睹。**但是，它们都是有潜能和爆发力的幸存者。

与此同时，我们持有的所有金融股在最新基本面上都符合合格标准，唯有花旗银行例外。但总体而言，这个行业中许多公司皆遭不测，而银行股也受到了市场一刀切的抹杀。如果我们的判断接近事实，温莎的股东们在经历了不幸的资金出血之后最终会得到公平的补偿。

13.3　1991 年：反戈一击

1991 年的开端我们享受了相对美好的时光。一开始我们的流动性资金所占比例过多（8.5%），并且在季度末时还要多很多（17%）。这个光辉战绩依靠我们金融股中的"好小伙"：美国银行（+57%）、金色西部金融公司（+55%）、大西部金融公司（+52%）、安泰人寿和意外保险（+43%）和银行家信贷（+40%）。我们称呼了这么久的潜力幸存者，最终获得了市场的一些认知和鉴别。基本工业化学品板块也有一定程度的复兴，但它们没有我们的"好小伙"那样惹人注意，不过比起跟跟跄跄的标准普尔还是要好一大截儿。

我希望能够指着走势图上的拐点说，我们有足够的信心持续给出优异的成绩，但是挑选出某个特定的例子是困难的。布什当局的意识形态和政府指派的银行查账员进行了很多道义上的劝说，希望把银行赶入被人遗忘的角落，虽然本意是阻止迫在眉睫的萧条，但手法确实拙劣。同时，华尔街和股市中的"群体观念"也在激励着股价不管三七二十一地上涨。个股和各个行业板块都像是有了自己的生命气息而活灵活现起来，但一切都不长远。

我们持有的通用汽车股票正逐步被清除，到二月初彻底完成清仓。在这只股票上我们不算太成功，但如果考虑到它的基本面和持有期内获得的高分红，这还不能让人痛心疾首。前期我们已经卖出了该股的90%，那时的操作比现在好一些。总之，通用汽车给我们带来的是失望。前几年，通用汽车还连续开发了式样新颖、彼此差别迥异的轿车和卡车，从一个模型到另一个模型不停地尝试。可是，通用汽车却没有能力重新夺回可观的市场份额，即使采取了激励机制仍旧没有效果，从长期看这不能不让人担忧。公司在困难的行业环境之下，还面临着不断缩小规模的压力。

我们感到奇怪的是为什么1991年的市场会如此活跃，而且我们比大多数人对经济都更加乐观，所以这更让我们惊讶不已。虽然这样，我们对经济的评估相对而言仍属乐观。而大部分投资者都持有延期萧条和趋于回落的普遍观点，这让我们无法解释他们现在为何又表现得如此乐观。道琼斯工业平均指数距3000点已经只有触手可及的高度了，可是，在7月16日和17日两次到达2999.75的高度之后，已经过去了6个月，而它至今依然没能成功跨越下一座里程碑。

此时，优秀的金融股代表了市场上估值最不充分的一个部分。5月份，我们卖出了部分地方银行和小型储贷社，为了保持金融中介行业的持仓量，我们又适度增加了花旗银行的仓位。我们的8个"好小伙"之中，唯有花旗是一家在收入方面和资本充分性方面都不及格的公司。然而，我们认为它的进步已经显而易见。一季度的收益不好，不过随着经济好转，我们期待它接下来的业绩表现。信用卡资金容量、抵押贷款率和信贷损失很可能从一季度较高的水平继续改善。4 月的时候，银行报道了贷款拖欠方面一些好的趋势，一季度的开支表现很有希望。至关重要的一级资本充足率（Tier I capital ratio）[⊖]，根据最严格的审计准则，超过了规定水平，这多亏了来自内部公开发行 Ambac 所获得的资金，Ambac 金融集团是花旗的组成部分，主要提供固定收益类债券的担保业务。1994 年花旗的每股收益是 4 美元，我想只有 16 美元的股价肯定不会太久。

基本工业消费品板块从前期 25% 的持仓高点下降到了略高于 18% 的水平，这主要是因为我们出售了一些涨幅较大的股票，比如不列颠钢铁、联邦纸板（Federal Paper Board）和菲尔普斯·道奇，以及对业绩没能赶上经济发展的加拿大铝业的进一步抛售。（幸好市场给了我们以购买价卖出加拿大铝业的机会。）从方向性上讲，基本工业品行业总体上并没有让我们难以接受，因为这个时间点上经济本身比我们的预计要差。我们一直期待消费者们能带领我们走出萧条。各种恢复的信号相互交织，若有若无：房产销售、航空运输，可能还有各种软货物都开始缓慢恢复增长，但是汽车销售毫无起色。这后面一项对于像铝、钢铁等基本生产资料的承销商来说已经不是一天两天的新闻了，尤其是弱中之弱的加拿大铝业。

而在另一方面，车辆平均年龄已经达到了历史区间的上限，大约为 7.5 年。根据趋势线，我们估计汽车的需求量大约为 700 万辆轿车和 400 万辆轻型卡车，这比 4 月份的销售量高 25%。我相信如果消费者对当前美好未来的期望能够成为现实，我们就可以回到这个水平。随着就业率止跌回稳以及对失业恐惧的缓解，我们感到消费水平理应得到一定程度的解放。4 月份就业人口下降速率的变缓在这点上也是一个激励因素。不管如何，长期

⊖ 1990～1991 年银行业危机之后，立法部门要求银行巩固各自的资本结构。

的汽车和卡车销售依然维持在低水平，于是潜在的需求量不断累积，这预示着将来必将发生强劲的反弹。我们洞察到这种萧条并不像表面看上去那样糟糕，也不至于持续很久，我们期待着它的恢复。考虑到经济将要恢复，似乎我们需要调高我们的预期值，这也预言了我们投资组合中剩余的18%的基本工业品领域的公司，包括美国铝业、Lyondells、菲尔普斯·道奇以及其他低价高质公司的业绩表现不会差。

13.3.1 跨越3000点

1991年4月17日，道琼斯终于攀上了3000点的高岗。"在利率下降和萧条即将很快结束预期的推动之下，道琼斯强力上涨17.58点，成交量充分放大到2.469亿股，最终大盘收在3004.46。道琼斯自10月11日以来上涨了27%。"《华尔街日报》报道。然而欢乐的庆祝还没结束，下一个交易日道琼斯就又滑到了3000点下方。

我们认为这时的股市点位过高不可擅闯，然而这个季度中股指又上涨了4%。我们的持股比重只有71%，这让我们有些失落，但是换个角度想，如果之后出现更好的投资机会，我们可以及时杀入，反而可能更好地服务我们的股东。

我们这个阶段的股票买进情况如下：

- 适当增持花旗；

- 在阶段低点处增持安泰人寿和意外保险和西班牙电信；

- 能源行业好转，我们也让持有的能源股更加丰满；

- 强力增持1亿多美元的德国拜尔制药公司，它走势强劲，但是根据其收入情况和对等的美国公司相比较，仍有价格优势。我们希望随着投资业务全球化的发展，两者之间的隙口能够得以弥补。

13.3.2 采取防御姿势

我们的投资组合策略还是侧重防守。我们清晰地表达了我们的观点，至少在我们看来一目了然，那就是市场点位有点儿偏高，尤其是 1992 年原先高估的收益水平需要下调。那么按照市价，标准普尔的平均动态市盈率就高达 16 倍，而且，平均股息率仅为 3.1%，所以这不像是短期市场热情追逐的对象。长期市场利率已经下调了 0.5 个百分点，我们判断，一段时间内也不会再进行令人瞩目的大幅度下调了。经济似乎进入了逡巡不前的状态之中，必然有一段不景气时期等在前面。我们原先预测经济将缓慢发展，但时至今日，我们不敢确定经济还能不能缓慢向前，或者更坦白地讲，是不是会原地踏步。

我们进行的最不同寻常、最让人困惑的交易是花旗银行的买进和卖出操作。这段时间我们先是买进了花旗银行，可不久又卖了出去，而且卖出的价格比买进时要低。下面是解释：在一买一卖的中间，银行宣布取消分红，就为这一个原因，花旗可以说是温莎历史上最失败、最让人厌恶的一项投资。花旗股价一路下跌，直到和我们原始成本的 50% 左右稳定。在我们开始买入花旗的那一天，我想说我们显然是大错特错了。我们严重的错误是计算了不良商业贷款带来的灾难性损害，再加上消费贷款的重重压力，简直是雪上加霜，真得感谢 1991 年的大萧条给我们一个教训。**然而花旗最大的失误在于成本控制方面。由于公司自身过于傲慢，员工成本没有加以有效约束，而是采取了放任的做法，银行可能还以为自己在全球商业银行领域里有着不可一世的地位。**不管形势如何，花旗凭借自己的男子汉气概都有足够的能力发展起来。

尽管有这样惨痛的教训，我们还是认为花旗在消费者业务和很多其他银行业务方面完好无损。随着员工成本降低了大约 20 亿美元，再加上坏账准备金降至无足轻重的程度后，花旗未来的道路开阔了，潜在的收益增长似乎也必然了。

据我们分析，花旗在 1992 年、1993 年、1994 年以及 1995 年的每股收益将连续翻筋斗，分别为 2 美元、3 美元、4 美元和 5 美元。与此同时，原本不足的资本头寸将得到加强，到 1993 年年底有望达到可观的数目，大体为总资产的 5%。取消分红将使得收入强有力地转化为资本头寸，所以那时我们并不指望看到净资产的大幅增长。事实上，及时有益的调整是有可能的。我们试图避免教条，尤其是针对我们不幸的业绩档案，但是花旗银行让我们感到震惊的是，它确实和 1987 年美国银行的处境十分相像：它之后的股价也是连滚带爬翻了 8 倍左右。虽然花旗不至于也能翻 8 倍，但如果我们 1994 ～ 1995 年每股收益达 4 ～ 5 美元的预测没有问题，股价变成现在的 3 倍或者 4 倍应该不成问题。

接下来我们又出售了一部分花旗银行的普通股，然后买入花旗的可转换优先股，因为我们相信它的股利是安全的（虽然我们对花旗普通股的股利也曾说过类似的话）。我们的股利收入占整个基金的 7% 左右，我们购买这些优先股，至少可以弥补那些损失的分红。不过，这些可转换优先股的出售价格有很高的溢价（其价格比相应的普通股价格高 48% 左右）。根据年固定利率 11.7% 做复利计算，那么需要 2.7 年才能收回溢价成本。这样做似乎很笨拙，可是，我们除了想适应不断变化的环境外，我们也试图不要因为自身的失败而受到窘迫的境遇。但我们这么做，不等于就此承认我们的错误。

最近的例子是这年开头福特汽车和通用汽车的清仓。我们的任何观点和见解都不是私人的东西，我们深刻明白，我们所进行的风险投资要以回报温莎股东为立足点。关于一个公司的基本面，我们必须研究到正确无误，这是理所当然的事情。

在花旗的股价跌至其低点时，两样东西必须牢牢记住：①不管我们究竟持有多少花旗的股票，占温莎资产的比重只有 4% 不到一点，这意味着我们持有了 96% 以上其他的证券和资金；②不管花旗银行到目前为止多么失败，我们持有的银行家信贷和美国银行是上涨的，花旗跌了不少，但这两家银行上涨得也够多。温莎基金是一个投资组合，一个同时进行集中投资和分散投资的投资组合。在我们的 "好小伙" 中，8 只当中有 7 只都没有夸张的涨幅，但是足可以让我们的股东感到满意和欣慰。

这一年前些时候我们大举建仓 USX 马拉松集团，算上股价增值，这只股票是我们持有的市值最高的股票。我们略微卖了一些，随后市场低迷，股价合情合理地有些下降，在总共大约 6 个月的持有期内，加权平均算下来我们的总回报率在 22% ~ 23% 之间。宏观上好像没什么机会，但是短期的机会还是有一些，我们不指望股价飞天，够用就行。毕竟，这个时候的市场在我们眼中已经上气不接下气了。其他获利抛售的股票还包括菲尔普斯·道奇和 USX 美国钢铁集团，另有两个后保债券表现也不赖。

按财政年度算，温莎 1991 年的成绩比标准普尔稍好一些，然而如果按照历年统计，温莎则落后于标准普尔。我们的增长幅度 28.6% 和标准普尔的 30.4% 略显不足。但是如果把各种因素考虑进来，温莎 1991 年的表现还是不能诋毁，因为安全性的股票仍然让投资者着迷。这样的业绩不足以欢呼胜利，但我们无怨无悔。温莎基金通过坚持自己的原则，在恐慌蔓延时保持沉着冷静，最终牢牢地站稳脚跟并获得了发展。特别要强调的是，让我们身陷陷阱的金融股，经过了这么长的折磨之后，终于给了我们回报，这一年它们的加权涨幅几乎达到 70%。我们期待已久的结果终于让我们松了一口气，这同时也表明低市盈率投资策略的优点依然没有受到任何侵害。

13.4　1992 年：反弹

花旗银行急剧上涨 43%，同时克莱斯勒也强力上涨 22%，这让温莎业绩飞快上升。虽然这种趋势已有一段时间,但市场似乎依然对我们夸耀的好股票大肆吹捧。即使我们是对的,我们也不希望行走在单行街上自个儿敲锣打鼓。**如果有人危言耸听,我们反而会心生喜悦,这不仅因为市场走势继续向上,还因为我们可以看到短线卖空者的介入。到后来,由于趋势不变,卖空者只能高价买回,这又促进了股价进一步上涨。**这种现象在当今股市中屡见不鲜,一种趋势成就一批人,同时俘虏另一批人。

此时,尤其是一月份的时候,市场上掀起了一场有关转折点是否来临的激烈争论。周期类股票开始得到投资者的青睐,这就好像几年前因群体观念而对大型成长股极度推崇一样。但是这个时候需要小心,尤其此刻经济形势尚不明朗,过度的喜悦往往会埋葬幸福。市场上的热情或者焦虑总是如同潮水一般,时而澎湃时而低涸,一天又一天。我们仔细体会当时的市场氛围,感觉周期行业中的有价值的基本生产资料类股票或许能有所表现。我们甚至判断,金融中介类股票会更加强悍。不同之处在于,金融中介类股票不完全依赖于经济,它们只是满足市场的基本需求。泛泛地讲,金融股就意味着廉价和业绩好(正如我们拥有较多资本头寸的"好小伙"所显示的那样),并且有着耀眼的增长率和可观的股息率。然而,商业房产尤其是办公楼贷款的阴影依然笼罩着金融股这个板块,保险和银行业受害尤甚。我们虽不是要掩盖这些事实,但是我们有理由认为很多不利因素已经得到了消化和还原。即使这样,在这个时候,没有人可以下百分之百的断言。

13.4.1 正确的动作

经济走势比我们预期的缓慢,而我们的预期又是市场各方中相对保守的。另一方面,美联储进行了多次利率的下调,行政部门的调控当然不会不联系现实,比如可以参考布什总统一年一度发表的《国情咨文》(*State of the Union*)中的各项提议。议会当然是无所不及的。它总是有办法做出些出乎意料的蠢事，让占到国内生产总值 7% 的严重财政赤字雪上加霜。这里最本质的影响因素是美联储的动作使居民更容易承担得起住房开支。虽然媒体总是幸灾乐祸，但一个好的市场观察者可以看到 7% 的失业率的另一边就是 93% 的就业率。这个国家是一个供房严重不足的国家，拥有自己的一个天地的想法在每一个美国人的胸中激情澎湃。过去一年中有 100 万套住房开建。1986 年这个数字曾高达 180 万，1970 年早期也达到了 200 万。1992 年能够跳高到 125 万～ 130 万套应该是一个合理的猜想，而且随着猜想变成现实，它还会带动原材料供应行业，由此造就随之而来的积极经济效果。

另一个被过度压制的成熟行业是汽车制造板块。现在国内汽车的年销量是 600 万辆，国外汽车的年销量是 200 万辆，这两个数字加起来比正常的置换率低了 100 万辆。正常情况下，长期来说汽车数量将保持缓慢增长。但即使除去被抑制的延迟需求，正常的需求也暗示了这个行业应有比以往更快的发展。而且，很多消费者正在为购车做资金准备，在购车分期付款这块两年中已经下降了接近 8%。这个行业一旦重新振作，将刺激一系列的基本生产资料领域的周期行业复兴。同时也意味着这些行业将实施比以前萧条时期高得多的产能利用率（operating rate），比如钢铁、化工、造纸和金属铝这些行业。良好的价格毋庸置疑就将发生，而且上涨幅度会比一般共同认可的预测大很多。相应的，我们所持有的金融类股票和基本生产资料类周期股占整个温莎资产的 54%。

至于出售方面，主要是很零散几个板块股票的获利抛售，包括储贷社、EDP、零售、电信和房建，其中比较突出的都是美国国内的股票，如几家航空公司和银行家信贷。储贷社的获利抛售比较有趣，因为这一向是个被诽谤和中伤的板块，正如有几名股东给我的来信中所阐述的那样，这些股票之中，偶尔碰到一两个灾股也是常事。不过总体来看，这个季度出售的股票平均拥有 123% 的涨幅。

13.4.2　我们的曲调

市场最终和我们唱起了一致的曲调。生产资料类周期股和以汽车股为代表的消费资料类周期股开始转强。但是这些股票的股价上涨，只有当经济好转的证据更加明显，并且公司确实有了收益的增长后才能够维持。不过目前看来情况都还不错。此外，某些金融股继续耀武扬威，甚至比 1991 年还要风光。我们金融板块中的"好小伙"，由于收益率继续在严酷的经济环境下攀高，并且市盈率相对合理，股息率超出一般，所以继续受到了市场的极大关注。随着众多小公司和弱小竞争者的淘汰，金融板块的竞争格局趋于良好。资金为王，很多优质公司都正在通过保留盈余（retained earnings）⊖的方式扩大自己的现金比率。除此之外，周期行业也开始复苏，这从增长的贷款需求和降低的贷款损失以及正在改善的经济中可以看出。

我们此时又强烈看好天然气生产商，我们甚至可以为它的勇敢写标语。这是一个较大的领域，然而长期以来一直没有吸引市场的注意力，然而随着天然气的价格从去年冬天低点上涨 30% ～ 35%，很多人开始有所察觉，也看出了些端倪。三四月份美国东部地区的气温比往常冷，这也在一定程度上促进了价格的上涨。存量很快出售一空。这个时候，天然气价格还处于和原油同步的合理价位。我们暗想 2 ～ 4 年来自己像是"被锁在了糖果店里"。我们希望天然气的价格可以翻倍，同时市场的热情也活跃起来。这不属于我们的特征性投资：最起码这些公司的当前收益很一般，当前市盈率也不太低。然而我们发现，天然气供应商的股票和市场平均相比仍然是打折的，大约是市场价值的 50%，而市盈率如果按照 1995 年的预期收益计算，也非常的低。

⊖　保留盈余（Retained earnings），资产负债表中股东权益重要的项目之一，表示公司的获利保留，未以股利方式配发，并将保留盈余作为公司长期营运资金或固定投资的资金来源。——译者注

六月份公布的就业率不理想，这使得股市热点从周期股回归到成长股上，这和以前的板块轮动方式颠了个儿。我们维持原先对经济形势的判断，即市场正处于缓慢而又稳步的恢复中。我们还寄希望于新开建的住房数量和汽车生产数量。六月的新住房销量和购房抵押贷款的申请数目清晰地表明住房需求再现生机，这正如期望的那样，可能由抵押贷款利率下调所刺激。新闻报刊上到处可见，七月国内汽车和卡车的销量比该年前四个月中的任何一个月的销量都高，这暗示我们一次为期三个月的适时绝对性反弹正在展开，虽然过程比较平缓。

我们把注意力集中在这两个行业来评估经济趋势似乎过于简单化。但是这两个行业都是经济中非常重要的领域，这所谓一波激起千层浪。小汽车和卡车的总体销量正逐步得到恢复，但是按照1991的顶点划出常规趋势线，我们判断当前销量仍然低于趋势线15%。随着潜在需求的累积，到将来的某个时间点必将激发出惊人的购买力，引导经济的恢复和繁荣。住房也有类似的潜在力量。我们并不承认自己是机械的教条主义者，非要说现房的交易量低于正常了，但即使现在的住房交易属于"正常"，那么前几年交易的不足仍将得到补偿，这和汽车行业道理相同。

这不是说六月份就业人数的悲观报道不算数，它提醒了我们这次恢复可能很缓慢。美国的工业经济似乎在经历一次转变，逐渐进入一个增长更加缓和，竞争更趋全球化的时期，主要标志是在职员工的逐步缩减。随着更多职工失去工作，正如媒体上不遗余力地宣传一样，他们必然影响到消费者的购买力水平。个人负债水平虽然有所改善，但还是在历史高点处徘徊。所以，综合所说的和所观察到的一切，经济恢复是肯定的，但却是一个缓慢而又逐步的过程。

经济的犹豫不决对我们的业绩发挥是一个负面因素，因为我们持有大量周期性行业中的股票，最显著的是工业品生产单位，比如金属铝、化工和

钢铁。其他周期股，比如花旗，也损失了前期的部分涨幅，但克莱斯勒保持住了131%的涨幅而且到目前为止还在试图上探。正是因为它的销售额和利润额超出一般，所以才得以从周期旋涡中突围而出。

13.4.3 噪音胜于实质

据我们判断，经济即将温和回升，并扫除部分的周期性担忧。然而更为重要的是，相当数量大仓位持有的股票陷入了一种混乱状态，不是说有多大幅度的下跌，而是被众多的消息面不确定性所困扰。市场关于经济的传闻很多，但实质性的内容很少。因为我们的股票总是需要市场的理解，市场噪音又很容易被错误诠释，于是随时发生不顾基本面的脉冲式杀跌。具体来讲，西班牙电信、爱迪生电力（Commonwealth Edison）、USX马拉松集团、安泰人寿和意外保险、信诺保险以及花旗银行都经历了从高点向下的巨幅暴挫，造成了大量的市值损失。不过我们判断这些股票，尤其是合在一起，代表了积极的未来。

公平地说，我们作此断言很有把握，当然它们需要市场的验证。让我们不高兴的是，我们前期的很多涨幅又回吐给了市场。虽然同样有一些个股走势较弱，但好歹总有足够多的强势股进行弥补，并且还有剩余。但是在1992年前三个季度中，这种组排的交响乐却没有协调起来。

我们对发现具有吸引力的普通股股价总有一点点小运气。在一个没有下跌多少的高位运行市场里，一些特别的个股依然遭到了比较严重的挫杀，任何读者任意选择一天都能在《华尔街日报》上目睹这样的案例。市场总体估值很高，但对周期股不抱幻想，于是估值"洼地"此起彼伏。在这种氛围之下，一些我们中意的个股开始召唤我们。例如，我们季度购买计划中的股票购买价比1992年的高点平均下降27%。这当然不是内在价值的决定性因素，但是这一年某些人曾经支付过这么高的价格，而且27%是相当不错的大减价，尤其是在一个点位和那时不相上下的市场中。

飞利浦公司是一家所在地在荷兰的国际电子产品生产商，曾经遭受过市场极大的冷遇。我们的平均买入价为 13⅜美元，这和当年最高价 21⅞美元相比便宜了很多。在潜在大反转的阵痛中，飞利浦公司大力巩固了消费电子产品的经营，它这方面的主要竞争对手是日本。我们的敏锐触觉告诉我们这个问题板块将得到良好控制，不只是因为新产品推出的结果，同时也是因为当前生产设施的安排合理化。与此同时，更高的市场定价也不无可能，因为日本有各种理由在欧洲实行比以前更欠进攻性的价格战略。照明和半导体是公司为数众多的稳健业务中的其中两项，但这个公司被市场忽视的最本质的具有决定性的好处是它拥有宝丽金公司（Polygram）80% 的股权，这是最大的免费赠品。而宝丽金公司是一家全球著名的唱片和娱乐业公司。飞利浦公司的成长模式刚好跳出了标准成长股的教科书规定。它的特征是业绩每年稳定增长 15% 左右，市场估值不乏合理性，约为预期收益的 13 倍。宝丽金的收入能力对应的资本价格实际上已经占了飞利浦的所有资本化价值。飞利浦的其他部分基本上完全免费。从另一层面看，我们期望中的 1994 年和 1995 年的最终收益能达到大约每股 3.75 美元，这让购买价格对我们充满了诱惑。对于 1992 年，我们等待飞利浦报道适中的业务收入，甚至在刚完成重组之后略有亏损也没关系，但是在相邻的 1993 年，我们希望能见到每股 1.50 美元的收益。

结果：飞利浦 1993 年股价上涨了 90%，是综合性大企业平均涨幅的两倍，更是标准普尔该年涨幅的 8 倍。

希捷科技（Seagate Technology）是最大的硬盘驱动器厂商，也是个人计算机行业主要的供应商，这家公司的增长速度实际上比整个个人计算机行业（包括笔记本和工作站）的速度发展还快。作为一家部件供应商，公司也经历了不顺利的时期。据报道，公司在 1989 年财政年度刚好不赚不亏，又有好几年也是收入平平。然而，我们判断这家现在已经是财务和运营稳健的公司在 1993 年 6 月将向我们展示该财政年度让人印象深刻的收益状况。这不仅可以从公司的优良管理和控制反映出来，更在于公司系列产品的产能和需求正好维持比前几年更好的平衡关系。更为重要的是，公司的产能扩张反而似乎放缓了脚步。我们以大概 4 倍市盈率的价格买进希捷的股票，并建立了相当分量的仓位。

结果： 1993 年，希捷的竞争者们平均下滑 20%，而希捷却大涨 50%，同期标准普尔上涨了 12%。

13.5　1993 年：乘胜追击

1992 年最后一季度的冲刺中，我们大胜标准普尔 8 个百分点，最近 12 个月的成绩则比标准普尔好 10 个百分点，和同行比较也差不多。有意思的是，基金同行们虽然名义上在以上两个时间段中都战胜了标准普尔，最终却和它八九不离十。这也就是说，价值或者我们定义的市盈率，在过去的这段时间中发挥了良好的作用。其中主要的原因我还是归于医药股和 IBM 的糟糕表现。作为事实，在这一年中，只要你手中既没有医药股也没有 IBM，你就能赢标准普尔大约 3%。这阐明了通过不拥有某类股票而获得偶然性优势的情况。

逐渐地，我们发现非耐用消费品的"大趋势"已经破裂。要说原因，我想至少这个行业从基本面上说就应该多承受些折磨。我们希望短线投机者们抛弃这个板块，它们虽然不能说让人浑身难受，但显然已经越来越不合时宜，以至于公司不得不在季报中作专门的说明解释。

　　我们的收获越来越大，身心愉悦，犹如沐浴在优秀业绩的阳光之中。当然我们也需要警惕自己被一时的胜利冲昏头脑，我们深刻地知道市场的热点可以在昼夜之间改头换面。想象我们 1992 年中期走过的坎坷路，那个时候的工业品股和金融中介类股票明显处于消化不良状态。

　　关于这一点，**我们最大的挑战很明显：保持充分的持仓状态。我们的现金等价物百分比是 21%，比目标最大值超出 1%。我们把现金等价物的概念进行了一定程度的扩充。**比如 1992 年 6 月，我们曾经从 10 亿现金中拿出 3/4，转而买进了 3 年期的国库券，这是让现金自由发酵和成长的好办法。我们从中获得的回报率比传统投资短债获得的收益率高大约两个百分点。我们认为我们没有为此引入过于重大的风险因素，这从债券收益率曲线的形状可以得到确证[○]。事实上，我们随后获得了大约 3½ 的资本收入。按照我们的标准，这类证券被划为现金及现金等价物。

　　债券因发行单位的信用等级不同各有差别，所以就要评估按期返还的可能性和成熟性。对于某个信用等级的债券，收益率如果不相同，还要看到期时间。一般来说，离到期时间越远，也就是持有者需要等待越久的时间，收益率就越高。跟踪描绘某个债券特定时间点的收益率可以画出一条曲线，即收益率曲线。它不能预测未来，它仅仅是向你展示通用汽车，或者美国政府，或者其他的借款人在当前货币市场中借款 1 年、30 年或者其他任何年限所必须支付的费用。

我们计划继续在购买方面保持活跃，虽然说市场的估价水平已经越来越高，但是，我们持有的很多被忽视、被误解和不被看好的股票已经捕获了市场的注意力。我们根据相应的持仓比重和市场的需求能力进行适当的抛售，让部分利润固定化。这把我们的持股头寸下拉了将近5个点，我们因此只能在购买方面坚持不懈。

经济持续振作，这在零售业可以得到明显的证据。由于生产活跃，尤其是《财富》1000强（Fortune 1000）的中层管理人员继续进行整顿，我们乐意看到企业利润增长。

这样的市场环境最适合我们不过。主要的非耐用消费品类股票沉浸在"苦恼"之中。这段时间中，标准普尔了无生趣，在1993年的前4个月仅仅微涨1%，而温莎却获得了许多出色的成果，这些品种不一的股票如表13-1所示。

表　13-1

公司名称	涨幅（%）
花旗银行（Citicorp）	+24.7
荷兰飞利浦（Philips NV）	+38.4
安泰人寿和意外保险（Aetna）	+13.7
伯灵顿资源（Burlington Resources）	+22.5
恩萨奇能源（Enserch）	+32.7
宾夕法尼亚石油（Pennzoil）	+25.0
伯利恒钢铁（Bethlehem Steel）	+24.6
不列颠钢铁（British Steel）	+66.7

我们的最大挑战是保持80%的股票头寸，但是理由和往常不同。即使是在人气最旺的市场中，我们依然可以找到所喜好的股票。现在的问题是，我们先前持有的冷门股受到了市场超乎寻常的追捧，但这种狂热不可能持续很久。由于我们一贯的措施，我们持有的冷门绩优股一般数额巨大。一旦市场拥抱它们，我们就顺水推舟，满足市场的热情，牺牲我们的股票，

这正是我们的义务和权利。

一个很好的问题

批评家们有充分理由可以问："什么时候温莎才能找到较广层次、较大规模的买进机会？"我们的回答："在看似不可避免的市场大调整的时候。"但在那个时候来到之前，我们只能驾驭着仅为 78% 的股票头寸蹒跚而行。如果是在平衡市中，持有现金头寸不会招致太多惩罚。换一种解释方法，假如说市场从年初开始一直到现在只向上涨了 1%，那么显然很多个股都有下跌并让你亏钱的机会，而且，可能听起来有些傲慢，在下跌趋势中我们偏爱现金。

经济正在有所停滞，背后的原因不只是冬季季节性的萧条，更为重要的是，一些消费者有所犹豫，尤其是从普通生产线的销量可以得出结论。依个人观点，这可能是对新的克林顿当局信心不足所致，内在原因包括：①对有能力消费者的巨额税收政策；②新领导企图一次撑个饱，而不顾整个计划的合理性，尤其是在包含不少共和党成员的议会讨论之下做出的决定，虽然不能说他们无能不中用，但说他们笨手笨脚总不冤枉他们。

在这之前的 18 个月左右的时间里，我们经历了一段市场高位的颠簸旅程。高安全性的消费非耐用品开始遭到市场寒流的袭击，不管哪个品牌都一样。而此时的钟摆已经向正方向摆出了过多的距离，这反映了华尔街有着过分聚焦和过分投入某个好东西而永不枯竭的才能。不用多说，1989 年和 1990 年没让我们好受。虽然我们犯了一些基本面上的错误，没有为好业绩建好防御工事，但我们从没有背弃我们的投资原则。我们没有惊慌失措，我们试图充满理性和身怀绝技地代表我们的股东，尤其就长期而言。从 1989 ~ 1990 年的失足中我们得到了一个最大的教训，不要犯基本面上的错误。除此以外，我们还希望从那次失败中总结出一些其他什么教训，但是我不确信到底还会有什么。

背负着如此沉重的失望，我们打开了 1990 年的年度报告，让我惊讶的是，随着市场的进一步发展，我们所做的一切似乎都很好。尤其在投资领域，在一段时光流逝过后再次浏览当初的宣言总是一件有意思的事情。

我猜测其中透露的信息是，**如果进行价值投资或者说低市盈率投资，那么当优良基本面变得更加受人瞩目的时候，在市场蜂拥抢购的时候，投资者才能得到充分的收益。**但有时候，低市盈率投资也有立竿见影的时候，比如类似 1980 年后期盛行的那种杠杆收购，或者直接的公司兼并，温莎有 2.5% 左右的资产就来自于这类投资成果。

经济继续因循着我们的期望模型演化。具体而言，消费又开始在较大范围内活跃，这支持了我们的可持续缓慢发展的观点。小轿车和卡车的销售在夏季和 9 月份停顿了一下之后，在 10 月又开始了上升趋势，销售年增长率在 1993 年创下了纪录，并且超过上一年达到 14%。住房销售也开始在 9 月和 10 月火山喷发，超过近几年平均增长幅度 17%，对数平均则比往年上涨 13%。基本生产资料销售在 9、10 月份也有所改善，虽然在 10 月后期由于天气的原因受了些影响。关键之处在于，我们认为这些趋势可以维持，理由包括，小汽车和卡车以及住房的潜在需求还没有释放，消费者对非耐用品的消费信心正逐步得到恢复和拓展。

抛售方面大多数当然还是由获利丰厚的品种构成，尤其是伯灵顿北方桑塔斐（Burlington Northern Santa Fe Corporation）的股票在强劲上升之后我们开始了迅速的回抽。我们也撤走了部分花旗银行的股票，当时的价格对应的市盈率已经有极大的抛售要求。有趣的是，我们正同时出售温莎所持有的 8 只海外股中的 6 只，这 8 只股票总共占我们基金 9% 的份额。当我们购买德国拜耳（Bayer）一类的股票时，批评家们就开始找茬儿，"是啊，确实便宜透顶，只可惜它们从来就这么便宜，这难道在以后会有什么变化？"

我们的回答：其他的美国机构投资者最终会发现它们，就像我们一样，并且同样会被它相对美国本地股便宜的价格所吸引。我们说温莎会证明，随着我们的工业全球化，美国的投资行业也会不断地全球化。而这似乎是 1993 年的国外市场，尤其是欧洲市场向上发展的助推器。但是此时，温莎无法抵挡卖出的引诱。

结果： 拜耳的首次抛售利润率是 50%，之后剩余部分的出售则让股东们投入该公司的资金获得了翻倍。

★　★　★

　　随着市场进入新周期，我在温莎的最后两年成绩暗淡。只要根据粗略计算，就可以发现，我们在包括 1994 年和 1995 年在内的两年里，落后市场足足 6 个百分点。最后的统计请看下一章，其中重点阐述我退出温莎基金之后市场的一个拐点。我希望能快点成稿。我真切地希望低市盈率投资再一次得到全新的证实和注解。

第 14 章

似曾相识的经历

如果可以投资昨天的股市该多好，可惜投资者永远没有这个选择。你的选择是要么花费大量的时间去后悔，为什么在思科大涨 10 倍之前没有买进，要么就为未来的股市进行资金的安排。这是每一位投资者每天都要面对的本性挑战：你无法投资昨天的股市，你只能投资今天的。你如何才能恰逢其时地介入，充分扩大在这场游戏中的获胜概率呢？

具体的选股技术分析不是本书要探讨的内容。但是因为投资过程本身能产生投资点子，也因为读者对当今股市的切身感受远胜于过去那个"原始"的世纪，因此我们选择了 1999 年 6 月的例子来说明**依据衡量式参与原则和采取低市盈率策略将如何提升投资者的胜算**。我以前总是宁可承担部分风险也要先下手为强，今天的我依然如此。让我们来调查和描绘投资领域的"天空"。当然不必申明，随着市场的千变万化，我不得不保留改变观点的权力。

★ ★ ★

当今的市场有着 28 倍的平均市盈率和近似 1.1% 的股息率，这是我曾经经历的最被高估的市场。这和以前的两个市场很相似，但最后都戏剧性地被腰斩，这两个市场分别是 1986 ～ 1987 年和在此之前 1971 ～ 1973 年的市场。这一次的高市盈率象征的是一个国家的经济发展出现了难以置信的良好运行。我随时准备承认，我是经济爆发的大粉丝，尽管这样，这次工业爆发的持续时间是第二次世界大战以来历时最长的工业爆发的两倍。

所有资本开支、库存和消费者负债过多的典型领域在我看来都情况良好。消费者负债打击了许多参与者的信心，但却无法影响到我。经济气势如虹，消费者能够承受稍稍增长的债务。消费者们并不傻，根据最新的政府统计数据，虽然抵押贷款利率的下调增加消费者的可支配收入，但他们还是不愿过多依赖信贷。减少的信用卡营销也帮助缓解了消费者负债的增长，以前各大银行不管消费者愿不愿意，都大肆推销信用卡，但最近领导层变得谨慎起来了，于是采取了这项措施。

如果这些领域没有过热的明显征兆，萧条就不容易发生，然而从中期来看，我们必须对其他一些不能精确衡量的过热现象保持警惕。市场本身就是过热的根源之一，所谓的"财富效应"不得不打上一个问号。一个向好的市场究竟能在多大程度上刺激消费还不得而知，但最终牺牲的却都是存款。随着美国的企业淹没在经营现金流之中，存款对于保持一个公司的灵活机动已经不再必须。但如果一个跌市或者平市影响到了消费者的消费热情，并因此阻断现金流，则涟漪效应可能波及甚广。

下面将讲述对经济形势的判断如何影响投资决策。现在市场的平均市盈率在 28 倍上下，如果上市公司收入增长水平不很出色，那这么高的市盈率将是不合理的。但是，我们现在所处的行业周期正好造就了最多的缓慢成长的公司。迄今，由于过快的发展，高科技产品和服务的供求已经趋于平衡，继续认为这些行业会快速发展似乎是愚蠢的行为。和生产力水平一起增长的是工资水平的水涨船高，近来这种趋势是向上的，我们必须衡量由此产生的影响。与此同时，大部分行业领域的白热化竞争妨碍了价格的上升。考虑所有因素，公司收益只能缓慢上升似乎是无可争辩的事实。

据此来看，我们是否该为 3% ~ 4% 的年增长率支付 28 倍的市盈率呢？炙手可热的纳斯达克似乎最应该给自己进行一番"体检"，因为其中的 5 只股票占了纳斯达克 100 指数达 40% 的市值。这 5 只股票中又有 4 只在 1998 年的涨幅中高于 140%，诚然可畏。我的观点是：它们虽然连续几个年头获得了极为优秀的成绩，但是这个市场能相信它们在往后的 5 年中继续以超过 30% 的增长率发展吗？我觉得不会。正像我们已经在戴尔身上看到的那样，现如今，它的销售额增长率正逐步超越收入的增长，这也意味着利润边际正在收缩。

如果说这个市场有什么经典的教训，那么从某些点看，就是均值回归现象。或早或晚，总会有一些事件发生，然后一个公司的增长率，尤其是飞速发展的公司的增长率，将会慢慢沉寂。如果现在这些股票因为拥有 20% ~ 40% 成长性而正在受到市场的顶礼膜拜，那么任何业绩增长幅度的倒退都会在二级市场造成灾难性的后果。除了那 5 大金股之外，还有许许多多其他的股票同样属于这个弱不禁风的板块。更为突出的是那些羽翼未丰的网络股，它们的估值水平高到近乎可笑的地步，并因此而构成了包括美国所有股票在内的占股市市值 8% 的巨大份额。两个因素将把这个板块彻底击溃。第一，网络并不仅由网络公司独占。财富 1000 企业之所以如此偏好网络，只是因为网络的利润空间极其巨大。IBM 的 CEO 郭士纳在 1999 年 5 月的报告中说，IBM 将近 1/4 销售的发生和网络有关。他说除了极少数之外，几乎所有如蚁似蝗般奔向互联网的公司不过是暴风雨之前扑腾的萤火虫。毫无疑问，他这一番话无非是想激励 IBM 的股价上涨，但是同时又向对网络趋之若鹜的大量公司竖起了警示牌。此外，所有和"漂亮50"有些类似的股票都有一个重要的区分之处：至少要有业绩收入。

撤股策略同样也是网络淘金公司难以逾越的障碍。那些急于撤出的网络股的股东何止成千上万，它们包括风险投资公司、创立者以及拥有巨额纸上财富的公司职员，甚至控股公司一旦发现机会就想快点脱手。三角洲航空拥有 Priceline.com 公司价值 20 亿美元的股权。⊖那些收入代表了相当数量的机票收入。所有这些人都挤在兑现的大门口，随时准备往外冲刺，无奈首发刚过去不久。为了让他们的经纪人满意，他们只能暂时持有它们。

有如此多的投资者处于准备抛出的不稳定状态中，那么那些新买入者都是谁？其实有很多网络股的当日交易者存在，但是作为当日交易者，他们不大可能会帮忙维持股价 24 小时以上。⊜这些股票早已开始失势，不断地抽搐。这种死亡颠簸是否命中注定？只有时间能够回答。此外，那些成瘾于当日交易的人很容易让人恐怖地联想起 1929 年的投资者。全然不知思维混乱的公众很容易被说服认为投资很容易，股价有涨无跌。

14.1 高知名度成长股候选

当前尚无候选股

在这种市场环境下，要依据衡量式参与的原则创建一个投资组合虽然不是全无可能，但至少也是极为困难的。我们可以快速筛过高知名度成长股这个类别，尽管在下一个市场拐点之后它们的价值可能又重新浮出水面。

⊖ 该市值截至 1999 年 6 月。两个月之后，这些股票只值 13 亿美元，有些东西眨眼之间就会面目全非。

⊜ 如果单日交易者确实把当日买进的股票抛出，那么收盘之后是谁持有了股票呢？对这个问题至今我仍感蹊跷。

14.2 慢速成长股候选

14.2.1 不动产投资信托

和以前的激进市场一样，只有很少股票能够常居于有价值的慢速成长股板块。然而其中有一个领域比较突出，即 REITs，或者称不动产投资信托。这个领域曾被挫伤、诬蔑、忽视和误读。我喜欢办公楼和公寓，零售物业看起来似乎不太靠得住。随着近来信用额度有所紧缩（这会导致两年内新的供应需求），办公楼和公寓住房的供求关系得以基本保持良好。今年略增几套住房是切实可行的，而需求方看起来也很稳固。

相应的，我希望每套住房的基本利润可以提高 4%～5%。因为开发商们除了开支成本方面控制得更好外，同时也扩大了住房的配套服务内容，以此获得更高的利润。比如商业房产则配套办公设备，普通住房则配套有线电视等。REITs 公司典型的收益标尺是 FFO，即"来自财务经营"（from financial operations）的收入。FFO 本质上就是收入与折旧的总和。所谓折旧，是指工厂和设备在每年的使用过程中因磨损或损耗而进行的减值处理，这是上市公司必须在报表中进行清算的项目。纽约城的熨斗大楼（Flat Iron Building）在一个多世纪之后依然住满了人。位于克利夫兰人民广场 12 层的陈旧社会银行大厦（Society Bank Building）是一座建于 19 世纪的建筑。它没有钢结构，完全由石块垒着石块建成，但至今仍在很好使用当中。这些折旧和典型的工业生产公司相比显得不那么真实。机器随着年月老化失灵，技术变得过时落后，但是一栋进行良好维护的建筑可以任凭沧海桑田，历久弥新，超越自身的折旧年限而存在。

REITs 凭借其优厚的股息率以及无可争辩的成长性，给出的总回报率大约可达 16%，而同样是在这个市场中，许许多多增长率 15% 左右公司派发的股息率只有 1%，而股价却高到破天荒的每股收益的 40～50 倍。差别可想而知。当市场从高科技股的昏迷中逐渐苏醒过来时，我却正在收获自己播种的累累果实，我预见到了这类股票的股价上涨空间。

14.2.2　金融中介

在慢速成长股之中，据我判断所谓中流砥柱的金融股有一些用武空间，它们主要包括银行和储贷社等机构。它们的股票售价大部分是下一年每股收益的 10～16 倍，其中有一些股息率很高，为市场如今盛行的 1.1% 平均股息率的 2～3 倍。2%、3% 和 4% 的股息率以及 10% 的增长率，再结合 10～14 倍的市盈率，可以得出总回报率是 12% 或者 13% 上下。这样的总回报率和以前的温莎标准相比不算什么，但在如今的高估值市场中却不能不让人动心。一些股市观察家争辩说，由于金融中介的财务黑洞风险时不时地出现并吞噬收益，所以对于银行等金融中介，低于市场平均的市盈率是合理的。回想 20 世纪 80 年代早期第三世界的过多贷款，以及 80 年代末期本国过分恣意的不动产贷款，看看最近的这两次大洋相就可知道怎么回事。话虽如此，不过就我看来，截至目前，情况尚且良好，可能教训早已被吸取，这从近期过量发行的信用卡的召回或能给出证明。

金融中介基本面的重点是净资产增长率和由资产增长引起的收入，但是又出现了一些新的衡量技巧。营业净收入是利息收入扣除利息成本余下的部分。近些年来，银行开拓了一系列的新业务并发展了新的收入途径，从白金卡账户和信用金卡，一直到共同基金管理和其他为大客户准备的白金服务，因此非利息收入获得了爆发式增长。资产增长中的营业净收入比较中等，一般是 4%～6%，这主要是因为受到金融资产激烈竞争的压制。这部分收入加上收费收入，如果再辅以巧妙的成本控制，经营最好的银行的收益增长率可以达到 10% 上下。其中一个备受关注的比值是开支比上收入的百分比，最近一段时间这个比值为 55% 左右是优良的。关于费用控制，有一个问题多年来被我屡次提及：大量的投资完全通过电子数据处理系统完成，那么银行究竟什么时候真正输入成本和资金了呢？这些系统完全由IBM一类的公司提供支持。为了吸引存款，尤其是不需支付利息的企业支付账户，银行慷慨地进行各类免费服务。但时至今日，它们又变得更加精明起来，并为杂乱无章的各类潜在用户分别给出不同的定价。

14.3　低知名度成长股候选

房地产公司

低知名度板块的折价并没有完全消失。房地产公司中很多股票的市盈率比市场中的流行市盈率低75%以上。我拥有的五个此类股票市盈率按照1999年的每股收益计算，在4.9～6.8倍之间。关于这类股票的所属分类还争议不下，它们到底属于周期类成长股，还是低知名度成长股呢？只要经济运行基本维持稳定，也不要出现这样或那样的"过热"现象，我认为地产公司业绩的稳步增长可以得到保持。只要抵押贷款利率不大幅跳升，买房对广大住户依然是承担得起的。不管是第一次买房，还是新搬进一个更豪华的住处，拥有一个自己的天堂一直是每一个美国人内心深处最真切的梦想。

多亏了地方性的大房产公司和全国性的房产公司，房产市场将不再表现得那么具有周期性，随着收益增长，市盈率将会相应放大。这些公开上市的房地产公司和那些分散的、夫妻搭档的建房者相比至少拥有3大基本优势：①即使在信贷紧缩的环境之下，依然能够享受更好的信贷服务；②有足够的影响力让材料供应商做出价格让步；③拥有充分的资源，有能力利用各项高级技术。在计算机的帮助下，销售商可以向客户展示他们的虚拟梦幻房屋，各类有利可图的附属设施也一应俱全。同时不要忘记大型房产公司有能力让那些水暖工、木匠和电工保证服务到位，做到尽心尽力，因为对于这些人员来说，市场竞争已经愈加激烈，谁也不愿意丢饭碗。

这几点都暗示了地产股与其说是周期类股票，不如说是低知名度成长股来得更为确切，同时相比市场平均有着 80% 的诱人市盈率折扣。在某种程度上说，这种折扣反映了市场的整体高估。但不管怎样，花费每股收益 5～7 倍的价格购买这个行业的股票是非凡的投资。我属于认为它们更像是低知名度成长股的少数派，但不是所有人都这么认为。于是机会就产生了。但如果我搞错了怎么办？想想看，一大批该死的市盈率高达 28 倍的股票尚且带有抹不去的周期性色彩，那么对于它们，股价从高空掉回深渊又何足怪哉？相比之下，地产股的售价基本和本身的每股净资产相差无几，可同样在这个市场上，铺天盖地的股票市净率（market-to-book multiple）却都集中在 5～6 倍的范围之间。

14.4 周期成长股候选（美好的、腐朽的，还有丑陋的）

14.4.1 航空公司

在目前的股市环境下航空股有其价值，因为这些公司正在周期性的螺旋式成长，其中大部分公司的市盈率倍数还只是一位数，少数得以晋升至两位数。它们已经开始放弃拙劣的"打折机票"销售，多年以前开始的价格战已经慢慢冷却。休闲旅游者们将有机会以非常低廉的价格乘坐特定航班。他们理应获得一些优惠，如果没有他们，那些座位将空着白白浪费，因此航空公司做出一些返利自然不在话下。实实在在的说，座次是一种非常不经久的商品。航班一旦滑出轨道缓缓升空，空余座次就变得毫无价值。互联网业务可以帮助填补这些座次。例如，Priceline.com 允许旅游者为空余座次竞价，所以三角洲公司拥有 Priceline.com 公司 10% 的股份就不足为怪了。

虽然航空业的利润水平随整体经济周期而波动，但从某种程度上分析它同时是一个成长性的行业。之所以说它有成长性，是因为随着经济发展，会有越来越多的消费者产生旅游的愿望，而且就周期性的社会生产力而言，每一轮周期的顶峰也总比上一个顶峰高一些。同时更新型的飞机会更加节省燃料，维护也更加容易。航空公司各自占据某些特定的经济和商业中心，所以竞争也并非总是不可调和。再说即使经济状况再差，一些基本的航空交通仍然不可缺少。

14.4.2 石油销售公司和精炼公司

它们是我在石油板块的老朋友，这些工业品周期股的利润主要来自两个方面：生产及纯化和销售。原油价格最近几个月来几乎翻了倍，那么来自原油的收益理应也要增加。但是市场似乎预料并适应了这种变化，对这样的高收益视而不见。在德士古石油和雪佛龙实施兼并时，它们承诺引进额外的效能，促进利润增长，但这些似乎充其量只是微小的附带好处。

我参与的更有意思的一项投资要数那些精炼石油并销售石油和导热油的公司，这些公司我至今仍在仔细地考虑之中，它们由于原油价格的上涨而成品油价格的滞后效应被不断挤压。虽然经营效率将近峰值，但它们并无办法提高石油精炼产品的价格并实现正常的收入。如果要玩工业品周期类股票，这些石油精炼公司就是不错的对象。只不过现在它们的原料油和产品油的差价几乎还接近于零。当然将来不可避免两者之间的差价会扩大，否则总体产能就会缩小而打破市场供求平衡。事实上，密歇根中部有一家名字叫"茶壶"（teakettle）的小型炼油厂最近就永久性地关闭了。这次关闭的公司将导致这个行业产能的紧缩，虽然这微不足道，但不可完全忽视。这些股票现在需要的只是等待，但将来不可避免其收入会得到改善。

河流与市场
（1994 年 10 月）

人不可能两次踏进同一条河流。
————赫拉克利特

在离开温莎基金的四个月前，我和斯蒂芬（Stephen）一起去科罗拉多河漂流旅行。我猜想，这次还可以借机考察这个地区十几万年的地理历史风貌，同时对我的职业生涯进行反思，我的职业生涯何尝不像是在一条不同的河流中掌舵旅行呢。

一些共同之处是显而易见的。股市，就像这暗色调的科罗拉多河，始终按照自己的步调流动。两者都涉及风险，并且这种风险在今日都可以控制，但不可完全消除。我们有一只很大的"香肠船"，船身实际上由四块巨型浮筒绑在一起而成。这样的构造安排，正如同一个结构完善的投资组合，让我们这艘宽敞的可承载 18 人的船在湍流中保持平稳。上一次乘坐这艘船是在 20 世纪 80 年代中期，那时还没有对船进行一些设计上的改进。虽然不大会整条船翻身，但是乘坐者仍然面临着被冰冷的河水打透，或者被掀到河中的风险。甚至还有一种最严重的情况，如果激流流速过快，可能会使这个筏子的两侧向上顶起，折起来把人夹在中间，死活不得脱身。现在我的双腿就完全暴露在这种风险之中。风险就在我们面前，桨手大叫："小心夹腿！"于是我们警觉了一点，把脚高高抬起，远离那啮合状的缝隙。

河流的流速分为 1～10 级。10 级最大，实际上根本不可能航行。科罗拉多河为泛舟者准备了不少冒险的机会，包括几处 8 级流速区段和 9 级流速区段。每一处湍流都有不同的性情。9 级湍流遁世者（Hermit）就像 1987 年的股市崩塌，短暂却非常吓人。同样属于 9 级的湍流瓦滕堡（Waltenberg）却没有那么狂暴，但比较冗长，这和 1980～1981 年的市场表现相吻合。河流之中有很多暗礁，熔岩险滩附近有很多大块头熔岩暗礁横亘在河床之上。早先熔岩喷发凝固之后形成天然的大坝，把这峡谷中的河流一节节堵住。为了保住性命，我们不得不十分小心，不然很容易就被撇下筏子，掉进湍急的河水之中。

在这扣人心弦的惊险场面之下，差不多每个人都变成了一个自然主义者。除了湍流，科罗拉多河平静、遥远，像是有灵魂一般。自从创世纪开天辟地以来，大峡谷的面貌不曾有变。它的整个地理构造让人充满敬畏，它的历史普普通通。我们获知，约翰·鲍威尔少校（John Powell）曾经在 1869 年沿此相同路径进行探险考察。我可以想象他纹丝不动地站立在河流之上，寂静偶尔被湍流的水声、鸟儿的婉转或者悬崖顶上岩羊的斗角之声打破。

漂流至此险境，很容易让人联想起鲍威尔和他的探险队，并产生一种极度的恐惧。他和他的同伴当初对此神秘境域一无所知，每到一处拐弯口，谁也无法预知等待他们的是不是垂直落差 500 英尺的激流。鲍威尔在南北战争中失去了一条手臂，因此他在激流中行进时身体不稳，所以队员们用绳索把他固定在桅杆上。他勇敢面对各种危险的坚强决心也让几个船员遭遇了不幸。他们试图攀越几英里高的峡谷峭壁，但不幸坠落，尸骸无存，杳无音信。

当然我们探险的好处多多，其中之一是实物现场教学，看看过度规制（excessive regulation）会引起哪些严重危险。人为干扰自然平衡（或者自由市场）极有可能触发不可预知结果的某条自然法则（law of unintended consequences）。人们建起了格兰峡谷大坝（Glen Canyon Dam），以避免每年一度的水流速度过快或过慢。对水流流速进行控制的努力让沿河构成陆地的沙子和石块运动起来。结果就是，河流中的小洲少了，使人们无法在筏子上也无处找地安歇。大坝还使河水温度降低，因为它让湖底的冷水往上运动。许多种类的鱼受不了这样的低温，因此没有存活下来。有此经历，明智的立法者于是尝试复原河流的自然流动，让其拥有众多的小洲，让剩余的鱼类有适宜的生活环境。

两端湍流之间是长长的平静河流，这给了我们足够的时间为前面的转折点做好准备。我并不为退休感到烦恼，我给了温莎我的所有才能。我必须走了，但我仍然留下了许多，那就是我投资策略的精神实质。我不希望为应付股东而敷衍了事，我付出了努力，因此获得了荣誉。然而31年之后，似乎到了我该退出的时候，而我依然出色，依然在做出贡献。

回顾往昔，有几项成就比较突出，最有意义的两项是：作为温莎投资组合经理，我付出了最多的努力且为人正直，履行了为社区做出贡献的义务。

我的每一天都用来贡献给我们的股东。现在看报我经常读到投资组合经理人频繁从一个基金跳槽到另一家基金的事情，我自己从来没有这种倾向。对温莎基金的投资，至少在某些部分来说，就代表了对温莎基金的管理。而我是温莎主要的管理人，所以我对待每一项新的投资策划总是慎之又慎。每当我想做一些个人投资时，我便会问自己一个简单的问题：花费时间分析和温莎无关的投资是否合适？我认为不合适。

可能我沉浸在对市场的注意中不能自拔，但看起来却又不露痕迹。记得有一次和一群费城的同伴一起去以色列旅游。来到了马萨达（Masada）之后，我们用了两个小时左右的时间来熟悉这个鲜活的城市。后来我们沉寂了下来，打了会儿盹。休息完之后我拿出了时常带在身上的《华尔街日报》浏览起来。其中我的两个同伴也从事投资行业的工作，于是他们也迅速在这么一个戏剧性的地方做出了和我相同的举动，一人拿出了一张报纸来。巧合的是，另一个旅游小组中有一名游客听到了我们的谈话，他问我是不是温莎基金的聂夫，我回答正是在下。"瞧，"他说，"我花了6位数字的投资金额在温莎基金上。不打扰了，请继续读你的《华尔街日报》。"

所谓对股东的公平，就是尽可能地降低交易费用和投资管理费用，并且采取根据业绩进行赏罚的措施。我们在温莎从事工作有很多的障碍和限制。和其他按所管理的资金收取固定百分比报酬的基金公司不同，业绩表现决定了温莎的报酬。在其他基金公司，类似的奖励和惩罚很罕见，因为大多数基金经理缺乏干好工作的信心。

投资费用较低，就好像赛马比赛中骑师的分量较轻。自20世纪70年代末开始，温莎从未让自己承担过重的负荷。我们为股东获得的所有投资收益，都会根据他们的利益进行再投资。至于年费，我们的观点是，一个基金公司不管征收多少费用，这部分费用都要为股东赚回来，而且是来自属于超过市场表现的那部分业绩之中。总之，如果股东们的真实收益低于市场平均，那我们将无地自容。

我们的基本投资费用是16个基点（100个基点等于1个百分点，所以基点也就是万分点）。如果温莎的业绩超过标准普尔500达4个百分点以上，那么我们将获得额外10个基点的奖赏，也就是实际获得26个基点（0.26%）。如果我们不如标准普尔好，差了同样是4个百分点以上，那我们就返还10个基点。这样，我们如果不努力只能获得6个基点，相反，我们做出好成绩就能获得26个基点。而共同基金每年征收固定比率的费用，他们不管自己干得好不好，而我们却有一种回报价值的义务感。如果是一个规模100亿的基金，做得好与坏对我们的收入来说将是2600万美元和600

万美元的差别，这简直是天壤之别。我们和标准普尔平均有 315 个基点的
优势，这充分证明了我们健康的投资理念和对股东们的一心一意。

对股东们公平还意味着我们要拿起狼牙棒，为他们守卫，让那些可能亏
待他们的上市公司不敢近身。1979 年我在《机构投资者》杂志上写道：大
投资客户在市场不好的时候，并不能很好地实施用脚投票的策略[⊖]。我从不
认为机构对此会有多大介意，国家和其他公共退休金基金系统总是试图控
制基金的管理权。仅美国加州政府公务员退休基金（The California Public
Employee Retirement System）一家就管理了超过 1000 亿美元的资金，许多
其他基金现在到处游说为自己的投资策略做广告。

我们如果在某个领域或者某个方面认为自己有所见解或者有所特长，我
们也渴望发表自己的观点。由于温莎基金比较注重股息率，所以一旦上市公
司取消或者降低分红，我们就异常警觉，并必定对公司进行重新审查。1991
年 1 月，我们开始卖出花旗银行，温莎持有 2200 万的股票。"不管管理层
对这个航母级公司的管理和驾驭如何让人赞赏，提议大幅度削减分红是最
大的瑕疵，也是缺乏责任感的表现，让股东们痛心疾首。"接下来的事件为
花旗的决定找了些托词，这是因为调控压力正在形成一种类似于转折点的
危机感。USX 马拉松石油在 1992 年 11 月大幅削减了分红，公司主席查尔
斯 A. 科瑞（Charles A. Corry）为此也受到了我们的申诉："这可能对你们来
说不是什么新奇的玩意儿，可是对马拉松石油的股东来说，突然取消一半
以上的分红是很不公平、极不负责任的行为。这太让人困惑、沮丧，难以
理解……"

我们极少使自己卷入公司管理层的决策过程，但有时候我们别无选择。

⊖　"用脚投票"主要是指通过股票的自由转让和透明的控制权市场对公司进行治理。股东
　　通过自由地买进和卖出股票来影响股票价格（如果股价长期走低，公司将存在被收购的可
　　能，经营层将面临被撤换的危险），从而来约束经营层的经营行为。

由于我们对第一州际银行的前任首席执行官不满意，我们就奋力让他快点退休下台，虽然他希望能在一般退休年龄之后继续留任银行职务。随着时间推移，他已经越来越不能胜任自己的工作，甚至谈起话来都做不到 20 分钟内不自相矛盾。如果就有条理的思维来说，他的任期不算是一段愉快的时光。

另一个我们努力促成的事件是关于克莱斯勒的。20 世纪 80 年代中期，我们发现首席执行官李·艾科卡（Lee Iacocca）似乎对克莱斯勒的困难处境并不在意，相反，他对看似高尚但让人分心的东西倒是情有独钟，比如他对如何让自由女神像恢复光亮很有研究。公司在危难时刻需要的是一个全职的 CEO，因此我们提议让 CEO 办公室换换 "空气"，于是这个职衔很快让给了鲍勃·伊顿（Bob Eaton）。之后，伊顿和克莱斯勒的董事会成员加入董事会讨论，研究如何应对柯克·克科里安（Kerk Kerkorian）的恶意收购行为。柯克·克科里安是米高梅大酒店（MGM Grand，Inc.）最大的股东。我一直留在董事会，直到克莱斯勒在 1998 年被德国的汽车制造商戴姆勒·奔驰收购。

至于回报社区，1980 年，我开始为宾夕法尼亚大学义务管理校产基金。我的一个好朋友，该基金管理成员之一保尔·米勒（Paul Miller）向我发出了邀请。和通常惯例不同（加入基金，然后一步步向上爬楼梯）我的晋级是一步到位。有一名管理成员对我即时全权接管基金表示反对，但当我陈述了低 P/E 值投资的好处之后，他反过来成了我最坚定而忠实的支持者之一。基金规模是 1.7 亿，以常春藤联盟（Ivy league）的标准看来虽是微不足道，但在当时却显得很笨拙，需要有人出谋划策。低市盈率原则的应用逆转了这笔资金的命运。在接下来的 16 年中，除去学校不断的提款，实际上一开始净流入的资金是 1.25 亿美元。不过，我们获得了接近 11 倍的收益，最后的基金规模达到了 18 亿美元。

我加入宾夕法尼亚大学的校产基金管理最终把我引入了费城奖学金项目。今天，费城的很多地方依然是享受不到特权的市镇区域。逐渐地，越来越多来自内地的学生开始走进美国的各所大学和学院。我意识到这个大家称之为"最后一美元"项目的必要性。这个项目向考入大学的本地高级中学学生提供 2000 美元的奖励，减轻学生的课本费和其他不时发生的各种费用负担，因为学生有很多费用属于奖学金和学生贷款不能涉及的领域。许多这样的学生来自单亲家庭，可能有人会怀疑这对我又是心灵共鸣的效应。该项目是一个讲求平等的项目，任何一名被大学录取的学有所成的高等中学毕业生都有权获得资助。一开始该项目只包含 3 所学校，不过现在已经发展到涵盖了本地的 9 所高等学校。

★　★　★

出发 5 天后，我们最终来到了目的地。一架直升机飞了过来，把我们从大峡谷中带了出来。随着直升机缓缓增加高度，我们得以在更为有利的位置俯瞰下方的河流，当然这与木筏子上看到的景观相比别有一番感受。脚下是数不清年代的科罗拉多州的地理历史，感叹我 30 载温莎的经历真是什么都谈不上。但即使如此，这 30 载又一年半代表的不仅仅是我参与管理温莎基金的历史长度，同时也是我整个生命时光的一半，我整个职业生涯的绝大部分。在很多方面，至少从投资表现来看，我是幸运的。我认为成功并非来自个人的天分或什么愚蠢的直觉，而是来自节俭的天性和懂得从各种教训中学习。我历久弥新的投资原则根植于此，而这个原则拥有无法磨灭的市盈率投资策略的优点。

附　录　A

　　本表展示了从我开始管理温莎的 1964 年年末到我退休的 1995 年年末温莎基金的投资表现。在这 31 年中，温莎 22 次跑赢市场。1964 年投入的一个美元到我退休时几乎翻了 56 倍。温莎基金 5546.4% 的总回报率是标准普尔 500 的两倍还多。1994 年以前都按历年计算，1995 年的数据是为会计年度报告准备的，所以统计到 10 月 31 日。

温莎基金 vs 标准普尔 500

时间	每股数据[①]				总投资回报			
年度 （截至 12 月 31 日）	资产 净值 / 美元	资本 利得 分配 / 美元	收益 股利 / 美元	净值、收益 股利及资本 利得分配的 总和 / 美元	温莎基金			标准普尔 500
					资本回 报（%）	收益回 报（%）	总回报 （%）	总回报 （%）
起始（6/30/64）	$7.75	—	—	$7.75	—	—	—	—
1964	7.79	$0.24	$0.06	8.09	+3.6	+0.7	+4.3	+5.4
1965	9.42	0.49	0.11	10.44	+27.6	+1.5	+29.1	+12.5
1966	8.28	0.66	0.15	10.10	−4.8	+1.5	−3.3	−10.0
1967	9.43	1.19	0.21	13.28	+28.8	+2.7	+31.5	+23.9
1968	10.27	0.90	0.21	16.12	+18.9	+2.5	+21.4	+11.0
1969	9.19	0.52	0.21	15.51	−5.7	+1.9	−3.8	−8.4
1970	9.48	0.02	0.24	16.49	+3.4	+3.0	+6.4	−3.9
1971	9.34	0.50	0.29	17.73	+4.3	+3.2	+7.5	+14.2

（续）

时间	每股数据[1]				总投资回报			
年度 （截至 12 月 31 日）	资产 净值 / 美元	资本 利得 分配 / 美元	收益 股利 / 美元	净值、收益 股利及资本 利得分配的 总和 / 美元	温莎基金			标准普尔 500
					资本回 报（%）	收益回 报（%）	总回报 （%）	总回报 （%）
1972	9.39	0.57	0.29	19.54	+6.9	+3.3	+10.2	+19.0
1973	6.64	0.14	0.32	14.65	−28.0	+3.0	−25.0	−14.7
1974	5.25	—	0.31	12.19	−20.9	+4.1	−16.8	−26.3
1975	7.77	—	0.32	18.83	+48.0	+6.5	+54.5	+37.1
1976	10.68	0.22	0.38	27.56	+40.7	+5.7	+46.4	+23.8
1977	9.77	0.56	0.40	27.84	−3.0	+4.0	+1.0	−7.2
1978	9.12	1.01	0.48	30.28	+3.8	+5.0	+8.8	+6.5
1979	9.72	0.85	0.53	37.10	+16.4	+6.2	+22.6	+18.4
1980	10.42	0.79	0.59	45.50	+15.7	+6.9	+22.6	+32.4
1981	9.92	1.49	0.69	53.12	+9.9	+6.9	+16.8	−4.9
1982	10.36	0.99	0.62	64.66	+14.8	+6.9	+21.7	+21.5
1983	11.69	1.03	0.70	84.10	+23.0	+7.1	+30.1	+22.5
1984	12.64	0.48	0.76	100.47	+12.4	+7.1	+19.5	+6.2
1985	14.50	0.74	0.79	128.63	+21.1	+6.9	+28.0	+31.6
1986	13.95	2.59	0.85	154.70	+14.3	+6.0	+20.3	+18.6
1987	11.11	2.21	0.87	156.61	−4.7	+5.9	+1.2	+5.2
1988	13.07	0.55	0.63	201.55	+22.6	+6.1	+28.7	+16.5
1989	13.41	0.85	0.75	231.83	+9.2	+5.8	+15.0	+31.6
1990	10.30	0.32	0.74	195.89	−20.8	+5.3	−15.5	−3.1
1991	11.72	0.84	0.57	251.82	+22.7	+5.9	+28.6	+30.4
1992	12.74	0.38	0.49	293.37	+12.0	+4.5	+16.5	+7.6
1993	13.91	0.89	0.37	350.20	+16.3	+3.1	+19.4	+10.1
1994	12.59	0.86	0.44	349.67	−3.3	+3.2	−0.1	+1.3
1995（10/31）	15.55	—	0.20	437.59	+23.5	+1.7	+25.2	+29.3
总计							+5546.4	+2229.7
平均年化总回报率							+13.7	+10.6

[1] 该时期的范围是我担任温莎投资组合经理的整个任期。

其中对于有送股发生的股票数据进行了相应除权调整，1969 年 4 月 29 日。

注意：对于股东把收益股利和资本利得分配再投资该基金需缴纳的所得税则未作考虑。

©The Vanguard Group。版权所有，未经允许不得翻印。

附　录　B

我们保留了一份成绩单，用以评估温莎基金每年的表现。下面就是自1981年起的一份成绩单样本。从中可见，即使在温莎的丰收之年，某些结果仍然在标准以下。然而整体而言，成功的投资总是大大超过失败的投资。我们之所以获得这样优秀的成绩，除了我们不像其他投资机构一样迷信大市值的公司，比如石油以及石油相关的股票，并重仓其中外，还有3个其他的成功因素：①我们大量持有一般认为沉闷乏味、成长缓慢、分红虽多，但利率敏感的领域的股票，比如银行、食品、保险、电话和电力等板块，对于这些播下的种子，一段时间之后我们总能很惊喜地看到它们开花结果。②对于各种各样拥有想象空间的股票，温莎一旦发现它们便在第一时间介入，并因此获得了超常的收益。其中包括麦当劳、丹尼斯（Denny's）、西北工业、美国鞋业、惠而浦、布朗集团（Brown Group）、联合货运、赖维兹家具（Levitz Furniture）、奥弗纳运输（Overnite Transportation）、三角洲航空，以及华盛顿邮报。③当3家公司竞相收购康菲石油时，我们正好大量持有这只股票。杜邦公司最终胜出，温莎的股东因此而获得巨大收益。

温莎基金 1981 年"成绩单"

行业 类别	净资产 分比	标准普尔 涨跌变化 百分比①	温莎代表品种表现 （按大小排序）	评级	注解
铝行业	4.8	−34.2	雷诺兹金属（−29.9），凯撒铝业（−33.3）	D−	1981 年表现极差——但伴随经济恢复将可能成为大赢家
服装	4.1	−7.1	英特科（−3.6），布鲁贝尔（−9.8）	C	表现一般
银行	12.8	+11.7（非纽约市银行）+29.2（纽约市银行）	第一州际银行（+27.2），波士顿第一国民银行（+19.4），美国信托银行（-0-），匹兹堡国民银行（+36.2），菲勒国民公司（−5.7），西雅图国民银行（+32.3），商贸银行（−1.9），弗吉尼亚国家银行（+54.1），南卡罗来纳国家银行（+32.9），城市国民银行（−13.1），夏威夷银行（+21.3），田纳西第一国民银行（+36.5）	A−	最终给予了丰厚回报——不管是重仓投入的还是选择性参与的品种，平均而言表现出众
联合企业	2.5	−2.7	西北工业（+67.4），斯科特—费特泽（+26.1）	A	西北工业是我们油气田设备领域的参与品种，看来我们是选对了
耐用消费品（日用品）	1.6	+12.6	惠尔浦（+30.7）	A	汽车板块中的优良选择；有进一步表现的机会
容器产品（金属制和玻璃制）	1.7	+7.1	锚牌玻璃（−17.4）	D	它可不是我们的快乐时光
金融（个人贷款）	2.2	−10.7	家户国际（−15.6）	D	表现糟糕。1982 年的短期利率下调可能有所帮助
食品	6.4	+14.8	通用食品（+6.5），达特卡夫食品（+17.5），联合食品（+26.7）	B+	很好的一组组合，虽然通用食品有些跟不上趟
保险——复合险	4.6	+22.3	安泰人寿和意外保险（+21.3），旅行者财产事故保险公司（+27.1）	A−	精耕细作后的温莎战果
传媒	1.1	+23.9	华盛顿邮报（−25.7）	A	一个很好的低知名度成长股的选择，此外最近还幸运地买入美国广播公司（ABC）

（续）

行业类别	净资产分比	标准普尔涨跌变化百分比①	温莎代表品种表现（按大小排序）	评级	注解
石油	19.4	−19.0（国际石油公司）−17.5（石油化工公司）	英荷壳牌（−32.8），埃克森石油（−20.2），海湾石油（−9.7）	B+	事实上考虑投资康菲石油获得了巨大收益，石油板块可说是我们的冠军板块。我们在这同一年中买入并卖出了康菲石油，由于是在春季的低点大举建仓，所以收获颇巨
纸业	1.6	−8.1	米达公司（−10.6）	C−	这是另一个考虑到经济恢复因素而做出的投资
餐饮	4.3	+36.0	麦当劳（+58.2），教堂炸鸡（+2.9）	A	麦当劳的投资结果出类拔萃，此外该板块一些其他品种由于涨幅较大而进行了获利抛售
零售	5.8	+5.9	梅尔维尔公司（+4.0），美国鞋业（+103.8），凯马特（−12.3）	A	美国鞋业给出的结果令人瞠目；赖维兹获利巨大因而进行了出售
制鞋	0.4	+5.8	布朗集团（+29.1）	A	经历了挫折的胜利，这是我们的特色
电话	3.8	+20.7	AT&T（+19.6）	B+	电话行业拥有一类不错的大市值股票
轮胎和橡胶	1.2	+4.4	固特异（+5.1）	B	另一个汽车股替代品
货运	1.3	+10.2	RLC公司（−30.4），联合货运（+48.7）	A	处于成熟期的行业，虽然RLC给我们造成了许多损失；但三角洲和奥弗纳的出售却获得了引人注目的收益
公用事业——电力	1.7	+9.4	中部和西南（+10.9），休斯敦工业（+11.1），联合爱迪生（+37.8）	A−	它们是整体向好的板块中的一些较好选择

① 和标准普尔总体涨跌变化 −4.4% 相比较而得出。

附　录　C

　　从 1981 年的年度报告中可以发现，温莎基金这一年投资组合的重点主要集中在按衡量式参与筛选出的个股上（参见本书 9.3 节）。事实上我们拥有的所有股票不外乎四大类（按在本投资组合中的重要性排序）：①周期成长股；②慢速成长股；③低知名度成长股；④高知名度成长股。当然还和往常一样，温莎在高知名度成长板块的涉入很浅，这显得与众不同，因为这个板块往往能够吸引大量主流投资者。我们持有的四个知名成长股的比重不到整个温莎基金的 1/10。而且，随着温莎基金资产趋近 10 亿美元，我们所持有的股票数目却只有 100 只上下，但对于我们来说，那已经是相当多了。

温莎基金财务记录
净资产记录——1981 年 10 月 31 日

普通股（99.2%）	持股数目	市值（×1000）①	普通股（99.2%）	持股数目	市值（×1000）①
高知名度成长公司（9.0%）			弗吉尼亚联合银行	10 000	351
国际商业机械	371 800	$19 055	弗吉尼亚国家银行	202 802	4335
凯马特	634 100	10 700	华盛顿邮报	141 200	4148
麦当劳	529 000	37 030	合计		$232 539
施乐	416 200	16 960	**慢速成长公司（31.5%）**		
合计		$83 745	美国制箭者公司	140 000	2117
低知名度成长公司（25.0%）			AT&T	577 258	34 347
安泰人寿和意外保险	654 000	27 958	美国信托银行	350 000	10 325
阿曼森储贷银行	112 000	1652	锚牌玻璃	550 000	8456
美国格丽汀贺卡	112 900	1969	布朗集团	125 300	3681
大西洋富田	38 000	1829	中部和西南	438 300	6136
夏威夷银行	169 748	3278	联合爱迪生	122 200	3956
布鲁贝尔	357 400	9426	联合食品	110 000	3327
南方中央银行	280 000	2625	埃克森石油	1 523 200	46 267
教堂炸鸡	116 300	3140	夏威夷第一公司	55 000	1719
宾夕法尼亚科隆保险	200 000	3700	第一州际银行	820 046	29 727
达特卡夫食品	467 700	22 800	波士顿第一国民银行	340 244	14 928
存款担保公司	20 100	540	通用食品	1 004 800	31 023
亚拉巴马第一银行	25 000	644	海湾石油	647 300	23 222
田纳西第一国民银行	177 254	3157	家户国际	1 373 800	20 435
第一联合银行	91 871	1803	休斯敦工业	202 500	4050
英特科	577 000	27 335	汉华银行	81 100	2879
联合北方石油管道公司	250 000	7063	马里兰国民银行	98 500	2167
克罗格公司	211 800	4633	商贸银行公司	210 000	5434
理斯维物流	40 400	1172	中陆电话公司	39 800	697
莱斯利·费伊公司	81 029	1124	城市国民银行	130 000	3867
幸运超市公司	219 300	2769	费城国民银行	277 600	8085
梅尔维尔	361 300	13 955	菲利普斯石油公司	260 000	10 725
NCR 公司	280 000	12 460	匹兹堡国民银行	314 000	8714
宾夕法尼亚石油	189 900	8688	Sun 公司	105 600	4145
皮尔斯百利公司	66 000	2623	得克萨斯电力公司	84 059	1744
皮特内鲍斯公司	560 000	12 880	合计		$292 173
西雅图国民银行	201 446	6194	**周期成长公司（33.1%）**		
施贵宝公司	43 700	1245	美国铝业	350 000	8444
南卡罗来纳国家银行	161 000	4226	阿美拉达赫斯公司	853 700	21 236
超市通用公司	141 300	2596	美国广播公司	162 400	6049
环美公司	74 400	1832	美国百货	152 700	3856
旅行者财产事故保险公司	300 000	14 587	美星公司	250 600	6547
美国鞋业公司	394 350	13 802	布鲁克威玻璃公司	178 400	2475
			科恩米尔斯公司	18 300	538

温莎基金财务记录

净资产记录——1981 年 10 月 31 日

普通股（99.2%）	持股数目	市值（×1000）[1]		面值（×1000）	市值（×1000）[1]
联合货运	114 400	4233	美国政府债券		
艾姆哈特公司	174 800	5178	国库券		
联邦公司	290 000	5764	13.25%, 4/15/88	$6000	5648
福特汽车	142 800	2303	14.0%, 7/15/88	6000	5760
盖蒂石油公司	95 000	6009	商业票据		
吉福特希尔公司	29 100	575	卡特彼勒机械制造公司		
固特异轮胎和橡胶公司	636 300	11 374	14.70%, 11/2/81	2000	1989
海斯特公司	14 100	474	通用汽车金融服务公司		
理想基础工业公司	142 700	3015	14.875%, 11/25/81	4000	3950
国际矿物和化学品公司	273 800	9309	回购要约		
KDT 工业公司	223 100	1088	美林集团公司		
凯撒铝业	950 000	15 438	Fenner & Smith[2]		
基德公司	14 800	651	13.75%, 11/2/81		
利比－欧文斯－福特公司	300 000	8025	（由美国政府国库券，		
米达公司	650 000	15 113	11/19/81 ～ 4/29/82		
美国国民罐头容器公司	242 500	4729	和美国联邦农场信贷银行		
西北工业	183 372	11 048	11/25/81 ～ 3/1/82		
盘瓦特化学品公司	58 200	1695	提供抵押和担保。）	16 300	$16 300
RLC 公司	630 700	6307	临时性现金投资合计		
雷诺兹金属公司	800 000	20 200	（成本，$33 926 ）		33 647
英荷壳牌	1 402 300	48 204	投资合计（102.8%）		
斯科特－费特泽公司	225 000	6525	（成本 $907 254 ）		954 938
斯帕瑞公司	225 000	7369	其他资产和债务		
斯达利制造公司	920 600	17 952	(-2.8%)		
德士古公司	300 000	9825	其他资产——见备注 C		13 467
联合碳化公司	412 120	19 679	可分配资产	$(156 583)	
美国特拉华信托热线公司	20 000	228	用于再投资的保守估		
吉姆沃特公司	63 000	1063	计资金——见备注 E	135 428	(21 155)
惠尔浦	608 100	14 898			18 465
合计		$307 416	其他债务——见备注 F		$(26 153)
其他（0.6%）		$5418	净资产（100%）		
普通股合计（成本 873 328 ）		$921 291	应按票面价值为 1 美元的总共 96 504 817 股流通股计算（现假定按 100 000 000 计算）		$928 785
临时性现金投资（3.6%）			每股净资产		$9.62

[1] 参见《财务报表》(Financial Statements) 中的注释 A。

[2] 1940 年美林证券 Merrill Lynch & Co. 与 E.A. Pierce & Co. 合并，遂更名为 Merrill Lynch E.A. Pierce & Cassatt. 1941 年又与 Fenner & Beane 合并，遂更名为 Merrill Lynch Pierce Fenner & Beane. 1958 年为了嘉奖它的高级经理 Winthrop Smith 先生，美林证券又将他的名字加到公司名称之中，遂更名为 Merrill Lynch Pierce, Fenner & Smith. 如此冗长，听说读写起来多有不便，于是 1973 年又更名回到其最初的名字 Merrill Lynch & Co。——译者注

大 师 人 生

书号	书名	定价
978-7-111-49362-4	巴菲特之道（原书第3版）	59.00
978-7-111-49646-5	查理·芒格的智慧：投资的格栅理论（原书第2版）	49.00
978-7-111-59832-9	沃伦·巴菲特如是说	59.00
978-7-111-60004-6	我如何从股市赚了200万(典藏版)	45.00
978-7-111-56618-2	证券投资心理学	49.00
978-7-111-54560-6	证券投机的艺术	59.00
978-7-111-51707-8	宽客人生：从物理学家到数量金融大师的传奇	59.00
978-7-111-54668-9	交易圣经	65.00
978-7-111-51743-6	在股市遇见凯恩斯："股神级"经济学家的投资智慧	45.00